与孩子们一起成长

王俊卿 ◇ 著

郑州大学出版社

图书在版编目(CIP)数据

与孩子们一起成长 / 王俊卿著. — 郑州：郑州大学出版社，2022. 4
ISBN 978-7-5645-8514-3

Ⅰ. ①与… Ⅱ. ①王… Ⅲ. ①教育 - 随笔 - 中国 - 文集
Ⅳ. ①G52-53

中国版本图书馆 CIP 数据核字(2021)第 270705 号

与孩子们一起成长
YU HAIZIMEN YIQI CHENGZHANG

策划编辑	王卫疆	封面设计	曾耀东
责任编辑	刘瑞敏	版式设计	苏永生
责任校对	孙 泓	责任监制	凌 青 李瑞卿

出版发行	郑州大学出版社	地 址	郑州市大学路 40 号(450052)
出版人	孙保营	网 址	http://www.zzup.cn
经 销	全国新华书店	发行电话	0371-66966070
印 刷	河南龙华印务有限公司		
开 本	710 mm×1 010 mm 1 / 16		
印 张	18.5	字 数	278 千字
版 次	2022 年 4 月第 1 版	印 次	2022 年 4 月第 1 次印刷

书 号	ISBN 978-7-5645-8514-3	定 价	59.00 元

前 言

好教师成就好孩子,好家长也能成就好孩子。教师不仅要面对学生,也要面对自己的孩子。一个好的教师,既需要不断更新和提高教学观念和技术,又需要不断提升教育观察和分析能力,从而更多地了解孩子,为孩子的学习和成长提供更多的帮助和指导。同时教师在家庭中扮演家长的角色,同样需要引导和教育孩子。学生是教师的教育对象,孩子也是家长的教育对象,也是各自成长的陪伴。教师在学校、家庭和社会中扮演着不同的角色,肩负着不同责任。教师只有积极面对,扮演好各种角色,承担教育任务,采取有效的方法,才能实现自身的价值。

《与孩子们一起成长》选取了教育过程中的一个个精彩的小故事,以叙事的方式,揭示教育规律和本质。教师和家长在与孩子交往的过程中,感受、辨识、探索教育的真意和自己的初心,以正面和肯定的方式触及孩子的世界,用更加积极的方式肯定孩子所付出的努力,以及发生在他们身上的积极变化。孩子的变化与成长,也为教师和家长带来影响,教师和家长不仅在教育的认识上不断深入,还要时刻为教育的发展提升自身的素养。本书从课堂中、活动中、家教中、教改中和自育中五个方面讲述孩子与孩子、教师与孩子、家长与孩子的故事,陈述了理性的教育理念和智慧,诠释了教师与孩子、家长与孩子共同成长的奥秘。既作为教师,又作为家长,只有扮演好自己的角色,才能更好地促进孩子健康成长,同时提升自己的能力。本书通过一个个小问题诠释教育的智慧和力量,以此推进家庭教育和学校教育的协作,打造优质教育。

目 录

第一章　智慧贯课堂

1　顾此不能失彼 ……………………………………………… 002

2　从三颗糖果到三个红番茄 ……………………………… 004

3　明察秋毫 …………………………………………………… 007

4　下水实验不可少 ………………………………………… 010

5　小印章大作用 …………………………………………… 013

6　体验要先行 ……………………………………………… 015

7　信息元素融入课堂 ……………………………………… 018

8　制作学具要知其所以然 ………………………………… 020

9　教学相长 ………………………………………………… 023

10　巧解争议性问题 ………………………………………… 025

11　呵护童心 ………………………………………………… 027

12　自主学习保成长 ………………………………………… 030

13　课堂提问有技巧 ………………………………………… 033

14　生长课堂最精彩 ………………………………………… 036

15　巧用软实力 ……………………………………………… 038

16　冷处理 …………………………………………………… 041

17　三省吾身 ………………………………………………… 044

18 要善于观察课堂 ···················· 046

19 写错字的尴尬 ···················· 048

20 学生偏科要不得 ···················· 050

21 简单加简单等于复杂 ···················· 053

22 轮与轮不同 ···················· 055

23 省力还是费力 ···················· 058

第二章　活动即教育

24 培养三种意识 ···················· 062

25 班里的图书角 ···················· 065

26 让午休成为学生的常态 ···················· 068

27 活动不能变质 ···················· 071

28 做文明学生 ···················· 073

29 挫折教育不可缺 ···················· 076

30 不是拉杆书包惹的祸 ···················· 079

31 习惯比学习更重要 ···················· 082

32 培养学生发散思维能力 ···················· 085

33 开好班级读书会 ···················· 087

34 读好书,才能好读书 ···················· 090

35 放手管理 ···················· 093

36 培养优雅气质 ···················· 096

37 树立正确的金钱意识 ···················· 099

38 美好的品质会"传染" ···················· 101

39 也谈科学阅读 ···················· 103

40 以活动促德育体验 ···················· 105

第三章　身教胜言传

41　家长要对孩子说"不" …………………………………… 110

42　生活需要仪式感 ………………………………………… 112

43　孩子也是"智多星" ……………………………………… 114

44　陪伴比金钱更重要 ……………………………………… 117

45　让孩子学会勇敢 ………………………………………… 120

46　帮助应有度 ……………………………………………… 122

47　打退堂鼓 ………………………………………………… 125

50　爱莫能助 ………………………………………………… 127

51　孩子学习能力透视 ……………………………………… 130

52　精益求精 ………………………………………………… 133

53　学习与实用 ……………………………………………… 136

54　也谈"因材施教" ………………………………………… 138

55　寓教于乐 ………………………………………………… 141

56　应"机"而变 ……………………………………………… 143

57　进步 ……………………………………………………… 146

58　鼓励连环计 ……………………………………………… 148

59　家教要得法 ……………………………………………… 150

60　学会放手 ………………………………………………… 153

63　爱子要有方 ……………………………………………… 155

64　寒假有分工 ……………………………………………… 158

65　家里的"汤罐子" ………………………………………… 160

66　亲子游学 ………………………………………………… 163

第四章　教改知多少

67　从莫言建言看教育改革 …………………………… 168

68　教育的春天 ………………………………………… 171

69　教育抢跑何太急 …………………………………… 173

70　基础教育改革势在必行 …………………………… 176

71　有效应对校园涂鸦现象 …………………………… 179

72　考试为哪般 ………………………………………… 182

73　构建良好的阅读环境 ……………………………… 185

74　让家长课程助力家校合作 ………………………… 188

75　破解足球进校园困境 ……………………………… 191

76　文明校园齐行动 …………………………………… 194

77　合理利用教育装备 ………………………………… 196

78　优秀教师这样评 …………………………………… 199

79　修炼情绪,经营生活 ……………………………… 202

80　务实教师交流 ……………………………………… 205

81　利用好网络培训 …………………………………… 208

82　绩效考核要体现"四性" …………………………… 211

83　课堂教学是教师发展的基石 ……………………… 214

84　加强教育理论研究 ………………………………… 216

85　积极投身培训活动 ………………………………… 219

86　撰写教育教学反思 ………………………………… 221

87　合理处理突发问题 ………………………………… 224

88　评价学生三结合 …………………………………… 226

89　班级管理需合作 …………………………………… 228

90　积极推进研学旅行 ………………………………… 230

91　上等马对中等马 ·· 233

第五章　自育无止境

92　读书生活 ··· 238

93　我读三种书 ··· 241

94　阅读三则 ··· 244

95　专业阅读与应用 ··· 246

96　写信那些年 ··· 248

97　也谈写字 ··· 250

98　阅读、写作、收获 ······································· 252

99　每天四个"一" ·· 255

100　学生的人生导师 ·· 258

101　忆国培 ·· 260

102　网络时代 ·· 263

103　让爱弥漫校园 ·· 266

104　成行艰难 ·· 268

105　感恩父母 ·· 270

106　换一个角度 ·· 273

107　被孩子的友谊感染 ······································ 275

108　温暖无处不在 ·· 277

109　严厉的态度 ·· 279

110　教育初心 ·· 281

第一章　智慧贯课堂

　　课堂是教师教学的主阵地,教师只有站稳讲台,才能发挥好教师的主导作用。在课堂上教师时常会遇到一些问题,若处理不好就会破坏课堂气氛,影响教学效率,甚至损害师生关系。教师必须牢记陶行知的"没有爱就没有教育"这一教育理念,灵活处理课堂上出现的问题,当学生在课堂上出现一些不当行为时,教师要能够及时、正确应对与处理,从而使得课堂教学能够有序稳定地进行。课堂问题行为的产生主要有学生自身、教师和外界环境三个方面的原因,可以采取人际沟通策略和强化策略予以解决,从而打造新时代下的高效课堂。

❖1 顾此不能失彼

由于学生的安全至关重要,所以教师在教学中无时无刻不在考虑学生的安全问题,安全出了问题,其他工作都无意义。在学生日常教育中,为了学生的安全问题,很多工作不得不做出让步,甚至教学方法都要把安全放在第一。尽管安全固然重要,但也不能因噎废食,因此,还要找到科学的方法去解决问题。

比如在课堂上,我们选用塑料瓶做雨量器,要求塑料瓶是上下大小一样的瓶,然后把瓶颈剪掉,就和一个直筒杯子一样,再把做好的刻度贴到杯外,这样就做好了雨量器。在室内,我们采取模拟降雨的方法,让学生进行降水量的测量,对学生制作的雨量器进行检验,再让学生对不足的地方进行改进。最后,安排学生课下利用雨天用自己制作的雨量器测量降水量。结果,在下一次课上一位同学告诉我,她做的雨量器不能测量降水量,雨量器是塑料瓶做的,放在室外很容易被风刮倒,而且下雨天多数是伴随着大风的,这样雨量器就不能用了。在室内教学不需要考虑外因,但是在室外还要考虑风的因素,而好的学具能够在实际当中去用,这样才符合标准。

对于这个同学,我当即对她进行表扬。这个学生发现了实际生活中的问题,这是室内实验没有发现的,也是室内实验无法替代的。这个问题学生发现得很好,下面我们就要对雨量器进行改进。学生的反馈,让我这个老师感觉到了教育的问题,刚开始是考虑到保护孩子,没有让他们用玻璃杯子做雨量器,主要是由于玻璃杯容易碎,容易滑手等,但是,不用玻璃杯做雨量器就会产生在实际当中不能用的问题,注意了安全,却忽略了学具的实用性,真是顾此失彼。学生在成长的过程中会受到挫折和伤害,这也是一种成长经历,孩子在活动的过程中所受的皮外伤,有时候是难免的,但是,我们首先要做的就是预防,提醒学生注意安全,并落实到实际当中去。现在很多孩子受不了一点点伤害,娇生惯养,而且抗挫能力不足,这也是我们在教学中极力让学生避免受伤,而没有锻炼学生的能力,特别是应对突发事故的能力的结果。学生提出了这个问题之后,我就让全体同学对制作雨量器进行了再次讨论,该如何改进? 有的同学说还是用玻璃杯,有的认为想办法固定塑料瓶,孩子的想法是非常好的。对于这个问题,如果用玻璃瓶就要注意安全,在操作的过程中,要轻拿轻放,不用后要放在包装盒里,以免打破。或者是还用塑料瓶,这样就需要固定,可以用橡皮泥固定低端,还可以利用沙子把塑料瓶埋在沙子里,最后再取出来,这样也可以。学生通过讨论解决了这个问题。在做出更好的雨量器的同时,还需要对学生这种发现问题能力进行培养。我们常说:"发现一个问题比解决一个问题更重要。"由于学生对问题进行关注了,钻进去了,所以才能想办法去解决问题,发展思维,当然也提升了解决问题的能力。我在班里表扬了提出问题的孩子,也对其他同学进行引导:多去生活中实践,多观察,多思考,多发现问题,这样才能不断进步。

在教育中,我们有得又有失,该放弃的就要放弃,以暂时的失换取更大的收获,这也是一种教育的良策。教育不能只顾眼前,还要考虑到学生的长远发展。孩子的安全非常重要,其抗挫能力的培养和知识学习同样重要,不能顾此失彼。安全重在预防,但是不能为了安全,就忽视学生正常的学习活动和学生应对突发事件能力的培养。

2 从三颗糖果到三个红番茄

大家都知道教育家陶行知"三颗糖果"的故事,对犯错的学生他采取了表扬和鼓励的方式加以引导和教育。第一颗糖果表扬孩子有诚信,第二颗糖果表扬孩子有正义,第三颗糖果表扬孩子能够认识到错误。三颗糖果最终让孩子认识到错误,并进行自我教育。我们确实佩服陶行知这种善于抓住学生心态,采取鼓励和引导方式让学生进行自我教育的方法。

最近在科学杂志阅读一篇《三个红番茄》,其中也蕴含重要的教育思想。科学老师在组织学生观察植物的时候,班中的一位同学比较好奇,误食了一口绿番茄。老师在教育学生绿番茄不能吃的时候,没有在课堂上直接指出某位同学做得不对,因为如果其他孩子知道这种情况后会嘲笑这位同学。班中的同学都已经种植过番茄,对番茄的果实是很清楚的,也就是红色的是熟的,可以吃。对于这位同学,在课下老师通过多方面了解,得知这位同学是从农村转过来,现在跟着爷爷、奶奶一起生活,他那里不种植这种蔬菜,而本地的学生种过。这位老师在了解到该学生的情况后通过三个红番茄进行教育。第二天,孩子按时来到老师的办公室。老师首先把孩子的手洗得干干净净,然后当着孩子的面把三个番茄洗干净。然后,老师告诉学生:"你很守时,老师奖励给你一个红番茄吃。"吃完后,老师就问:"红番茄的味道怎么样?"学生说:"味道有点甜,有点酸,比绿番茄好吃。"然后老师又让他把另外两颗红番茄带给爷爷奶奶吃。

三个红番茄故事中,老师在得知孩子误食绿番茄后,没有进行批评教育。而是在课后通过了解情况,采取鼓励和引导的方式进行教育。通过给孩子洗手,当着孩子的面洗番茄,让孩子明确要讲究卫生,让孩子体会红番茄味道,认识到果实成熟才能吃,另外两个红番茄给长辈让孩子懂得了分享。同时老师的教育策略,体现了能够从学生的心理特点和学生所处环境出发。孩子自尊心强,如果在班级中进行批评教育,再加上其他同学也会嘲笑其无知,那么对孩子的心理伤害就是很大的。老师在不知道原因的情况下进行调查和分析,发现孩子是留守儿童,而且孩子和家长对番茄的认识不清楚。在此基础上,从陶行知的教育思想中探索教育思路,也通过物质鼓励,采取表扬和引导的方式进行教育,并对孩子的家庭进行了关注。我们从中可以发现老师教育能够联系实际,并从孩子的身心发展入手,具有较强的针对性,因此教育的效果很好,学生认识到错误,并进行了自我教育。

三个红番茄教育是三颗糖果思想的迁移和发展。教育思想和方法不能完全照搬,而是要灵活应用。都是三个东西,但是给的人又不一样。三个红番茄在一定程度上能够起到家庭教育反哺学校教育的作用。如果再进行种植活动时,家庭一定会支持孩子的,那么我们的教育就能取得成功。两种教育方式虽然有不同形式的操作,其教育思想都是有针对性地鼓励和引导,从而启发学生进行自我教育。那么最有效的教育是什么?毫无疑问那就是自我教育。要让学生达到一种自育的效果。学生必须自己感悟从而自己醒悟,最后落实到行动上来。

学生要做到自我教育也是很复杂的事情。学生是在一个生长、发育的阶段,各个方面都不成熟。那就需要老师家长通过针对性的教育,启发学生,从而让学生对自己行为一个清醒的认识,在内心深处产生一种触动,认识错误和不足,接下来改正就顺理成章了。对于现在孩子的教育更为复杂,需要家庭教育和学校教育结合起来,另外,对于学生思想的教育,需要老师下功夫摸清孩子的情况,然后才能采取有效的教育策略,并在实施中进行改进。我们不缺教育方法,但是要制定适合学生的教育方法,需要走的路还很长。老师要做到这些,还要多读书,从别人的教育思想和经验中汲取有用的东西,再在实践中验证、改进,然后变成自己的东西。当然,孩子也是可塑的,我们作为老师要有信心,要站在一个更高的角度去看待问题,要从孩子长远的发展入手,为孩子创设良好的教育环境,制定适合他们的教育方法,从而培养他们健全的人格、动手能力、合作能力和创新能力。

3 明察秋毫

一般情况下,科学活动是始终贯穿到整个教学过程中的,特别是观察活动,这是我们开展科学教学的主要形式之一,让学生在观察中掌握知识,学会技能,并形成一定的情感。也可以说通过观察,再加上分析和辨识,就能让学生认清世界,从而形成正确的价值观,最终提升学生的综合素养。《植物的叶》一课,通过三次观察活动,让学生认清植物叶的结构和植物叶的生命;同时教师通过指导学生观察,让学生运用合理的观察方法,促进观察的效果,让学生的学习得到进步。为此,我们可以认识到观察在科学活动中的重要性,现就科学活动中的观察进行分析和思考,从而再次认识到观察的作用。

为准备活动而观察。《植物的叶》一课中的第一个科学活动就是捡落叶,其实就是为上课准备材料,但是这里面包含了学生的观察活动。学生在捡落叶的时候,就会发现很多树叶的形状不同,种类不同,颜色不同等,这是学生普遍能够通过观察而获取的认识,也是捡落叶的收获。虽然这是为课堂教学进行材料的准备,但是课外的观察活动已经开始。学生能够从整体去认识树叶,了解叶子的一些基本特征,这就为课堂中进一步去认识植物的叶奠定基础。捡落叶其实还有一个目的就是激发学生的探究兴趣,学生喜欢一些课外的活动,不论是捡落叶还是观察植物的叶都是符合学生的年龄发展特征和兴趣爱好的,学生因此有了亲近自然,感悟自然的机会。因此,老师认为学生在秋天里去捡落叶,适合他们去做,是有收获的。大树下、林子里,可以捡到各种各样的树叶,学生很感兴趣,也很有成就感。为此捡落叶的活动作为第一次观察活动,是符合学生要求的,学生完全是在开放的状态去活动,去感知植物的叶,了解植物的叶,从而形成对植物叶的初步认识。

为获取知识而观察。《植物的叶》一课中的第二个科学活动就是观察准备的树叶,思考它们的相同点和不同点。其目的就是认识和掌握叶的结构,也就是这些叶有哪些相同的结构。同样这也是本课要掌握的一个知识点,学生对相同点和不同点通过观察与思考,有了很多的答案。比如,在比较不同点的过程中,学生能够找到叶子的大小、形状、颜色、是否完整等不同。但是比较相同点对于学生有一定的难度,但是书中也给予提示"观察到了什么,才说它们是同一种叶",学生首先发现叶片的形状一样,然后需要老师进行引导,让学生思考树叶中还发现了什么,这时学生就能发现叶片上的纹和下面的一个柄,下面老师就可以告诉学生这是叶脉和叶柄。在老师的引导下,学生认识到了叶子有叶片、叶脉和叶柄。这样学生就能用这些叶的结构名称去表达了,用刚才零碎的语言(叶子的形状、叶片上的纹、下面的一个柄)去表达什么样的叶才是同一种叶。学生就形成了正确的概念,那就是叶片、叶脉和叶柄的形状相同时才是同一种叶,如果不同就不是同一种叶。这样,在老师的引导下,让学生逐步掌握知识。因此,第二次观察,也是我们学习本课内容的基础,比第一次观察更具针对性,如果进行比较我们就会发现,第一次观察没有明确要求,可以说是没有目的的,完全是学生自己去把握和体会;但到第二次观察就直接奔向学习的主要内容,那么观察就是有目的,这样就能让学生形成知识和技能,这就是观察的作用。

为形成情感而观察。学生的情感教育是不可忽视的话题,在学生三维目标中,要求老师必须在教学中进行渗透。因此科学活动中也应如此,而利用观察同样能让学生的情感态度和价值观得到培养和提升。《植物的叶》一课的观察活动是让学生观察叶的生长变化。首先,新鲜的叶与落叶有什么相同和不同;然后观察一种植物的叶,了解叶的生长过程变化。这一回观察活动,不仅仅是让学生了解叶的生长变化,更重要的是对学生渗透情感教育,也就是生命教育。对于新鲜的叶子的相同点,学生很容易能够找到,也就是结构是一样的;而不同点学生也能够用自己的语言进行描述,比如,新鲜的叶是绿色的、有水分、柔软、有生命等,而落叶是黄色、灰色或黑色的、干燥、易碎、枯萎、没有生命等。从学生的语言描述当中,老师可以从中发现学生对生命的认识,不仅仅是落叶和新鲜叶子的区别,而是知道了叶子是有生命的。为了进一步理解叶子的生命,老师要求学生对一组植物的叶进行观察,让学生说说叶子的生长变化,学生进而能够明白叶子是从叶芽、嫩叶,然后慢慢长大,变老。这就是说叶子从春天长出来,到了秋天就会枯黄死去,这就是植物叶的一生。通过观察不同季节的叶子,老师让学生发现植物叶的生长变化,进而深入理解叶是有生命的,叶子也有生、老、病、死,万物皆有规律。

学生通过这一次观察活动,能够明白植物叶具有生命,那么我们这一课的情感目标也就达到了。

4 下水实验不可少

刚接触科学课教学时,在一次教研课中,我上了一堂课——"光是怎样传播的"。学生对这节课提前进行了预习,结果还是在课堂上出现了问题。

学生在卡纸上要做出三个大小相同的孔,并在三张卡纸的同一个位置,把这些卡纸放在同一条直线,看手电筒的光能否穿过。学生想到了两种方法,一是利用硬笔画圆,然后用小刀刻掉,再把这张卡纸套在另外一张纸上,沿一张卡纸的圆画圆并刻掉,第三张卡纸以此类推;另一种方法就是利用圆规画圆,再用小刀刻掉。当时,觉得这两种方法都行,然后学生开始了实验。选择第二种方法的小组,在用圆规画圆的时候,自动铅笔的铅总是断。我发现了这种情况,当时没有及时处理好,结果这些小组没有完成实验。这时,我想到了卡纸硬,而且粗糙,在上面用自动铅笔圆规画圆很困难。当时选择卡纸的原因是卡纸坚硬可以直立,便于实验。但是出现这种情况,完全是由于自己在课前对材料的选择没有处理好。要想在课堂中及时解决画圆的问题,可以暂时用硬币解决;如果在课中不致出现这些问题,只有在课前预设中,先把卡纸上贴一种柔和一点的纸张,然后再画。但是要做到这些,教师必须先进行下水实验,这次的课堂教学遗憾,我认识到了下水实验的重要性,并有深刻的体会。

下水实验是小学科学教师备课的组成部分。备课不仅仅是撰写教案,准备材料,还要亲自验证教案、实验的可行性。因为科学课是以动手实践为基础的学科,实验是科学教学活动的主要组成部分。教师要认真考虑实验设计,学生实验过程中可能出现的问题,并制定可行的对策,这也就需要科学教师下水实验,了解情况,并制定合理的方案,从而促进学生科学探究的有效性。教师下水实验中，会发现其中的问题，然后对这些问题进行针对性研究，比如实验设计的问题，学具的问题以及材料的问题，只有进行反复实验，发现实验中存在的问题或者有更好的方法，那么我们才具备了指导学生进行实验的基础，这样才能避免在课程中出现太多意外。另外从用教材的角度出发，我们进行下水实验，从而验证教材的实用性，然后丰富教学内容，为学生创设更为适合的学习环境，从而激发学生的学习兴趣，培养学生的动手能力和创新意识。

下水实验有利于科学实验和教具的改进。按照教材和教参的要求，再经过自己对课的设计，特别是实验设计，我们在进行下水实验操作的时候，会发现实验存在的问题或教具存在的不足，然后进行改进，从而促进科学实验教学的有效开展。

比如，《浮力》一课的实验，在下水实验操作时，发现橡皮泥与容器底部粘贴得不紧，容易被拉掉。容器也不易选择，容器大了水位上升不明显，不利于观察；容器小了便于读数，但橡皮泥又不太容易安放在瓶底，操作有困难；用来连接泡沫与测力计的线被水浸湿后与滑轮之间的摩擦力增大；泡沫塑料块浸入水中后有吸水现象，造成水位上升，体积会比泡沫浸入水中的体积小，这样就增加了实验的误差；用测力计上拉时，棉线倾角的大小也会产生误差等问题。我结合本章节教材内容和自身对教材的理解，重新设计了一个实验来代替这个实验，用一个塑料瓶代替泡沫塑料块，一个 500 毫升的烧杯代替水槽，通过改变给塑料瓶施加压力的方法来探究它排开的水量和受到的浮力大小关系。再如，在对摆的研究中，我发现原来的摆中要固定金属片摆锤，再移动会很麻烦，学生不一定能操作好，另外还会耽误时间。因此，我利用了两个同样大小的吸铁石作为摆锤，随时在木板上移动，方便多了。

下水实验有利于预设课堂问题并制定对策。通过下水实验，我们可以提前发现课堂中可能出现的问题，并通过分析与研究，制定对策，从而提升课堂教学的实效，促进学生的发展。学生在探究时需要哪些帮助，教师何时介入最合适等,这些都是要有准备的。

比如,"橡皮泥在水中的沉浮"一课的实验,三种能够浮在水面上的空心橡皮泥造型,都可以看到排水量有变化,而且也能发现这些形状能够浮在水面上,但是浮的程度差不多,如果不仔细看是很难发现的。让学生能够发现排水量与沉浮的关系,是有一定难读的。通过下水实验发现了学生可能需要帮助的地方,因此基于这些问题的考虑,我认为,应该在课堂实验中,把这些浮的现象再通过多媒体展台放大,让学生观察,然后问他们有什么发现,这样学生接受起来就更容易一些。

因此,我们要在学生需要帮助的时候去引导和点拨他们,从而促进他们发现问题、分析问题,解决问题。当然教师的这种介入,还是以学生的学习为中心,为他们的学习创设条件,提升科学实验的效率,让学生的科学素养得到培养。

5 小印章大作用

激励是最好的教育手段,但是激励的方法也是多种多样的,究竟哪种方法最合适,还是需要教师在教育实践中去研究。对于小学生来讲,主要还是采取精神激励方法为主,具体为口头表扬,作业中也可以文字和画图的形式激励孩子,利用小印章的形式就是一种很好的办法。

在前一段的科学学习中,学习《天气》单元的内容时,需要画柱状图来表示天气变化情况,但是这种图是比较抽象的,需要引导学生完成。首先要求学生采集数据,然后用柱状图表示数据。但是学生在画的过程中,存在两种现象,一是没有用工具作图,二是只考虑一组数据。柱状图有两组数据,一组是时间,一组是天气情况(温度、降水量等)。这样就导致学生在作图中出现了错误,是没有理解作图的根本要义。这些与刚开始学习天气产生比较大的反差,学生画天气符号的兴趣很浓,这主要天气符号比较具体、形象,但是柱状图难度有所增加,但这也是需要在课堂中掌握的内容。

对于出现这种现象的原因主要有三个方面:一是缺乏相应的激励,科学课对于学生和家长来讲,他们认为是所谓的"副科",这样就导致学生在学习中所投入的精力不够,有的同学没有听进去课,听课的效果不好;二是学生的动手能力差,这是很多学生的通病,喜欢动手,但是又不能按照一定的要求去做,作图要求规范的操作,而不是根据感觉,随便点点,否则就不好观察,没有认识到画图的规范性;三是画柱状图是一个抽象思维的过程,而且要考虑两种数据,学生对这种思维把握不好,还处于一个过渡的阶段,四年级是形象思维向抽象思维过渡阶段,学生需要一段时间的适应。为此,画柱状图难度较大,这对学生是一个挑战,需要学生在理解的基础上,进行规范作图。

为了激励学生学习科学,我买了几枚小印章作为课堂练习当堂奖励使用,这三枚印章分别为加油、赞一个、棒极了,都是以鼓励的语言去激励学生。我告诉学生,加油就是课堂练习还需要做得更好,赞一个就是完成布置的任务;棒极了就是你的练习有独特的思维。由于学生希望得到别人的赞赏,所以在使用这些奖章评价他们的课堂练习之后,孩子们课堂练习的情况就好了很多,做练习的积极性也提升了,看来小小的印章,有了大作用。当时,为了激励孩子在课堂中学习科学,是选取的小猪佩奇印章,这与孩子兴趣和生活实际相符合,进而就把他们带入了一个愉悦的学习环境,提高了学习的效果。在提升画图正确率方面,为了更好地引导学生做好柱状图,我采取的最常用的办法就是示范,先把其中一个时间段的数据规范地画出来,这样两个数据就能对应;然后让学生跟老师一起,从图中找时段对应的天气或者是找天气对应的时间,这样反复几次,学生就明白了柱状图能够准确地告诉我们在某个时间段天气的情况,图表能够跟清晰地说明问题。最后,对于学生学习科学的态度上,除在老师的引导方面下功夫之外,还有进一步加强对科学课程的重视程度,在各个方面加大投入力度,并把科学课纳入考核学生的范围中去,政策和制度方法进一步规范并严格实施,为提升科学教育知识提供保障。

激励是学生学习的动力,也是学生学习的基础,只要我们找到合理的激励方法,利用好时机,就能调动学生学习的兴趣,提升学习的实效。同时也要对学生的心理特点进行研究,这样才能找到教育学生的方法。而教学中,我们利用小印章的作用,去激励孩子学习,取得了良好的教学效果。

{6} 体验要先行

体验教学是学生的一种学习方式，主要是通过观摩，或者直接使教学活动再现，使学生进入教学内容所描述的环境中进行学习、体验、感悟得到知识经验的一种学习方法。学生的成长过程中，需要体验，这样他们会得到切实的感悟，学习到的知识才会更牢固，同时学生还会有新的发展。

学生在解决问题的过程中，往往会走很多弯路，是否一定要按照学生的思维去实施下一步的教学内容，这主要看对学生的发展是否有利。因此，也可以让学生多尝试，多体验，这样才能让学生在辨识问题的过程中发现问题，解决问题，借以纠正其偏航的观点，以便认清楚事物的本质。

在学习"呼吸与运动"时学生就出现了不同的看法，这一课学生要厘清"呼吸与运动"的关系，不是去设计实验验证人运动后的呼吸加快，而是探索呼吸变化的原因，并找出证据。因此，运用实验验证人运动后的呼吸加快不是学习的重点内容，这是一个常识性的结论。但对于小学生来讲他们具有天生的好奇心和探究欲望，若学生乐意去探究，我们就要给予学生体验的机会，同时也可以培养学生的科学精神。因为，学生是在体验万物之后，从而认清世界，形成知识和技能的。对于验证人体在运动后的呼吸加快问题，可以在教师的指导下，通过实验的方式去验证，让他们从中体验到学习的快乐。

对于这个实验，应该采取以下几步：

首先就是让学生明确测量呼吸的方法。对学生进行学习方面的指导十分必要，由于课堂时间有限，内容又不是重要的知识，所以我们要考虑到时间和效率的问题。对于测量呼吸的方法。老师可以先进行示范，按照平时正常的呼吸,测试一下呼吸 10 次用的时间是多少;让学生认真观察,并强调用正常的呼吸进行测量,测量后还要做好记录。

其次就是让学生测量平静状态下呼吸。平静状态下呼吸也就是运动前呼吸的次数。然后出示要求:①测自己的呼吸;②以一分钟的时间计次数;③出示记录表,并按要求做好记录。学生明确要求后,进行实验,并把获取的数据记录好。

最后让学生测量运动后的呼吸。这一过程有两个方面的内容,一个是运动,另一个是测量呼吸。具体应该这样做:①明确运动的正确方法,让学生在教室跳动 3 分钟后再进行测量。②学生在开始运动之前要在老师口令下进行,结束也要听老师口令。③运动时是原地做抬腿运动,要做标准,中途不能停下来。④听到老师让结束的口令后,再进行一分钟呼吸次数的计数,并做好记录。

学生通过对一分钟运动前和运动后呼吸次数的分析,可以得出运动前呼吸次数少、运动后呼吸次数多的结论,因此就验证了运动后呼吸加快的结论,这样就解决了问题。虽然验证运动后呼吸加快不是重要实验,但是也能让学生经历科学探究的过程,体验到学习的乐趣。在进行这样的实验时,我认为要根据教学的实际情况,在老师的有效指导下,让学生明确学习方法,在有限的时间内高效学习。为此,学生的科学学习,老师不要怕麻烦,不要怕耽误课堂学习时间,要从学习的本质出发,让学生进行学习的体验,培养学生的科学品质和正确的价值观。

在实际教学中,一些同行会认为,这样做浪费时间,而孩子所能掌握的知识又非常有限。这种认知过于肤浅,只看到其表象,而忽视了孩子的体验过程,这不是单凭书本内容所能得到的,这种看似肤浅的体验过程能够提升学生的品质,丰富其个人体验,对促进学生成长有着十分重要的意义。课程的目标就是促进学生终身发展,今后学生所面对的不仅是学习方面的问题,还要不断地去面对生活,以后还要参加工作、投身社会,而体验教学能够促进其个人成长和能力生成,这是一种综合能力,这样才能使得孩子在长大后,能够更好地适应社会生活。

体验教育是学生在学习过程中集知识与技能、过程与方法于一体的教育方式,更是其情感态度与价值观切身体验的重要过程。这种切身体验与个人感悟,不仅是知识内化的重要环节,也是其成长经验的一种有效升华,是自得自悟的全部活动状态。体验教育的亲历性和构建性,能够造就高出数位的教育价值。体验教学,是整合三维教学目标的有效教学方法。

7 信息元素融入课堂

信息技术的不断发展,已经深入到教育领域。在教师专业法中,它要求教师不仅要掌握相应的信息技术,还要会在教学中使用,优化课堂教学,提升教育质量。新技术的发展必然带来新的应用,在教学中,我们要善于融合,辅助教学,让学生素养得到提升。

微信在生活中得到广泛的应用,在科学教学中也发挥着作用。学生申请微信号之后,可以通过加好友的形式,组成一个班级群体。利用微信可以发表文字、图片和视频等,并能进行通话、录音、视频等信息,从而进行资源的共享和互动交流。在科学教学中,教师可以利用微信发布学习任务和要求,发布课堂实录辅助学生课后学习,学生通过微信进行学习成果的展示、共享、交流和评价,从而优化科学教学,提升科学教学实效。

教师可以把学习任务和要求用微信公布出来,学生利用手机或电脑接收,学生有问题可以向老师寻求帮助,也可以发布微信询问大家,这样老师和其他同学就会参与其中。例如,"种子发芽实验",学生在做绿豆种子发芽实验时,我们安排学生在家里做,等到种子长出芽后,教师可以利用微信发布信息,让学生进行绿豆芽生长实验,并要求他们观察阳光下和暗处的绿豆芽生长的情况,特别注意观察茎和叶的颜色和粗细,并做好记录。学生在做绿豆发芽实验后,顺势进行绿豆芽的生长实验,让实验持续进行,符合生物生长的自然规律,也让教学的开展更流畅,在下次上课的时候,可以进行绿豆发芽和生长的汇报交流。老师利用微信及时布置实验任务和要求,并进行有效的引导和指导,从而促进了科学教学的开展。

对于科学教学中的重点和难点内容、实验,学生在课堂中难以掌握。教师可以把这部分讲解的内容以及课堂实录,用手机的相机功能拍摄下来,然后利用微信发布出来,供学生课后继续研究和学习。例如,在学习"浮力"时,在理解用手按木块向下的力就是在上面用弹簧秤拉的力,由于力的方向不一样,学生对力之间的转换的理解产生了困难。老师可以把课堂中引导的过程以及演示实验的过程,用手机录下来,然后用微信发布出来,课下学生在复习巩固时,能够加深理解,从而巩固知识,这样就容易掌握重难点。

寒暑假的时候,科学教师通常会给学生布置探究学习内容,老师要掌握学生的学习情况,并对他们进行引导和指导。也可以利用微信,让学生展示学习情况,然后进行针对性的指导和评价。可以是老师对学生的评价,也可以是学生与学生之间的评价。例如,青少年科技创新大赛活动,可以让学生利用假期进行小学科学 DV 的研究,也就是把科学探究活动研究的过程用DV 拍摄下来,其中也包含了研究的思路、过程以及后期的 DV 剪辑和制作,可以在家长的帮助下进行,并定期利用微信向老师汇报。学生设计的《改正液的危险研究》《我是如何改进钟摆的》等科学探究课题,他们把拍摄好的探究视频利用微信进行发布,同学们进行积极的讨论和交流,其他同学不仅受到启发,同时自己也收获了宝贵意见。

为此,作为教师,要善于利用信息技术,与教学结合起来,从而提升教学的实效,促进学生能力的提升。微信是信息技术发展的一个载体,我们要在教学中去融合,真正发挥微信的作用,促进学生有效学习,同时也减轻教师的负担。在教学中应用新技术,还能让学生的视野得到拓展,真正与时代发展同步,促进学生的全面发展。

8 制作学具要知其所以然

学具是课堂教学中使用的工具,利用学具能够辅助学生学习,提升学习效果。在科学学科中学具是经常使用的工具,同时还需要学生自己去制作,然后在实验中使用,从而提升实验效果,培养学生探究能力和创新能力。但是学具的制作不仅要知其然,还要知其所以然,这样才能在原来的基础上提升并打通思路,开拓新的领域。

一次科学课中,需要学生制作风向标。如果按照书中要求的材料制作风向标,学生很快就能做好。其具体制作过程就是把箭头和箭尾粘在塑料管上,在中间找一个点,用废旧的圆珠笔芯固定,然后当风吹过来的时候就可以转动。但是学生不明白的是为什么箭头指向的方向就是风的方向。其实这也是难点问题,学生不仅要知道怎么做,还要懂得为什么这样做。在提到这个问题时,很多学生都无法回答,看来学生对制作风向标的意图不是太明确,没有理解风向标的基本原理。这就需要学生认识到这个现象,进行分析,利用其他生活中的现象引入其中,用知识迁移去解决这个问题。

这是四年级的学生,他们对力的概念还不是太清楚,风向标要转动,然后箭头的指向,是与力有关的。风力让方向标转动,然后停止,箭头就会有一个指向,制作后进行了实验,学生确实发现箭头指向的方向就是风吹过来的方向,这是为什么呢?学生知识的构建不足,就导致他们无法正确用语言去解释这一想象,要弄清这里面的原理,还要借助日常生活中的现象然后迁移到方向标箭头的指向问题。生活中,学生对力的大小的理解为力气的大小,其本质就是力的大小,只要学生能够明白这个道理,不用"力"这个字眼也可以。但是还有一部分学生在课外书中已经知道了力的知识,这样学生从生活中的现象去解释现在的问题,也是可以的,这是因为其原理是一样的。另外,还有一个原因就是,每次学生做完学具之后,很少再去想为什么这样做,深度思考不足,只是为了用而用,进而导致学生思维发展有限。学具制作不仅是对知识的利用和加工,也是创新的过程。很多学生动手能力差,不善于深度思考,这样导致遇到一些没有见过的东西或现象,就不能去认识其本质。

为了让学生搞清楚为什么方向标箭头指向的方向就是风的方向,我让学生思考了船帆的作用,我是这样问学生的,"两艘一样的船,在顺风的时候,一个用帆,一个不用帆,会有什么样的结果",学生告诉我,"用船帆比没有用船帆的速度快";接下来,我就问:"为什么?"学生思考后,告诉我,用船帆让船的动力变大。说得好,这就是我们所说的船帆受的风力的作用不同,有船帆的受到风力大,没有就小;下面请你们思考一下,我们方向标的箭头和箭尾的问题,它们都受到了风力,结果怎么样,这样学生就明白了,箭尾受到的风力大,箭头受到的风力小。原因就是箭尾的面积大,所受的风力大;而箭头面积小,所受到的风力小,这样力大就会推动力小的,把箭头推向风来的方向,这样学生就搞清楚了其中的原理。下面,我还让学生思考,生活中还有哪些应用是增大力和减小力的,有部分学生想到了,车头和车尾的设计,车头的面积比较小,其中和谐号动力火车就是典型的代表,这样就能减少阻力,速度会更快。

在学习中,我们借用生活中学生能够理解的现象,进行知识的迁移,去解释其他的现象,这样就利于学生对知识的学习和利用,也能促进学生思维能力的发展,原理相同,需要给学生构建连接知识的桥梁,有了这个平台,学生就能进行知识的过渡与迁移,从而将思维激活。

学具是我们学习的辅助,有了学具,我们可以更直观、更便捷地开展学习活动,提升学习实效,促进学生全面发展。但是,做学具不仅仅要知道怎么做和做什么的目标,还要知道为什么这样做,不是为了用才去做学具,而是让学生的思维有新的发展。为了更好地搞好学具制作,科学课中,教师还可以组织学生开展学具自主制作或让学生自己设计、制作、改进和展示等，真正让他们理解学习自主的作用和意义，促进学生的高效学习，促进他们健康成长。

9　教学相长

教师是学生学习的引路人和指导者,因此,教师要治学严谨,把正确的知识和方法传授给学生,并利用自身的行为去影响和教育学生,把学生培养成爱学习、善学习的人。但是,老师在课堂教学中难免出现失误或错误,无论是教师自己意识到的错误,还是学生发现的错误,老师都要积极进行反思,并改正自己的不足,虚心向学生承认自己的错误,并征得学生的原谅,及时解决问题,这样就能保证取得良好的教育效果。

在一次科学课堂上,讲完课后还剩下几分钟,于是我安排学生自习。这时,一位学生向我请教一道数学题,虽然我不是教数学的老师,但是也有义务解答学生的问题,只要是在能力范围之内,我都乐意去作。是这样一道数学题:有 5 个数的平均数是 19.68,前三个数的平均值为 18.9,后三个数的平均值是 29.4,问中间的那个数是多少? 我当时是给学生这样讲的:6 个数的和减去 5 个数的和,中间的数用了两次,然后再除以 2,就可以得出中间那个数是多少。这位同学也没有疑问,然后就回到了座位;接下来又有两位同学来问同样的问题,我也是这样解答的,后来还有问相同问题的同学,我就让这些同学去问刚才我给讲过的同学,这样也形成了兵教兵的模式,让孩子之间相互学习,提升各自的能力。

放学回家的路上,我又想起来这道题,发现这道题讲错了,5 个数中已经有一个中间数了,6 个数中虽然用了 2 个中间数,但是已经减去一个,这样就不能除以 2 了,上午给学生的讲解不是在误导学生吗? 我当时急得像热锅上的蚂蚁,浑身不自在,最后,我想在下午上课之前,给学生进行更正,让他们改正过来,不然误导了学生,后果是非常严重的。

下午，我早早来到学校，离上课还有半个小时。到了班里之后，问他们今天的数学作业交了没有，同学们告诉我还没有，老师让上课之前收齐，这时我才放下心，现在更正还有机会。我先找到上午问我问题的几名同学，然后细致地给他们讲解，并把更正的原因告诉他们，再委托他们帮别的同学也改正过来，一定要把这些同学找到。就这样，我在教室把学生数学作业辅导完后，才回到办公室。

经历了这件事，我进行了认真反思，我作为一名教师，要对学生认真负责，要为学生做好表率；在具体的教学中我们要善于引导学生自主学习、合作学习。首先是认真负责，虽然我不是教数学学科的老师，但是学生有问题，老师能够解决就要帮助他们。如果我们都本着不是我的学科，不是我的课堂，就不去关注这些学生，那么就违背了职业道德。老师应该是无私奉献，一切为了学生的发展施教。其次就是要做好表率。老师是学生模仿和学习的对象，这就要求老师传授正确的知识和方法，如果老师发现自己有问题，或者学生发现老师讲的有问题，就要及时改正，并给学生道歉，老师知错就改，并解释原因，这样学生就能接受你。老师通过自身的严谨要求，就能感染学生，这样对学生的教育效果就会很好。然后就是学生学习方式问题，学生相互学习交流，不仅能将老师从繁忙的教学中解脱出来，还能锻炼学生的能力，在兵教兵中，让学生各自都能提升，这也是我们新课改中强调的教学应该以学生的学习为中心，学生自主学习，互助学习都是以学生的学为教学主体的体现，作为老师一定按要求去做，放手让学生去学习、合作、展示等，这样，学生的学习能力和创新能力才能得到培养和提升。

在教学中，教师要把正确的知识和方法传授给学生，注重学生学习能力和创新能力的培养，并利用自身去影响学生，成为学生学习和生活的引路人。在教学中，我们要以学生的学习为中心，让学生自主学习、合作学习，促进学生的全面发展。

10　巧解争议性问题

在课堂中学生有不同的意见,这样才能进行辩论,让思维得到碰撞后,去认识问题的本质。同时,作为教师要引导学生去分析和研究问题,这样才能提升课堂教学实效。学生有争执,教师心中有自己的答案,那么究竟该如何处理呢,作为老师不能直接指出谁错,而是让他们进行辩论,甚至通过动手实践等方式去解决。

在科学课中,我们总能听到学生对某一问题或现象的不同意见,这不仅充分说明学生对这一问题或现象的兴趣,也说明学生进行了深入思考。基于这样有争执的问题,可以在老师的引导下进行探究,让学生明白其中的道理,获取正确的结论。例如,在学习"热起来了"这一课时,为了了解学生对热量概念的认识和理解,让学生先说一说,有哪些方法可以产生热? 学生对这一问题进行了积极发言。学生的回答有:运动、吃食物、晒太阳、烤火、用取暖器等。其中一个同学提出了多穿几件衣服可以增加热量,但是另外一个同学提出质疑,他认为穿衣服能够保温而不是加热。然后我就问这位同学,为什么是保温呢,他说从阅读的课外资料中得知衣服可以保存人身体散发出来的热量,如果多穿几件,人身体散发出来的温度就不易流失,那么人就会感觉暖和。对于这样一个争执的问题,我们就可以作为这节课要研究的问题,首先这个问题与本课的内容关联性较强;其次这个问题能够反映对加热问题的理解,若进行研究可以让学生认清事物的本质;最后就是这个问题是在教学中生成的问题,需要在课堂中解决。对于这样一个问题,我们一般情况是需要通过实验来解决的,那么如何才能证明衣服是保温还是加热呢?

在做实验之前,我们要思考两个问题,一是研究的对象,二是判断的标准是什么。有的同学认为衣服能不能加热,当然是要把衣服穿在人的身上进行研究,判断的标准就是看看温度有没有变化。但是对于研究的对象,有些同学也产生了疑问,人是恒温动物,就是穿再多的衣服也不会改变其体温,选择人作为实验的对象不合适。通过讨论,同学们认为找一个物品进行研究,这样就确定了研究的对象。最后,学生把书本用衣服包起来进行实验,先用温度计测量没有包之前书本的温度,过一会儿再测量用衣服包住书本的温度。然后进行对比,学生发现温度计的读数没有变化。最后学生通过实验得出的正确结论是衣服不能给身体加热,只能保温。对于这样一个不争的事实,学生能够清楚地认识事物的本质,对这样一个常识有了正确的认识。而先前一位同学认为穿衣能加热是想当然,他把加热与保温两个概念混为一体。而后者虽然能够说出正确的结论,并给予解释,但是没有经历完整的探究过程,也存在知识建构的缺陷。

对于有争执的问题进行研究,在老师的引导下,通过实验进行验证,能够科学地解决问题,让学生获取正确的结论,促进学生能力的提升。而教师不应该直接阻断学生的思考,要积极引导学生去动手操作、去论证,促进学生思维的不断发展。

11 呵护童心

　　最近的一次课堂上,三年级一位小同学提出了这样一个问题。他说:"老师,你为什么总穿这一件衣服。"当时,我不知道该如何回答这个同学的问题。于是我告诉这位同学:"老师以后会告诉你答案。"其实,我是在推脱,想找到最好的方式和答案告诉这其中的原因。也许老师在学生心目中,会出现两个想法,一是老师不讲究卫生,二是老师太穷买不起很多衣服。这件衣服确实很久没换了,由于赶上换季,因此以前的衣服都不能穿了,这件衣服也是新买的,到了周末洗洗又穿上了。在这里我不得不佩服这位孩子的观察力,这位孩子学习很优秀,至少是在科学课堂上,每次都有她举手的身影,回答问题独特,还善于提出问题。其实这位同学最优秀的品质就是观察能力和提出问题的能力。这些往往是一些学生的弱点,如果能够发展这两点,那么孩子今后的发展会更好。

　　在这次课堂上,我依然按照教学计划给学生上课,我提出了这样一个问题:请同学们想一想,书包中有哪些物品,分别是由什么材料组成的,请先写在纸上,然后请几名同学写到黑板上。过一会儿,有很多同学举手来做这道题,第一位举手的还是这位同学,但是这次我没有点她,而是把机会留给了其他同学,并且告诉她,如果一会儿需要补充你就可以到黑板上来。演板同学做完之后,她立即把手举得高高。就这样她来到黑板上开始补充。于是,我对她说,今后老师会把问题留给其他同学一些,如果大家有解决不了的你再来帮忙,让其他同学也锻炼一下,同时也提升你的能力,这时她点点头。

　　这位同学课堂上表现很优秀,认真听课,细心观察,积极思考,在课堂上却提出了一个这样的问题:"老师,你为什么总穿这一件衣服。"课快上完了,这个问题的答案有了。课后,我让孩子到班级的走廊上,告诉这位孩子。首先老师要表扬你,就是你善于观察,通过观察才能发现问题,提出问题,提出问题比解决问题更重要。其次,老师要感谢你,老师工作忙忘了买衣服,今天就去买。最后,就是老师希望你继续观察,多提问题。

呵护学生的好奇心也是教育的任务,我们要让孩子一直保持对事物的好奇,让他们通过对身边事物的观察,提出问题,这样他们才能分析问题和解决问题,从而培养学生的能力。但是有些问题会超出一定的范围,那么教师就要善于引导和指导,让学生回到正确的学习轨道。老师是学生心目中的榜样,这里包含了教师的言行,也包含教师的穿着打扮等。学生能够观察到老师经常穿一件衣服,这也说明学生对老师进行认真的、长期的观察,这种精神是值得提倡的。如果能够转化到学习中,就会产生良好的学习效果。

当然老师在教育环境中出现了学生认为不可能出现的状态,给学生带来了刺激而引发了学生的思考。这也使学生认为是老师没有衣服穿呢,还是不讲究卫生呢。这确实是一个尴尬的问题。老师要做好合理的解释,并转化为教育学生和自己的方式。但是在学生眼中,这不应该是老师身上所发生的,但是确实发生了。作为老师也要注重自己的仪表,给学生正面的引导。学生这次提问,也提醒了自己,要规划好自己的生活,不能因为自己的事情影响学生的学习。老师的衣服不应该是学生主要关注的内容,老师应该把自己的精气神传递给学生。学生的问题虽然唐突,但是也是学生真实的感受,我们作为教师要给予解释,并引导学生向正确的方向学习。

孩子的天真无邪,正说明了孩子具有可塑性。作为教师,要抓住教育的契机进行合理引导,从而提升孩子的能力。我们要根据孩子的能力去布置任务,让他们解决问题。对于善于观察和解决问题的学生,我们可以把别的孩子解决不了的让他们解决,或者设计一些有难点的题目。对于能力一般的孩子,我们要给予他们表达的机会,这样才能顾及班级中的每一位孩子。老师喜欢能力强的孩子,也要喜欢能力一般的孩子,因为我们的教学方式总有一种适应他们,那么他们就有新的收获,老师看到孩子每天都在成长,老师也有收获,辛福感就会提升。关注孩子的成长,我们从孩子的特点和生活出发,让他们的潜能得到释放。

12 自主学习保成长

　　自主学习能力是培养学生核心素养的一部分,是培养人全面发展的重要因素。随着新课改的不断推进,确立了以学生学习为中心的教学理念,这其中我们倡导自主学习、合作学习等,其目的就是培养学生的学习技能。当然学生自主学习能力的培养是需要一定条件的,其中包含了学生兴趣的引导、课堂教学模式、以活动为载体等。只有利用好这些,才能让学生对学习感兴趣,主动参与学习活动,提升学习的效率,并最终培养学生的自主学习能力。

　　利用兴趣引导。我们常说兴趣是学习和工作的动力,同样,学生的自主学习也需要从兴趣引导开始。有了兴趣,学生就有了参与学习活动的意识和激情,使之忘我地投入其中。对于学生自主学习兴趣的激发,还是要从学生的年龄特点出发,与学生的实际生活结合起来。例如,科学课中"造一艘小船"一课,就可以抓住学生喜欢造船的特点,课前布置任务,自己准备造船的材料,设计造船的方案,然后再到课堂上交流,动手造船。这样就激发了学生动手的兴趣,学生准备了多样的材料,有塑料瓶、铁盒、模块、泡沫塑料等,还有简单的工具。课堂上有了丰富的材料,才能有动手制作的基础,在课堂上顺其自然地去研究和创造。通过学生制作的作品可以发现他们船的种类各异,有的同学加上了动力,这些精彩创意的产生远远超过了书中学习要求,也可以说是学生的一种创造活动。因此,我们抓住了学生的兴趣特点,再进行巧妙的引导,学生自主学习能力就会逐渐培养起来。

　　与课外相结合。翻转课堂强调学生的学习在课外,上课只讨论生成的东西,从而达到提升学生学习能力的目的。教师把知识点和一些难以掌握的问题通过网络公布讲解视频或作业布置,学生可以在家里下载观看,从而辅助学生在家自主学习。学生也可以利用网络资源查找学习信息,也可以与家长探讨解决不了的问题等,并做好学习记录,特别是学习成果要整理好,以便在课堂上与同学和老师探讨解决问题的方法,从而形成正确的结论。这样的一种教学方法,让学生的学习空间变广,学生更加自由安排学习时间,学生的思维更加灵活,学习效果更加明显。例如,在学习"马铃薯在液体中的沉浮"一课时,可以先把"死海不死"视频布置给学生观看,然后解决两个问题:①死海不死的原因;②你能调制一杯让马铃薯浮在上面的液体吗？可以选择盐、糖、减等物质融入水中,并计算 100 毫升的水能溶解多少这样的物质？学生在课前进行问题的探究。这与传统的教学完全不同,课堂中学生要进行这方面的实验,然后解决问题。而翻转课堂却可以把这些东西放在课外,让学生自主学习、实验等。到了课堂上探讨学生疑点问题和难点问题:如何放这些物质才是合适的？学生进行了讨论,有的同学认为一次可以多放一些,可以节省时间;有的认为一勺一勺地放,可以准确记录,他们都有自己的理由。为此,同学们通过分析和研究,认为,第二种更合适,节省时间,而且可以培养学生的估算能力。这样在课前自主学习掌握基础知识,在课上合作学习解决疑点问题,学生自主学习能力就会得到培养和提升。

参与活动实践。通过参与活动促进学生正确运用知识,并在活动中学到新的知识和技能,特别是学生实践能力和创新能力的培养,而这些能力都是在自主学习的基础上形成的。对于活动的开展,要具备三个条件:多组织活动,多鼓励学生参与,教师的引导和指导等。例如,学校举行的艺术节、运动会、书画展等,在课下同学们要精心准备、练习、这样就能激励更多的学生参与活动当中,那么他们的自主学习能力就能得到培养和提升。再如,参与青少年科技创新大赛、教学具制作大赛、七巧板创意大赛等,青少年科技活动学生作品中科技活动方案的设计、科学 DV 的制作都需要老师进行指导,但学生是在一种自主的形式下完成的;教学具制作,需要学生进行教学具的设计方案和制成品,然后在大赛中进行演示和讲解,需要在比赛前进行研究;七巧板创意大赛包含了七巧板拼图、创意设计等,都需要平时刻苦训练,并充分发挥动手能力和想象能力。以活动为载体,让学生在活动的激励下,自主做好活动前的准备、训练和研究,以此培养学生的自主学习能力。因此,课外活动是培养学生自主学习能力的有效形式,让学生提前准备、积极参与;然后对学生的表现合理评价,促进其健康成长。

13　课堂提问有技巧

情感、态度、价值观是课堂教学三维目标之一,也是对学生培养最高层次的要求。要让一堂课实现对学生情感、态度、价值观的培养,就需要教师在课堂中渗透教育思想,通过课堂活动实现。而课堂提问也是课堂教学中最主要的手段之一,通过提问问题,引导和教育学生。同时课堂提问也体现了教师的教育情怀,也就是我们所说的教师的情感、态度、价值观。教师只有具备了高尚的道德情操,并把这些思想和意识渗透到课堂教学中,学生的情感、态度、价值观的培养才能得以实现。为此,课堂提问应从三方面着手,即从学生的兴趣、生活教育和德育素养方面。

课堂提问从学生兴趣出发。作为教师都很清楚,兴趣对学生学习的重要性。老师应把这样的思想传递给学生,从培养学生的学习兴趣开始。学生对学习的方式和内容感兴趣才能深入持久地学习和研究,才可能有所突破。为此,课堂提问应与学生的兴趣结合起来,根据教学内容,进行针对性的提问,从而提升课堂教学的质量。对于小学生来讲,他们天生对周围的新事物感兴趣,好动、好玩,我们就要抓住机会,把学生的学习兴趣调动起来。例如,在学习"电磁铁"的有关内容时,为了开发学生的思维,设计了这样一个问题:对于磁铁你有什么玩法,先说一说,然后给大家示范一下。学生很快活跃起来,每人都要大展身手,把自己的想法与大家分享。在说玩法的时候,大家有很多方法:隔物移动物体、磁铁找金属、磁铁翻跟头等。大家把精力都集中在小小的磁铁上,这样就为后面探究磁铁的性质奠定了基础。学生学习兴趣的培养在老师的提问和引导下,从而得到实现。

课堂提问应联系学生生活。陶老说过,"教育即生活"。因此在课堂教学中,教学内容应与学生的生活结合起来,课堂提问也应联系学生的生活,促进课堂教学生活化,以此让学生情感、态度、价值观在生活孕育中得到发展。这同时要求教师先具有这种思想和意识,然后传递给学生。知识来源于生活,又应用于生活,那么我们的就要从生活开始。例如,在学生学完"生态平衡"以后,我给学生设计了这样的一个话题"对于周围的生态环境,你有话要说吗?"学生的发言很积极,因为这个问题与他们的生活息息相关,学生有自己的经验和看法,这样他们的思维就会激活。其中学生重点谈到人和动物的生存环境被破坏、污染等。具体谈道:周围的耕地变少,建了很多的住房和工厂,这样田野的小动物就没有安身之地;工厂的"三废"也影响了周围的环境,特别是近期的雾霾天气等,给人们的出行带来不便,还给人们的健康带来危害。通过设计这样一个与学生生活相关的问题,不仅深化了学生所学知识,还让学生懂得了保护环境的重要性,形成生命共同体意识等。

课堂提问要渗透德育教育。学生的德育教育是对学生教育的重要内容之一。这首先要求教师有这种意识,把培养学生的德育素养通过课堂教学来实现。教学不仅是让学生学到多少知识,还要让学生的道德情操得到升华,这也是三维目标中要实现的,这也体现了培养学生的情感、态度、价值观的重要性。在科学课中,我们通过课外让学生去观察小动物,了解小动物的特点。在这个环节就可以进行德育教育,把生命意识渗透进去。在活动开始之前,让学生先对"观察时如何才不会打扰和伤害小动物的问题"进行讨论。对于这个问题学生还是有自己的想法的,学生认为不能破坏鸟窝,不能用弹弓打小鸟,也不能去捉它们。然后再问学生,我们如何去观察呢?学生说:"可以使用望远镜;轻轻去接近;还可以用动物喜欢的食物去把动物引出来等。"学生的想法太好了。在解决问题中,渗透德育教育,学生实现了智育和德育的双重丰收。

教师具有什么的思想和情感,就能培养什么的学生,因为教师是学生学习和模仿的对象。老师具有了高尚的道德情操,并把这种思想和理念渗透在课堂教学中,那么学生就能受益。情感、态度、价值观是课堂教学顶层目标,教师先具有这种思想和情感,并通过课堂提问的形式,促进学生学习、能力和情感的培养,才能实现我们最初的教育设想。

14 生长课堂最精彩

在教研会上,我们经常听到老师们讲生长课堂。其实这是育人的需要,也是育人的目标。对于生长课堂,我也有自己的理解。它包括两个方面:一是知识和经验的生长,一是学生生长,也就是学生成长。我们的课堂是追求高效、创新的课堂,提升学生的知识、能力,求的目的就是学生生长,学生生长是什么,那就是学生成长了。很多时候,我们在埋怨学生知识没有掌握,但是学生也在成长,只要其他方面有变化,这也是成长。我们可以兼顾学习和育人的并进,有时候育人不是太明显,但是通过长期的对比,我们就会发现学生的成长了,这也是生长课堂的最终目的。

课堂的生成。课堂精彩的生成就是指课堂中有新的知识的形成,而不仅仅是课本中的内容,不然这就是对知识的复述,而不是创新,这也不是生长课堂。也就是说课堂要有新的发展,特别是学生发现的东西,而不是我们老师能够预测到的。要达到这些,在上课前要进行一些准备工作,比如让学生先进行预习,老师可以先布置任务或与本课相关的东西,让学生先在课外进行自主学习。课堂中展示自己的成果,并提出自己的问题或遇到的困难。课堂上,在老师的引导下,让学生对这些问题进行梳理,或者进一步地引导学生今天应该讨论的问题,按照学生的兴趣,自主选择问题形成小组,在课堂上进行合作学习、交流与探讨。如果还是不能解决,再由老师进行引导和点拨,最终学生突破这些问题。特别是学生在学习中,你一言,他一语,进行思维的碰撞,就能对一些有针对性的想法进行论证,而剩下的就是他们的发现。因为孩子的发现是不同的问题,而不是老师提出规定的问题,而老师只能对这些问题解决的方向进行引导。只要是不同角度,不同的看法,都能代表学生的看法和思考,那么对于学生来讲就是创新,这也是课堂的精彩生成,那么课堂就是生长的课堂。

学生的成长。我们如何看学生的成长,只是看学生的学习成绩,这样是不对的,因为学生成长的方面,包括学生的一个动作或一句话。其中有一个重要的标准就是学习解决了哪些问题,有的同学学数学很慢,但是到实际当中却能灵活运用。为什么,就是没有学习到的知识,学生就已经会用了。记得学习人民币的时候,有的孩子对计算不感兴趣,但是到了具体应用的时候就做得很好,也就是说孩子也有他喜欢的方式,我们也可以说这样的孩子成长就快一些。我们只会算一些式子,那么就是死学这些东西,也就没有解决问题的能力。孩子能不能用学习的知识去解决实际中的一些问题,即便是用到了一点,那么孩子也是成长了。但是要做到这些并不简单,主要表现在学生对知识的兴趣和理解,最后到善于利用。但是这些只靠课堂是不够的,走出课堂才能发展得更好。比如,孩子们学习足球,在课堂的有限时间内是没法提升的。而课堂只能是兴趣的引导和基本动作的学习。真正让孩子提升兴趣和技能水平,还是要靠他自己在课下进行练习,并把踢足球变成每天的一个习惯,我想最后孩子的足球技术会提升,他们还能体会到足球的竞争与合作的精神,这样孩子才是真正的成长。但是这些都需要孩子们边学边悟。

生长的课堂不仅仅是知识的生产,更是学生各种素养的发展。但是对于生长,不是指学生以前具备的知识,而是学生发现和能力的提升。其实这也是我们当前提出的学生核心素养的发展,其实是一个综合能力的培养,这是人发展的基本要素。我们不能停留在知识的形成和成绩的提升,而育人才是根本。打造生长的课堂,其实就是奔着育人的最终目标而实施的,我们通过课堂让学生进行学习和创新,并结合课堂,让学生自主学习,合作探究,最终让学生创新能力和实践能力得到发展。

15 巧用软实力

教育的力量是无穷的,教师只要具有爱心,从学生身心发展的特点出发,结合教育实际,创新和运用教育方法,就能让学生回到正确的发展轨道,促进其身心健康发展。我们在多年的教育生涯中,确实遇到一些难以教育的学生,但是我们还是要本着教师的职责,按照教育发展的规律,根据孩子的个性特征,进行有针对性的教育,融入多元教育因素,巧用软实力,助推教育实效。

我教的班级中有这样一位同学,他经常吃零食,不分上下课,而且吃后随便乱扔垃圾,学习成绩中等偏下,经过多次的批评教育后,效果不佳。他的这种不良习惯是长期养成的,与家庭教育也有一定的关系。为了让这位同学改掉这个毛病,我采取了多种方法,首先,我制定了一条比较严厉的班规:凡是在课堂上吃零食的同学,一经发现,就要给我们班的其他同学一人买一份同等价格的零食,如果做不到,就请家长过来。

我想这样一个严厉的规定应该可以管住这位爱吃零食的学生了吧,果然在最近几天没有发现有人在教室里吃零食,我觉得这还行。可是好景不长,一次,我上课时正在板书,就听到有同学举报,"老师,某某同学正在偷吃零食",我非常生气,怎么又是你!我气不打一处来,"某某同学你真不长记性,下次上课时,把给同学们买的零食都带来,否则你就别进教室了"。但是,在下午上课的时候,这位同学居然没有来。我急忙打听原因,班里的同学也不知道,只有一位和他家住得较近的同学说,他家是卖肉的,家庭经济条件还可以,每天父母会给他一些零钱。同时我也了解到他父母很少关注他的学习,平时忙于生意,没有时间管教孩子,我给他爸爸打电话,了解他为什么没来。孩子的爸爸说："孩子中午回家拿了家里很多钱,被我发现了。问他为什么拿这么多,他也不说,我就生气了,把他打一顿。结果下午他就不想去学校了,老师,你说这孩子,平时要什么给什么,每天还给他一些零花钱,现在倒好,还拿这么多钱,真不知道这孩子要干什么。"我听完后,对家长说:"孩子的教育要慢慢来,不急,打是解决不了问题的,容易让他产生逆反心理,你告诉他,老师打过电话,让他明天来上课。"

其实现在出现了这种情况,我也是有责任的,这么严厉的班规,也是在变相体罚学生。不过这孩子娇生惯养,已经养成不良的行为习惯,确实是很难管教了。看来这次的教育又失败了,但是对于每一个孩子,作为老师都要认真对待他们,不能让他们中的任何一个人掉队;我们不仅要关注他们的学习成绩,更要让他们养成良好的行为习惯,这样才算是尽到了责任,家长才会相信我们。对于这位孩子的教育,我苦思冥想,既然单纯的说教没有效果,就只能让他自己体会到吃零食的危害,以及零食也是父母的辛劳赚钱而买来的。于是在课堂上我灵机一动,出了一道与本节课有关的应用题:小明每天用买零食的 5 元钱,去买 15 元一斤的猪肉,小明一年吃零食的费用能买多少斤猪肉?对于这样一道题,这位同学还是能算好的,"某某同学你来做吧"。然后他就开始计算:(365×5)÷15,然后他告诉我:"老师除不净。"我一看,原来是出题的时候没有细致设计数据,我说只保留元,这样他说大约121斤。我接下来问他,"你觉得小明怎么样",他说:"小明真能吃,快吃掉一条大猪了。"接下来班里的同学哈哈大笑,也有一些学生小声议论:"这不就是我们班的某某同学吗!"这时我发现这位同学的脸越来越红,然后我就制止了大家的议论,进行了下面的一些谈话:"同学们,吃零食用的费用也是家里一笔不小的开销,是父母辛苦赚钱换来的,他们整天忙碌,多辛苦啊! 在教室里吃东西,影响不好,有的同学家里困难,很少吃零食;如果班里经常有同学吃零食,那么其他同学就会攀比,对吧? 还有零食的包装纸会变成垃圾,夏天会吸引蚊子,而且零食没有营养,外面小贩卖的这些东西大多是三无食品。"我说完后,下课的铃声响了,这节课也就结束了。

放学后,这位同学来到我办公室,向我承认了错误,并承诺以后再也不吃零食,会好好学习。我说:"老师相信你,你很聪明,让我看到你的进步吧!"事后我又联系了孩子的家长,"你家孩子很聪明,今天通过教育他已经向老师保证今后不吃零食了,你们也要配合老师的工作,以后除了给学生买学习用品的费用,其他费用不要再给孩子,有空多陪陪孩子"。

当对孩子的说教苍白无力的时候,我们要选择其他的元素进行渗透,也就是我们所说的软实力,这样就能让学生知道自己的错误和不足。教无定法,但是有法,另外,还要与家长联合,巧用软实力培养学生良好的生活和学习习惯。

16 冷处理

最近一次课堂上,发现前后座位的两位同学打了起来,像这种事情在课堂中是很少发生的,即使是老师在也不应该发生这样的事。对学生的激进行为我进行制止,让他们在原位站立,课后去我办公室。课堂中,我没有进一步对学生进行处理,主要是还要进行下面的教学活动,另外也是给这两位同学反思的机会。

课后,我对学生进行了询问,结果发现另有原因。原因是后面的一位同学的同位搞的恶作剧,后面同位的那位同学,把纸团放在前面的学生衣服的帽子里,弄了好几次,把前面的同学弄怒了,然后进了反击,就动了手。而前面的这位同学以为是正后面的同学弄的,而这位同学没有弄,是后面同学的同桌弄的,但是他没看到,这样就打起来啦。一位同学的恶作剧,让两位同学产生误会,就出现了两位同学课堂上打架的现象。看来真正的原因是另外一位同学的游手好闲,才使现在的两位同学出现了激进行为。但是无论是谁的原因,在课堂都不应该出现打架的事情,毕竟课堂上还有老师,有什么问题要及时报告老师,而不能擅自行动。可见,学生并没有尊重课堂,尊重老师,这是非常严重的事情。如果是刚上班那会儿,我就会大发雷霆,非要在课堂上分个谁对谁错。也许学生还没有想清楚,他只能服老师的管教。有了以往的经验,我这次并没有在课堂上及时做出严厉的处理,一切等到课下再说,其实就是给学生反思的时间和机会,看看他们自己能不能认识错误,这样就好处理了。

当天下午,那位搞恶作剧的同学主动向我承认了错误,告诉我都是因为他,请老师批评。看来冷处理的效果还是挺好的,在课堂上并没有关注这些犯错的学生,给他们反思的时间和机会,这样他们反而觉得不自在,进而反思自己的行为,从而认识到自己的错误,并积极进行改正,这样就起到了很好的教育效果。之后,老师再进行针对性的点拨和引导,学生就能清醒地认识到自己的错误行为,并虚心接受老师的教导。可见,冷处理是教育学生的有效方式之一,只要我们合理利用,就会产生良好的效果。特别是对一些课堂突发事件,难以管教的学生,我们应该冷处理,多给学生反思的时间,促进他们认识到错误;等到时机成熟时,老师再进行引导和教育。

我对这三位同学的处理是:每人写出深刻检查,反思原因,保证下次不再发生这样的事情,并在下次课上检讨时读给全班同学听。他们一致同意,按照老师的要求做,并向我道歉。毕竟他们还是孩子,有了认错态度,还是应该给他们改错的机会,让他们认识到自己错在哪里,如何改正,这样才能有进步。学生在课堂中出现这种激进行为确实是不应该的,课堂是庄严的,老师也是值得尊重的。如果没有这些,教学就无法进行,育人就变成空谈。对这种情况,采取冷处理的方法,不仅能控制好事态,而且不会影响教学的正常进行。通过这三位同学自悟和对其教育,他们认识到自己犯了三个错误,一是违反课堂纪律,二是不尊重课堂,三是不尊重老师和同学。有了这些认识,也就基本上懂得了今后如何做。让学生自己进行反思教育,这也体现了老师的教育策略,特别是教师对课堂的把控能力。因此,老师应该做到顾全大局,巧妙化解矛盾,促进学生健康成长。

冷处理不失为一种有效的教学方式。现在的学生娇生惯养,心理承受能力差。如果他们一犯错误,我们就进行严厉的管教,会让学生不能适应。因此,我们对学生的教育,需要采取合理的管理和教育方式,特别是能够符合学生的心理发展特征,这样教育的效果才能明显。教育是一种艺术,要达到一定的境界,就要善于处理好各种关系,包括学生的认识程度和处理策略。有人说,教育百分之三十是启发,百分之七十是等待。等待就是给学生自悟机会,让他们进行反思认识到自己的错误,那么再进行教育就很容易了。对学生的教育是有规律可循的,也有方法和技巧。特别是老师在教育学生的过程中,要用好留白的艺术,这才是智者的选择。而冷处理,就是给学生这样的机会,把认识错误留给学生自己去解决,最后老师再进行必要的点拨和引导,从而达到教育的效果。作为老师,我们要把教育学生当成自己最重要的任务,在教育的过程中多思考、多总结、多创新,最终很多问题就会解决。

17 三省吾身

一天下午,我有一节课。还没有上课的时候,有几名学生来到我办公室,告诉我:"科学老师,我们语文老师说,第二节我们在操场玩,你和语文老师打乒乓球。"对于学生的话,我半信半疑,以前这节课大部分是被语文老师占用。如果是占用就不会让学生在操场上玩,那还不如不用,我上科学也行。于是告诉学生,你们要么上语文课,要么上科学课,到操场上玩是不行的。回去告诉你语文老师,可是到了上课的时候,学生都来到了操场。我想这是怎么回事,不是说好的上科学或语文课吗?然后我就找到语文老师,语文老师说:"你的科学课让孩子到操场上玩。"我说:"不对啊,我是告诉孩子上语文或科学,没有让他们下来啊,他们给我也是这样说的上操场玩,但是我给否定了。"现在我明白了,是学生在说谎。看来学生对于上语文课、科学课都兴趣不大,孩子的天性就是喜欢在外面玩。

对于学生的这一反常现象,我觉得还是教学出现了问题。一是学生说谎,这本身就不对,语文老师也是班主任,学生说谎是不应该的,甚至还把老师骗了。二是学生不喜欢在室内上课。这两个问题关系到学生的品质培养和课堂教学的问题,这应该是学生的厌学情绪导致的问题。小学生本来是天真无邪的,如果不是我们的教育出现问题,他们是不可能不想上课的。为此,对教学这一方面我进行了认真的调查、思考和研究。

首先,我从语文老师那里得到了消息是她说上语文课,学生谎称科学老师想和你打乒乓球,让我们都到操场上玩。语文老师如果是听说我这样说的,应该是可以想到学生是骗人的,哪想到真把老师骗了。但是我认为这是一个基本的常识,不是体育课,其他课是不能让学生到操场上玩的,就算是语文探究活动,也要有老师进行引导和指导。还有学生的安全也是一方面,室外活动必定有很多不安全因素。就是到室外也要进行有效的组织,不能任意活动。学生为什么不喜欢上语文课?其实这节课是中间的一节课,语文老师要上第一节和第三节,我的课是第二节,这样语文老师就想把第二节一起上,教学就会连贯起来。但是孩子们不干了,他们觉得这样太累,而且语文课老师讲完后,也是让做题。现在一个班上百人,老师也是没办法,课堂要抓紧才行。其实这样的情况学生早就厌烦了,也就是我们常说的厌学情绪。

其次,就是学生对科学课不感兴趣。这一点我也很清楚,科学课没有实验器材和实验室,再加上班额问题,学校也没有实验员。科学课中的操作课和实验课都不能进行,学生自然不太喜欢上。上课时,老师只能给学生讲一讲基础性的知识,学生听多了也就厌倦了。这门课不是不重要,而是条件不完善。很多学生只对文化课重视,而没从发展学生的综合能力入手,这是基础教育存在的弊端。其他综合学科也是一样,单凭老师一张嘴是难以完成任务的。比如画室、舞蹈室、演奏室等,这些都是基本的学习场所。但是学校没有,而开展这些课程,就很难达到一定的效果,学生从以前的好奇,到最后也只能渐渐失去兴趣。本身孩子对各种知识处于体验阶段,现在却没有这样的条件。

最后,就是老师自己的沟通存在问题。本来是我和语文老师要进行沟通之后再做出决定的。现在想通过学生的传话解决,但是这次学生撒谎了。如果老师调课,就要相互沟通好。我和语文老师没有沟通好,也是我们工作中的失误。我和语文老师平时也打乒乓球,学生借此机会,撮合我们上课打球,他们玩耍的好戏。

学生的厌学情况反映了基础教育还得进行改革,进一步提升教学质量。特别是班额、学科和资源方面要达到均衡。各个学科要按照教育的标准进行教学,而不是停留在分数上,要从应试教育向素质教育和创新教育迈进。

18 要善于观察课堂

交流是了解学生,制定教育策略的基础。在和学生交流的方式中,我们通常采取谈话的方式,通过谈话与学生进行心与心的交流。那么如何才能把话说到学生心里呢? 我认为必须洞察学生的心理状态,并根据实际情况进行积极引导,从而达到与学生有效沟通,教育学生的目的。

例如,一次课上,讲课的过程中,有一位同学一直在说小话。刚开始,我给了他眼神的暗示,可是这位同学没有什么反应。下一步如果采取严厉的方式,就是点名批评,让其站着听课。但是课堂上,这样做的效果其实并不是太好。他们不是不知道上课不能说话,不是不知道违纪的后果,而是个别同学没法控制自己的言行,属于自我管理能力差的同学。一旦我们在公共场合批评他们,势必激起他们的逆反心理。他们表面上服从,内心上却不认可。但这次课堂上我没有去严厉地批评他,接下来,一直在观察这位同学。我发现这位同学穿着一身篮球服,走到他跟前发现他穿着一双篮球鞋。为了不影响大家听课,特别是他周围的一些同学,我只好在他附近的位置进行讲课,进行震慑。一直到下课,我才把这位同学叫到教室走廊。根据课堂上我对这位同学的观察,我认为这位同学非常喜欢打篮球或者是练习这项运动。我刚开口就对这位同学说:"你喜欢打篮球吧,我想你的篮球打得还不错吧!"这位同学急着问:"老师你怎么知道的?"我说,"看着你这套打扮就知道了,老师也喜欢打篮球,有空我们切磋一下吧。"这位同学连忙说,好的、好的、一言为定。看着这位同学高兴的样子,我心里想这下有办法教育他改正学习态度了。我说你认为科学这门学科怎么样,谈一谈吧!这位同学说爸妈和考试科目的老师说,"语文、数学、英语比较重要,科学课不考试;上科学课我们也没有实验室,也不能做实验,感觉没什么意思,在课上也就比较放松。"听了孩子的倾诉,这也和我预测的差不多。首先是家长和学校对这门学科的不重视;其次就是科学课没能发挥其特有作用,特别是动手操作方面,没有实验室,又缺乏实验材料,很多情况下只能老师演示实验,学生观看,这样学生就失去兴趣。最后,我对这位同学说,你说的很好。

接下来,我对这位同学讲了科学课的重要作用和今后如何开展科学实验课。对于科学课的重要性,我强调了三点:其一,科学课是一门综合学科,课堂上是以动手实践为主,在动手与合作中,能够培养学生的动手能力和创新思维;其二,小学科学到了初中以后就会变成物理、化学、生物等,现在学习科学为初中打下基础;其三,科学课的学习能够促进其他学科发展,比如学习科学后我们可以写一写科技作文,也可以把科学课中的学具和数学课的学具结合研究一具多用。最后,我给孩子重新布置了科学实验课开展方案,能够准备材料的自己准备,可以提前在家里进行研究,然后在课堂上继续研究,达到课堂上人人动手,人人能够体验到科学实验的乐趣。听了我的一番谈话,这位同学说,老师您讲得太好了,我今后保证课堂上认真听课,积极动手做实验,请您相信我! 我也对这位同学讲,你和同学们能做到,到了体育课上,有机会我们就一起打篮球。这样,双方的约定,就解决了学生课堂违纪问题。

对学生的教育,我们要了解学生的情况,洞察他们的动态,并采取有效的措施,进行积极引导。小学生正处于发展的最佳时期,我们要根据其年龄特点进行合理的教育,正面引导,多鼓励,把话说到孩子的心里去,让他们从内心认同老师的观点,从而喜欢老师,喜欢老师的课堂,这样就能达到教育润物细无声的效果。

19　写错字的尴尬

一次课上,我把板书的题目"比较韧性"刚写完,学生就告诉我:"老师,'比'字写错了,比字的左边写成了'匕'。"我连忙改了过来,然后又听见学生说,老师又写错了,慌忙中我把左右两边都写成了"匕"。同一个字,写错两次,我感到很尴尬。说句实在话,我还真没有注意过这个字是怎样写的,这个字是习惯性这样写的。既然学生能够指出错误,作为老师应该虚心接受,承认错误。于是,我连忙给学生说声对不起,今后会改正,并夸奖了指出错误的同学。

对于"比"两次写错这件事,我感到深深的内疚,并进行了反思。首先是自己书写习惯的问题,没有注重笔画的细节,结果一错再错;其次就是我认识到老师与学生应该是教学相长,学生对老师的成长也有影响。学生刚学完的字,印象深刻,特别是小学生对笔画、笔顺掌握得很扎实,这比老师当年学的还扎实。虽然不是教语文的,但是字要写正确,这是做老师的基本功。现在更多是用电脑、用手机打字,亲自动笔写的东西比以前是少了很多,但是老师这个行业不能忘记字,要写正确,给学生做好榜样。

老师在学生面前应该起着榜样的作用。但是老师犯的写错字的低级错误实在是不应该,这也是我在教育学生中经常反思的。通常我们要求学生做到的,自己做到了吗?我想这个问题是很重要的。因此,我觉得让学生做的事情,老师应该先做,这样才能预知课堂中发生的事情,做到心中有数。老师在教学前要备课,了解和研究教材,了解学情、进行下水实验,这样才能做到有针对性的教学。哪怕是一个小问题,都要进行仔细推敲,这样才不至于误导学生。在学习"100毫升的水可以溶解多少克的食盐"时,我先进行了下水实验,在实验中,我发现如果一勺一勺放盐,搅拌再观察,在时间上花费多,课堂时间有限;这个实验最好是先估算需要多少食盐,一次多放些,不够再一点点加,这样会好一些。发现了这些问题,在课堂上才能做到针对性地指导学生。教师作为学生学习的榜样,就要做到认真对待教学和学生,把自己的实力和魅力展现给学生,让他们从中受益,特别是一些不该出现的小问题,我们要把其中的细节处理好,这样才能发挥教师的榜样作用。

对于学生与老师的教学相长,这也是一个十分重要的问题。学生从老师这里得到知识和学习方法,老师也能从学生那里找到促进自身成长的因素。老师也需要成长,多元社会,再加上学生是一个群体,他们的智慧也是无限的。他们知道的,老师有可能不知道,老师要谦虚地学习,与学生建立一个平等的关系。学生能在字的笔画方面成为老师,同时还有更多的方面引发老师的思考。老师虚心接受学生的建议,向学生学习,这也为学生的学习树立了榜样。在课堂中还有更多的东西能够让老师受到启发,我们通过与学生的交流,与学生进行讨论、辩解,会发现有些问题越辩越明,甚至给老师很多启示,往往老师的教育思想也是从日常的课堂教学中慢慢积累的,这与学生之间的教学相长有很大的关系。在一次课堂上,我让学生讨论新鲜的叶子与落叶有什么不同,在刚开展预测的教学中,学生可能想到与颜色、形状和大小有关,但是学生在答案中,却有了韧性、水分等词语,这是从不同角度去理解新鲜的叶与落叶的区别,学生的回答当然是正确的。正是有了这些学生,让我们的课堂有了新的知识生成,而不是仅仅局限与教参、老师,只要是正确的,符合学生发展的东西,都可以让学生去研究、去获取,才能促进学生真正的发展。课堂中,学生在老师的组织和引领下学习,让他们的潜能得到释放。精彩的课堂生成,让老师大开眼界,也得到成长。

我们自己发现不了的问题,学生发现了,可见学生在老师教育生活中的重要性。这也不得不让我思考,小问题到最后也会变成大问题,有问题就要解决,分析原因,找出解决方案。写错字是一个习惯问题,这是自己很难发现的。在教育学生过程中,以培养学生的良好行为习惯为目的,让学生得到快乐成长。

20 学生偏科要不得

　　记得一次上午的第四节课，刚一上课，就有两拨同学向我请假，一拨同学说："老师，我们要排练话剧，想占用这节课，我们到外面排练。"另一拨同学说："老师，我们要排练舞蹈，想请这节课的假。"平时有活动，学生需要排练，我都批准了，今天我也准了他们的假。当然这也是班主任的意思，虽然不合理，但是为了更好地配合班主任的工作，作为一名科学教师，我也希望让学生在课堂中接受科学知识和技能，提升科学素养。但是，当这些学生离开教室后，剩下的学生在课堂中表现很不好，说小话，做其他作业的大有人在。这还不算什么，看到这种情况，我就说了一句气话："你想听课也行，不想听的做其他作业也可以，但是不能说话。"这时，忽然有很多学生把科学书本合上，去做作业，一部分同学没有动。我觉得当时上课很尴尬，怎么科学课这么不重要，一星期也就一节课。但我还是坚持下来把剩下教学任务上完。因为这是作为教师的职责，即使教学的效果不佳，也要把该传授的知识教给学生，而不是不了了之。

　　课下，我进行了反思。对于这样的课堂表现，有两点做得不合适。第一，不应该批准学生排练节目，导致其他学生攀比。第二，不应该和学生生气，应采取更有效的教学方法激发学生学习兴趣。当然原因不仅仅是这些，最主要原因是对科学学科的不重视，学生对小学科的偏科。提起学生的偏科问题，很多老师都有体会，学生会拼命学习语、数、外，而其他学科无人问津。我国育人纲要中明确规定，要培养德智体艺全面发展的人才。虽然规定小学不再考试，可以按片划分就近的中学读书，但是学校依然进行考试，其目的是用学生的成绩评价教师，用这种单一的、不科学的评价方式。另外,小学科不是笔试考试科目,也不计入升学考试成绩,再加上课时开设不足、教师非专业或没有这方面的教师,导致小学科的教学质量不高,也导致家长和学生认为这些学科不重要,这样就产生了今天的课堂局面。

另外,小学生偏科不利于他们的发展,学生除了智育的培养,其他方面也很重要。其他学科中也有智育方面的内容。科学、信息技术学科不仅能开发学生的智力,同时能培养学生的动手能力、协助能力和创新能力。美术、音乐可以培养学生的艺术细胞,是美育教育的主要途径。语数外学科教学中,过于强调学生的分数,而忽视了学生学习能力和创新意识的培养。小学科的开展能够辅助语数外学科的学习,这些学科是相互联系的,相互作用的。因此,我们鼓励学生都要学习,要学好,等用的时候,就不会后悔没学。

通过分析和思考,我认为在短时间无法实现各个学科均衡。虽然义务教育阶段提出要培养德智体艺全面发展的人才,但是不让各个学科均衡发展就很难实现这要求。国家政策和方针是好的,关键是要看实施。如果不实施或不按要求实施,结果是可想而知的。因此,大的原则还是要首先实现各个学科均衡发展,各个学科平衡发展。其次,上级督学部门要定期巡查各个学校是否开齐、开足小学科的课程,是否把专业特长的教师用于其他学科。再次,正常开展小学科的教研活动,不要因为这些学科的教师少而不开展,可以利用联校教研和网络教研的方式进行。最后,就是提升小学科教师待遇,在评先、评优中向他们倾斜,以此激发他们的教学积极性。

学生偏科是一种不良的现象,其原因是多种多样的,是教育环境出现了问题。小学生是一张白纸,教师和家长是画家,主要还是施教者如何去做。小学生是未来社会的接班人和建设者,他们的成长非常重要。要在小学阶段打下坚实的基础,让他们养成良好的行为习惯,培养他们的综合素养。因此,学校教育要为他们提供一个优良的学习环境,让他们认识到各科知识的重要性,并能把所学知识联系和贯彻起来,并进行合理运用,解决日常的实际问题。而不是高分低能,更不是偏科、厌学。学科均衡建设和学生良好学习习惯的培养是漫长而又艰巨的任务,作为教师要引导他们懂得学习的重要性,知识结构的完整性。只有这样才能培养学生的综合素养,实现育人的目的。

21 简单加简单等于复杂

在日常生活中,我们经常把复杂的事情简单做,这样才能更容易解决问题,把事情做好。我们也不难发现复杂的事情里面有很多环节,我们把复杂的事情拆开来看,可能复杂的事情或东西就变得简单。对于学习也是一样,一个同学的成绩、能力很好,这是从日常一点点积累获得的,日常的学习就是基本的环境,是比较普通的,也是人人都能做的,能通过不断积累和提升而形成结果。为此,我们要完成一定的任务都是从简单的事情做起,从小事做起,最后就能形成良好的习惯,提升自身的能力,这也就是所谓的简单加简单等于复杂的本质内涵。

在学习"自行车上的简单机械"时,在课堂上,让学生观察自行车的结构,对固定的部件重点研究和分析。学生们非常感兴趣,在大家的讨论和交流中,认识到具体部件的名称和作用,并识别部件的工作原理。其中学生比较感兴趣的有大齿轮和小齿轮,小齿轮转动的速度比大齿轮快;小齿轮带动大齿轮时,大齿轮转动的速度比小齿轮慢,大小齿轮是轮轴。另外学生还发现了刹车是杠杆,能够省力;螺栓和螺丝帽是斜面等,自行车上很多的简单机械。在研究完自行车上有很多的简单机械后,学生做练习册的时候,发现这样一道题目:"自行车是由许多简单机械组成的复杂机械吗?"这时我自己有点疑惑,由于在课堂上只探索了自行车上有很多简单机械,其中包含了杠杆、轮轴、斜面等。但是没有从整体上对自行车是什么样的机械进行解释。这个问题,我没有及时给学生解答,而是抛给了学生,让学生先进行讨论,听一听他们的意见。这时我用手机搜索了有关复杂机械的定义,对于这个问题我是没有预料到的。最后查出复杂机械就是由两种或两种以上的简单机械构成。这时我豁然开朗,问题终于有了答案。科学是一门比较严谨的学科,由于在备课之前,没有研究什么是复杂机械,总是认为电气化的机械是复杂机械,比如,发动机、火箭以及高科技产品等。而查阅资料后,发现复杂机械是由简单机械组成的。学生讨论后,把复杂机械的定义和标准告诉他们。这时孩子们异口同声地告诉我:"自行车是简单机械组成的复杂机械。"自行车是一种常用的复杂机械,就是因为自行车中应用了杠杆、轮轴、滑轮、杠杆等。

虽然自行车是简单机械组成的复杂机械,但是我们要让学生知道自行车发明的巨大作用。无论是简单机械还是复杂机械,其作用都是多样化的,省力、改变方向、改变速度、方便生活等。为此,有必要让学生深入认识自行车的发明过程以及重要作用。于是,我给学生介绍了自行车的发展史,自行车是从 1790 年再到 1869 年,经历近 80 年才成为现代自行车。人们为了提升自行车的速度,发明了变速自行车。变速自行车是通过改变传动装置中链轮和飞轮的齿数,从而达到了变速的。当变速自行车脚踏板的最大齿轮带动了后面最小的驱动齿轮时,转速最快,但是最费力;当脚踏板的最小齿轮带动后面的最大驱动齿轮时,转动速度最慢,但是最省力。这里面涉及轮轴原理以及车速的问题,能够让学生进一步加深对机械运动原理和作用的认识。自行车不仅省力,还能改变速度,成为人们重要的交通工具,也是一种流行的健身工具,为此,自行车的作用非常大。

自行车虽然是简单机械组合成的复杂机械,但是自行车的发现和作用是不简单的。同时自行车被认为是人类发明的最成功的一种人力机械。我们能从简单中窥探其不是真正的简单,而是用简单方法和原理诠释其中重要价值和作用。我们在理解其原理时,需要从一种更换的角度去思考,由简单到复杂,认清其本质。复杂的东西之所以复杂,是在简单的基础上形成的,我们对其理解也要从最基本的方面开展,其中的基本原理、基本方法,也是我们学习中要掌握的。对于自行车的基本原理,我们可以分开进行理解,也要从整体去感知,这样才能真正理解自行车的基本原理和作用,进而丰富学生的机械知识,并意识到机械在日常生活中的重要作用。

22　轮与轮不同

认清事物本质,才能了解事物的真相。对于学生的学习也是一样,学生只有了解事物的本质和规律,才能掌握知识和技能。但是在学习当中,学生难以把握事物的本质,学习效果就不好。为此,作为教师要根据学生的学习情况,进行引导和指导,把学生引入正确的思维轨道,促进他们分析和辩证,最终认清事物的本质,有效获取知识,提升解决问题能力。

在学习"轮轴"的过程中,让学生观察生活中的轮轴,再来揭示什么是轮轴,再到生活中找轮轴并进行解释。在这样一个感知、操作、提升与应用的过程中学习轮轴知识。轮轴是属于简单工具的一种,对小学生来讲,他们对这个名词是比较陌生的,是通过科学课让他们知道什么是轮轴以及轮轴的应用等。在让学生说一说"活动扳手"为什么是轮轴时,大部分学生把目光集中到活动扳手中的涡轮上,他们认为涡轮是轮轴,当反问他们为什么时,他们只能说出涡轮有一个轮,你看中间那个可以转动的不就是轮轴吗? 接下来,让他们找一找轮和轴,他们只说轮子是轮,轴在里面看不到。学生只关注了轮轴的轮,也就是说看见有轮就认为是轮轴,这显然没有认清事物的本质。在引出轮轴的概念时,讲到轮轴是由轮和轴组成,轮和轴是共同转动的简单机械。其实这个活动扳手的涡轮是一个变形的杠杆,但不是一个轮轴,因为找不到轮。学生没有真正理解轮轴的概念,那么如何才能让学生过渡到认识活动的扳手是轮轴呢? 接下来,询问学生:"活动扳手如何使用? 学生讲道,用手握住活动扳手的手柄,然后用力转动。有了这个回答,下面就可以找到轴了。活动扳手转动了后,谁又转动了? 这时学生想到是螺丝帽。接下,再问学生为什么活动扳手是轮轴。学生最后解释道,活动扳手旋转这是变成了轮,螺丝帽转动就是一个轴,而且扳手和螺丝帽一起转动,这样就是一个轮轴。现在学生才认清了活动扳手的本质,刚开始学生认为涡轮是轮轴找不到轴,而用扳手学生又觉得不是轮,但是通过使用活动扳手,对这一过程的体验发现活动扳手的轮和轴是在具体的运动中形成的,这和轮轴的概念是一致的。学生终于明白了活动扳手是轮轴,接下来再利用画图的形式,让学生理解活动扳手运动之后,就会出现两个轮,大轮就是轮轴的轮,小轮就是轮轴的轴,学生观察得非常清楚,这样学生就理解了活动扳手就是轮轴。

为了进一步巩固轮轴知识,还需要学生在生活中去找轮轴,并要学会解释。这一步的操作,就能让学生真正掌握事物的本质,并深深地印在孩子的脑海中。让学生在生活中去找轮轴,进行解释和应用,这是教学的最后一个环节。给学生要求是从教室开展,再到课外生活中去寻找。学生在教室中找到了电扇的开关、窗户开关,关开门等,这些都是轮轴,但是也有一名同学说电扇是轮轴,电扇运动起来确实能形成一个轮,但是电扇是电动机带动起来,不是简单机械,这样就不是轮轴。在生活中,学生也找到了自行车的车把、日常生活中磨盘等,这些都是轮轴。学生再到生活中认识轮轴,并举例和解释,从而进一步巩固了轮轴的知识,务实学生的科学概念。

学生的学习需要抓住事物本质,这样才能真正理解和掌握基本的概念。但是有部分学生在学习当中只注重了形,进而导致偏差,无法达到理解和掌握知识的目标,学生的学习没有抓住事物的本质,导致学生问题的出现。这时作为教师就要根据学生的现状进行引导,这里的引导是多方面的,可以从概念的内涵、作用以及获取概念的方法等,通过设计相关的问题,逐步引导学生迈入正确的思维轨道,进而达到对知识的理解和掌握,丰富学生的知识和技能。

学习抓住事物本质,其关键表现在对知识的论证、解释和应用,才能有效获取知识,促进学生发展。而长期以来由于学生对知识感知能力不足,其关键原因是学生的实践不足,不能从生活中发现与创新。学生学习新知识是在已有知识和经验的基础上,在教师的指导下,进行思维的加工,而不是学生依赖教师,学生的思维活动应基于自身的能力,这样学生在遇到新问题时,才能有依据地思维和解释,进行有意义的学习,从而发展自身的能力。而抓住学生的本质,也是学生自身能力的体现,这是在长期的思维活动和实践中形成的。

23 省力还是费力

对比分析是我们研究问题的一种方法或手段,比较不同的对象,其产生的效果或结论也是不同的。特别是对于搞清楚概念和知识,必须具有普遍性、权威性,否则就难以立足。在日常的学习中,我们也是在不断发现,修正自己的观点,得出正确的结论,形成相应知识和概念。由于学生视野、经验和辨识能力的有限,导致他们在认识和分析问题,进行表述上存在一定的缺陷,为此就需要教师进行引导,纠正他们的错误观点,认识事物的本质,形成科学知识。我们通常就是利用对比和推理的方法,并与事实结合起来,梳理思路,得出具有普遍性和科学性的结论,形成科学知识和概念。

在学习斜面的时候,我们要讨论斜面的作用,也就是说斜面是省力还是费力。在初步认识斜面时,给学生布置的任务是,一块木板、一个油桶,想办法把油桶放在车上。学生很快想到了把木板搭在车上,再把油桶滚上去。在问到为什么这样做时,学生都说这样比较省力。再接着问学生:"你是怎么知道的?"有的同学是从电视上看到的,有的同学也在日常生活中看到有人这样做。总之学生有这方面的经验和认识。但是对为什么省力,省多少力,并不能只靠感觉,是需要数据体现出来的。科学的学习需要依据事实,对事实进行分析,最后才能得出正确的结论,形成科学知识和概念。为此,我们可以在实验室中研究斜面是否省力? 在同一斜面中,分别测提不同的物体所用的力,再测量出用斜面拉物体所用的力,最后发现,用斜面拉物体需要的力比直接拉物体需要的力要小,为此学生得出使用斜面拉物体比直接提物体省力,验证了斜面省力的事实。有了这些基础,其关键的学习任务是不同坡度的斜面省力情况。在实验中,使用同一物体放在不同的斜面上拉,然后观察现象,记录数据。斜面的坡度由小到大,物体的重力为20N,放在不同坡度的斜面上所用的力,分别为5N,8N,12N,14N,询问学生有什么发现? 很多同学回答:斜面坡度越小越省力,斜面坡度越大越费力。看起来这个结论没有问题,但是实际与刚开始第一个实验得出的用斜面省力的概念相对立。如何纠正学生的这个观点呢? 这样就需要联系前面的观点,可以这样问学生:斜面是费力的吗? 用斜面比直接提物体会这么样? 我们应如何表述? 这时有的同学,就想到了坡度大的斜面上拉也比直接提物体省力,只是省力小,可以表达为:斜面坡度越小越省力,斜面坡度越大省力越小。再次证实了斜面可以省力,省力大小与坡度的大小有关,这样就让学生能理解这两个实验的结论,形成科学的知识和概念。

学生学习需要融会贯通,把前后的知识和概念联系起来,并结合事实依据进行对比、分析和推理,最终就能纠正不正确的观念,务实了学生的科学知识和概念。对斜面省力费力的问题,也需要通过具体的数据进行认识和分析,而不是依靠感觉。对得出的结论进行表述的时候,也要联系已有的结论进行解释,这样才能把前后的知识联系起来,形成一个整体,不是矛盾和对立,而是构建科学的知识体系。数据是直观的,但是还要学会对数据进行分析,并对得出的结论进行正确的表达。语言是交流的工具,是在人力思维加工的基础上呈现出来的。语言表达准确、科学,才能正确传承科学知识,进行交流与沟通。对于科学知识和概念表述,需要对客观事实进行正确的分析和推理,解释事物的原理,利用实践进行证实。

为此,事实分析与结论表达结合起来,形成一个整体,结论要值得推敲,这样才是正确的、科学的知识,否则错误的观点就难以立足。科学学习要立足科学事实,进行科学论证,最后才能得出正确的结论,并能在实践中进行有效的应用。当前随着科技的不断发展,知识和技术更新不断加快,为此我们的认识也要依据这些事实,不断修正我们的观点,这样我们才能更好地认识世界,提升解决问题的能力。

第二章　活动即教育

　　师爱应表现在育人上,当前育人要全面发展学生的素质。教师要为学生设计更多活动,鼓励学生在活动中得到发展。当前的教育目标是以全面提高人的基本素质为根本目的,以尊重人的主体性和主动精神,以人的性格为基础,注重开发人的智慧潜能,注重以形成人的健全个性为根本特征的教育。为此,根据学生特点为学生设计读书活动、趣味活动以及各种能够促进学生健康成长的活动,让学生在活动中实现思想道德素质、能力培养、个性发展、身体健康和心理健康的成长。

24 培养三种意识

　　老虎伤人事件的发生确实让人震惊,也再次给人们的安全敲起了警钟。人与动物究竟是朋友还是敌人,我们究竟是应该保护动物,还是要约束自己的行为,这一系列问题值得我们思考。科学学科内容中涉及动物保护知识,那么如何利用这一内容教育学生呢? 这就要求我们应该从老虎伤人事件中得到启示,我们不难发现这次事件中人性有三点意识缺乏,即规则意识、环保意识和自护意识。为此,我们应该利用科学课中动物保护内容教育培养学生这些意识,让学生得到全面发展。

　　学生规范意识的培养。规范意识是指我们的学生在事情发生的时候要按照一定规则、制度去做,形成良好的行为习惯。而规范意识的培养不仅仅在科学课动物保护内容教学方面,而且在各个环节都应该进行渗透。比如,中小学生守则就是一个规范,我们要求学生按照其中的规定去做;我们的课堂纪律也是规范;再到我们科学课中的实验要求,这其中包含了器材的发放,实验中的纪律,还有实验后的处理等;而在环保内容的教学中,当我们与动物相处的时候,也有一定的原则,在三年级时,寻访小动物的时候,我们要求同学们不要离小动物太近,不要去捣鸟窝,不能伤害它们,这就是规则。我们要在课堂上让学生讨论,既能够观察小动物,又不能够伤害小动物,还要保护小动物。而到五年级讲生态平衡的时候,其实也是在讲规则,就是不捕杀动物,不破坏动物的生存环境等。通过让学生讨论这些行为的后果,进而明白这些行为的害处,从而认识到保护动物的意义。当然动物园也有动物园的规定,买票观看,不能近距离去接触动物,不能去挑衅动物。我想作为常人应该是知道的,如果我们不把这些规则当回事,那么后果可想而知。

因此,我们应该首先培养学生的规范意识,以规做事,才能把事做好。

学生环保意识的培养,科学课中动物方面的内容,对于培养学生的环保意识是最基本的要求。无论是观察这些动物,还是进行动物的养殖,再到后面的生态系统的研究等,这些都要和环保二字紧密联系起来。在观察小动物的时候,我们可以设定一定问题让学生进行讨论,有了一些好的方法后,再去实践。比如,在寻访小动物的时候,我们提出了在不伤害小动物的情况下如何去观察动物;学生通过讨论后,得出这些方法:可以使用望远镜,还可以带着动物喜欢的食物引动物出来进行近距离观察;观察小动物的时候要静悄悄地进行等,这些方法无形中让学生明白了我们该怎么对待动物,其实就是将保护动物落实到了具体行动上。其次,为了给学生渗透环保意识,我们可以引导学生进行推理,明确破坏动物生存条件,就能造成生态的破坏。比如食物链中,兔、草、鹰,分别让学生进行推理它们其中的一个没有了,会出现什么样的情况,最后他们认识到了食物链断了,就破坏了生态平衡,进而明白了要保护每一种动植物,它们都是不可缺少的。最后,我们还可以进行环保知识方面的拓展,让孩子看一些人与自然和谐相处的书籍和电视节目。比如,书籍有《昆虫记》《为什么的故事》,电视节目有《人与自然》《熊出没》,这些内容不仅能激发学生的学习兴趣,还能让学生了解更多大自然的奥秘,并从中感悟到人与自然和谐相处的道理,学生的环保意识自然就得到培养和提升。

学生自护意识的培养。学生自护意识和能力都比较弱,很多情况下,都是成人在保护他们,危险的事情不要做,而不是想着让学生去尝试,去找到应对的方法,以至于在避免不了的情况下,损失和伤害是比较大的。为此,在科学课动物保护内容中也应该注重学生自护意识的培养。学生在了解到食物链最高级别的消费者是凶猛的哺乳动物,当然这里也包含了老虎等动物,像老虎这样的动物吃小动物,这是正常的食物链的关系,但是它们也会伤害到人。然后可以这样设问:当然我们现在遇到老虎这样凶猛的动物机会是很少的,但是作为古人遇到老虎是有可能的,请同学们想一想,古人遇到老虎该怎么办？学生想到了逃跑，也有同学想到利用刀剑等利器对付等。当然学生知道这些也就足够了，这也体现了学生遇到危险时候的自护意识。同时，也要结合现在的实际情况，如我们到动物园的时候，该如何观察动物，让学生展开讨论，这个也是有必要的，第一是保护动物，第二也是在保护自己。学生会想到不要太近距离地观察，不挑衅这些动物，更不能进入动物活动范围等，这些都要在课堂中渗入或拓展。因此，我们的科学课不是单纯的知识学习，而是学生核心素养的培养，我们培养学生自护意识和能力，就是让学生得到全面发展，更好地适应社会。

25 班里的图书角

由于我教一个年级的科学课,共计六个班。因此,每天会去不同的教室上课,到了其中的一个班,发现教室的书柜非常漂亮,但是没有图书。刚开始,我想是不是图书被学生借完了,但是通过调查很快发现,班主任老师让同学们自觉捐赠一些图书充实到图书角。刚开始一部分同学捐赠了一些,但是很快就被借完,主要原因是书柜的图书太少,没法满足学生的日常读书需求。从以上情况我们发现存在这样的问题:一是老师引导有问题;二是学生的读书习惯和分享意识没有得到培养;三是家长对孩子的读书重视程度不够。

教师的引导问题。对于丰富图书角的藏书问题如何解决,虽然老师进行了引导,让学生根据自己能力进行捐赠,但是还要通过其他途径进行。作为班主任和其他任课老师,也可以把家中一些旧的、适合学生阅读的图书充实到图书角。也可以让班干部利用班费去二手市场买一些便宜的旧书报,这些都是可以的。还可以以班级的名义去学校图书馆定期借阅一些图书到班级中来,让图书数量和质量得到提升。也可以把班级藏书的情况发布到网上求助,让更多人支持班级的图书角建设。这样一来,我们的图书角藏书就会丰富起来,不至于出现把书借完的现象。班级的文化建设与班主任和各位任课老师的引导是分不开的,我们要以学生的发展为最终目标,为他们打造良好的学习环境。

学生本身的问题。一部分学生有阅读意识,还有一部分学生没有这种意识。认为只要把老师安排的语文阅读完成就行,其他的不用看。对于学生的分享意识,这方面还是薄弱的;有的同学有书,可就是不想捐出,他认为这是自己的私有物品。对于学生的阅读问题本身是一种习惯的问题，需要进行一段时间的扭转。为了让孩子们愿意把自己读过的旧书充实到学习班级图书角。我们可以采取一学期后你自己的书可以再次拿回；每月捐赠旧书多者，为班级每月的图书管理员，负责图书的管理以及优先借阅图书的权利，以此鼓励学生多捐书。另外就是可以开展班级读书活动，让孩子们把自己读的好书的内容和感受分享给其他同学，学生们都知道他这本书的内容了，显然自己阅读的书也不再这么神秘了，把书拿出来和大家进行分享，也是比较自然的。同时老师逐步引导读书活动的开展，进行一段时间后，学生的阅读习惯和分享意识就会得到培养，那么读书就会成为学生学习和生活中重要的一件事。

家长对孩子的阅读不够重视。由于学生学业压力大，每天有做不完的作业，哪有那么多时间看书啊，所以家长不给学生买书，只给学生准备一些学习资料和试卷什么的。这也是应试教育的结果，学生没有书可读，也没有时间读。另外到了周末，还要把孩子送到各种培训班，进行文化知识的学习，周末还要搞特长，孩子们每天都忙得很，很少有时间静下心来读书，这样就没有读书的意识和习惯。虽然老师和家长都在强调读书的重要性，但是能真正每天读一定数量书的人确实很少。这不禁让我想到了，有篇文章的报道说中国公民的人均阅读量远远低于世界其他国家，这种差距是比较大的。其主要原因是没有读书的环境和读书习惯。因此，对于孩子的读书，我们要重视起来，引导孩子多读书，读好书，从而丰富孩子的知识，提升孩子的技能。家长可以在老师的指导下定期给学生买一些书籍，督促孩子每天利用一些时间进行阅读，并对孩子的阅读心得进行指导，这样才能培养孩子的阅读习惯。孩子的教育需要家长与学校的通力合作，孩子的大量阅读时间是在课外，在家里阅读是十分必要的。

无论是什么样的原因，都不能忽视读书的作用。莎士比亚说："书籍是当代真正的大学。"因此，我们要克服各种困难，多想办法，要把班级图书角建设成班级文化的一道亮丽的风景线。教师要带头进行图书的捐赠，并引导孩子该如何读书;另外指导孩子进行图书的管理。这样才能发挥图书的作用,让孩子们在一个良好的环境中遨游。书是人类进步的阶梯,从小激发学生的阅读兴趣,培养学生的阅读习惯,最终让孩子在阅读中完善自己。

26 让午休成为学生的常态

今天中午吃过午饭，刚刚睡下二十分钟，就听见楼下有几名孩子在吵闹，顿时没有睡意。此时正处于夏季，这个时间是午休的时间。无论是成人还是孩子都需要休息，以补充精力，让下午的工作和学习保持良好的状态。小区的孩子不休息，而且还影响到了其他人的休息。最起码也影响到了我的生活，毕竟下午还要给孩子上课，这时心里感到很气愤。后来想想，他们毕竟是孩子，正处于受教育的最佳时期。出现这种情况还是由于教育出现了问题，孩子没有形成良好的行为习惯。是老师没有安排孩子午休，是家长不重视孩子的午休，还是大家没有责任去制止他们呢？我想这里面的原因是多样的，家庭教育、学校教育和社会教育构成一个完整的教育体系，无论是哪方面的教育出现了问题，都有可能导致孩子的发展受到影响。学生的午休是行为习惯的问题，如果中午不午休，就会影响孩子下午和晚上学习的状态，自然会影响到学生的学习效果。但是我们教育中时刻强调提升学生的学习效果，提升学生的学习成绩，促进学生身心健康发展。但是这些都需要孩子有一个好的学习状态作为保证，而午休是让学生储备精力的有效方式。

为什么学生和家长对老师布置的作业这么重视呢？首先，作业是巩固所学知识，检查学习成效的手段之一，与学生的学习成绩息息相关。其次，就是老师要检查、组长要检查、家长要检查。这项工作大家都非常重视，而且做得很扎实。于是我们试想，如果把午休变成学生的一项作业，就有这种很好的效果吧。但是现实教育中，只重视学生的学习，而其他方法处于次要地位，这些显然不利于学生良好行为习惯的培养，学生身心的健康发展等。

为此,我们应该重视学生的学习状态,把午休变成学生的一项作业,从而确保学生有精力投入学习之中,提升学习效果,提升学习成绩,促进学生健康成长。为此,我们要做三方面的努力:

教师要布置和检查,学生午休要做到和完成作业一样,布置午休任务和检查午休情况。特别是夏季到来之际,在学校的统一安排下,致学生家长一封信,告知学生家长学生要在家里午休,让家长做好监督。但是老师在检查孩子午休情况时不像作业那样可以直接操作,为此老师只能通过询问,寻求与家长的配合,才能完成。比如,让家长对孩子的午休情况签字,或者让家长发信息向老师反馈情况等,从而确认孩子是否午休,了解他们的午休情况。通过检查的方式,督促孩子在家中午休,从而实现让孩子都能完成午休。对于没有完成午休的,教师要做好引导,询问其原因,并与家长做好沟通。

家长要监督和示范,在学校老师对午休进行安排和检查的同时,还需要家长配合。要让孩子按时午休,家长也要午休,给孩子做好榜样。家长是孩子的启蒙老师,他们的影响作用很重要。如果家长在孩子午休的时候,去干别的,这显然是不利的。孩子善于模仿,他会去模仿大人或者做他想做的事情。家长做好示范,孩子午休的时间就能得到保障,长期坚持下去就能形成规律。孩子的精力比较旺盛,刚开始孩子不习惯,我们可以让孩子看几页书,给他们讲一讲故事,这样思想放松后,就会渐进入睡,从而形成一种习惯。

社会要承担责任。谈到责任意识,这其实是社会每一个人的责任,除了家庭教育和学校教育,社会教育对孩子的影响同样重要。社会是一个大的环境。对孩子的教育和培养,是社会共同的责任。当我们发现这些孩子有了不良的表现后,要对其进行积极的引导和教育。不是自己的孩子不管,不是自己的学习不管,这种思想是要不得的。天下事,匹夫有责。何况学生的发展关系到一个民族的未来。小区中的几位孩子捣乱影响到了大家的休息,首先物业要进行管理,对这些孩子进行说服教育;其次发现他们这种情况的,邻居要及时进行制止,及时引导他们回家休息,并告知他们的父母。只有这样,大家共同管理和教育这些孩子,孩子才能受到教育,促进发展。

午休是教育和生活中的一件小事,但是关系到学生生活和学习的状态。如果学生能够保持良好的状态投入学习中,就能提升学习的效率,从而提升学习成绩。午休是学生学习的一种行为习惯,养成良好的行为习惯,就能让学生的身心得到健康发展。因此,我们要把午休变成学生的一项作业,并进行积极关注、引导和监督,让学生形成一个良好的状态,促进他们的学习和生活。

27　活动不能变质

　　为了丰富学生的校园文化生活,促进学生健康成长。我校每年都要举行六一文艺会演。马上就要到六一了,学校已经开始筹备这项工作。学校要求每班准备1~2个节目,要在最近一个月内完成排练;节目内容要积极向上,能够反映当代青少年精神面貌,并强调大部分学生要有参与的机会,每班至少排练一个集体节目。很多班级都排练了舞蹈或歌伴舞的作品,这样参与的人数也会更多,体现了面向全体的原则。各位班主任老师开始筹备这项工作,并通知学生和学生家长。但是接下来的排练工作变了样,有的老师把愿意参与节目的同学外包到培训机构,并让学生自费;还有一部分班级在校内进行训练,在校内培训的部分班级就是把该上的课给占用。这两种表现都是不合理的,既然是学校开展的活动,就该由自己的老师和班级组织完成,而不是付费把孩子弄到外面进行培训,这违背了开展活动的原则;还有就是利用上课时间去排练,不是行不通,而是国家要求开展的课程要开足,不能随意改变,这样不利于学生的全面发展。

　　开展文体活动的目的是好的,但是在实施的过程中出现了问题。一个是利用校外培训机构付费进行培训,一个是利用上课的时间排练节目,这些都是本末倒置的现象。学校教育要彰显特色,但是不能扰乱正常教学秩序。特别是不能给家长增加负担,学生多投入一些时间可以,但是不能挤占孩子的课堂。我们要充分利用有限的时间,来开展相关的活动,这样才是学习之外文化生活的补充,不然就没有什么意义。很多家长为了孩子能够有表现的机会,不分情况,盲目地支持这些活动,其实也助推了这些不正常现象的发生。教育不是舍弃什么,迁就什么。而是实实在在的,特别是这些活动的开展,给学生提供展示自己能力的机会,在活动中健康成长。那么如何开展好学生的文体活动呢? 其实这是要遵循一定规则的,不是没有章法的。

不给家长和学生增加负担。为什么这样说呢? 对于交费进行演出,这样就和学校没有什么关系,那不是学校教育的结果。反而让社会认为你们学校不行,办教育还有靠外面的培训机构,这不是自己打自己的脸吗? 交费其实也是一种变相的收费行为,虽然老师没有亲自收这些费用,但是是老师宣传和诱导孩子对培训机构进行交费培训,这里面肯定会牵扯到一定的利益。家长迫于班主任的压力,又想锻炼孩子,只好答应。还有的老师干脆自己收费,请一些社会上的老师到学校或指定地点对舞蹈进行排练。对于解决这样一个问题,我们可以在班级里问一问家长中有没有擅长音乐特长的家长,可以请他们抽空给孩子们排练一些节目,我想这在一定程度上能解决这些问题,很多学生的家长也是多才多艺,还可以把家长课堂融入学生的活动中,从而助推家校合作的实效。

充分利用学校资源和环境。在这里面有一个重要的资源就是音乐教师和音乐器材。如果各班有需要,请本班的音乐老师排练个节目,我想他们不会拒绝的,学习的音乐器材也会提供的。学校也要给予大力的支持,给音乐教师和班主任老师适当的补助,他们都是牺牲课外时间去教育和辅导学生的。每个班级都有自己的音乐老师,还有一些班主任也是多才多艺,都可以辅导自己的学生,这样开展活动就比较接地气。这比花费请外面的老师好得多,这也是我们自己教育的成果,活动氛围是不一样的。

活动要面向全体活动。活动面向全体学生这是一定的,在选拔的时候,也是从学生的基础和参与的意向进行。基本上是以集体项目进行,有集体舞蹈,大合唱等,这样一个班就可以有大部分学生参与,他们的积极性就会提升。如果一个班只有 1~2 名参与,就会打击他们的兴趣和积极性。其实孩子们对表演都感兴趣,我们要给他们表现的机会,促进他们全面发展。

28 做文明学生

生活中最主要的是文明礼貌,它比最高的智慧、一切的学识都重要。我们共同生活在社会主义的大家庭中,文明礼貌地处事待人,是每个青少年成长过程中必修的一课。因此,教师要引导学生养成文明礼貌的好习惯,争做文明学生。

做文明学生,要多学知识。知识与文明紧紧地连在一起,知识是精神文明的一部分。我们要培养具有优雅气质的人,那么就要要求学生做一个文明的人。为此,作为教师要鼓励学生多学知识,锻炼学生思维的敏捷性、灵活性和创造性;开阔学生的视野,丰富学生的社会经验。这些都会使学生的言谈举止中透出智慧与大方,对培养学生的气质十分有益。要达到这些,除了课堂知识的学习,我们还有开展读书活动和其他的竞赛活动,这样学生就可以在一起交流自己的乐趣和收获。学生既收获了知识,又学会了把所学知识通过交流、讨论的形式表达出来,同时也培养了学生的语言表达能力。在读书活动中,我们要求学生的读书范围要广。对于小学生来讲,我们可以让学生阅读一些美德故事、礼仪故事、国学启蒙故事、唐诗三百首、成长故事、友爱故事、亲子故事等,这样学生在成长的过程中,从书中就会理解到文明礼仪和做人的道理,同时知识和视野也得到拓展。然后我们要求学生读书之后,对于低年级的学生让他们说一说书中讲了什么,明白了什么,而高年级的学生要写一写读后感等,这样学生就会带着兴趣和问题去看书,读书的效果就会提升。学生的知识得到丰富之后,就会明白该如何做人、并付之于行动,这样学生的言谈举止就会凸显出智慧和文明等。

做文明学生,要养成良好的语言行为。语言行为是学生优雅气质表现的外在形式,通过语言表达,也可以知晓一个人的思想和内涵。因此培养学生良好的语言行为也是让学生形成优雅气质的主要途径之一。在这方面,老师首先要注意给孩子做出表率。因为小学生天生具有模仿的意识,这样老师的言行就会给孩子带来深远的影响,老师要注重对学生潜移默化的影响,树立良好形象,文明儒雅。其次就是要创建愉快、和谐、文明、平等的教学氛围,这里面主要是对学生学习和发现进行循循善诱的引导,比如学生表达不完整或者还有进一步挖掘的潜能,我们都要进行积极引导,让学生用语言表达出来,其实语言表达也是写的基础,让学生先说后写是十分必要的。语言表达还表现在平时交往,学生与老师的交往、与同学的交往甚至与社会的交往,都是锻炼学生语言表达能力的时机,我们要善于引导学生将课堂中的语言表达迁移到生活中,让学生活用语言,这样就能有效培养学生优雅的气质,就能使学生从小养成文明礼貌的好习惯,并能够健康成长。最后就是引导家庭教育促进学生形成良好的语言行为,有一些家长对孩子非常粗暴,孩子也会用同样的语言和行为进行反抗,这样就形成恶性循环,本来家长是孩子的榜样,现在却造成了负面影响,为此老师要利用家长会和班级群的功能,积极帮助家长对孩子进行语言引导,让学生学会文明、健康的表达,并学会做力所能及的事情,从而逐步完善自己。

做文明学生,还要养成良好的道德品质。品德是良好气质的灵魂,学生具有同情、关心他人的品质时,礼貌待人,与大家能够合作与交流等,他才不会表现出性格孤僻、我行我素等不良气质。所以,老师在日常生活中应以身作则,言传身教,培养孩子的道德情感,训练孩子的道德行为,使孩子成为一个品行高尚的人,这样孩子自然就会具备良好的外在气质。首先,从小事做起,率先垂范,影响学生;比如老师作为孩子的学习榜样,同样他的行为也是学生的榜样,老师要做到早到校,自己的课要早到教室等候,就是到了下课的时间,只要学生还有问题没有搞明白,老师也要耐心地给他们讲解;另外老师要细心观察学生的学习和生活,发现问题要积极帮助他们去处理。这样学生就会感受到老师对自己的关心和爱护,就会自然把这种精神迁移给自己,其实我们教育学生不是交给学生什么,而是让学生自己体会和感悟。老师把榜样做好了,就能带动学生,让学生向着积极向上的方向迈进。其次就是要从日常小事入手,培养学生良好品德。比如班里的同学在公交车上给老人让位被同学们看到了,告诉老师,那么老师就要在班级里对这位同学提出表扬,在公共汽车上把座位让给老人,虽然是件小事,也是日常生活中学生能够做到的,但是有的同学不以为然,因此能够做到的同学就表现出了谦逊有礼、尊敬老人的气质,我们就要给予肯定。

29　挫折教育不可缺

随着社会经济的不断发展,现在的生活条件越来越优越,而对孩子教育也显得过于溺爱,以至于孩子不能受一点点伤害。主要表现在有的孩子遇到一点儿挫折,承受能力很弱,以至于做出了一些过激的行为,甚至选择轻生等。因此,现阶段对孩子进行受挫教育是不可缺少,应根据当前教育的现状和孩子身心发展的特点,开辟有效的途径。

要让学生明白挫折也是人生的一段重要经历。从古至今,中外名人贤士中,我们不难发现他们都是经历多次挫折和失败后才成就了伟大事业,不仅仅促进了自己的发展,同时也服务了社会。对于学生的受挫教育我们也应该让他们了解这些名人贤士事迹,让他们感受到挫折是人生经历,不要害怕,要做好受挫准备,以此增强他们抵御挫折的信心。无论是班主任老师还是各学科老师,都可以在自己的教学中渗透名人贤士挫折经历,以此鼓励学生寻求解决问题的途径。比如发明家爱迪生的事迹,爱迪生为了找灯泡的材料,经历上千次的实验,终于找到了钨丝,众多的失败才为最后的成功奠定了基础。还有我国篮球运动员易建联,当年是被 NBA 选秀第 6 名进入的,是何等的风光,但由于伤病和上场时间的限制,导致篮球比赛结果不是太理想,最后回到国内打联赛,他积极训练,身体也得到了恢复,因在今年里约运动会的优异表现,他又被 NBA 湖人队聘用,继续为篮球事业发光发热。只要不放弃,向着自己的目标迈进,总有一天会成功的。这些励志教育能让学生明白经历挫折是人生经历,我们要用平常的心去对待,继续寻找解决方法,坚持到底就是胜利。

因材施教,提升学生耐挫折的能力。由于学生的气质、性格、能力等的不同,遭遇同一挫折的孩子产生的心理反应也是不同的。因此受挫教育也要根据他们的情况采取不同的方法和措施,从而促进学生身心发展。例如,根据性格进行受挫教育,如果孩子好胜心强,好面子,这类孩子受到挫折之后,不要过于埋怨和批评,而是要多鼓励;对于自卑的孩子,本来对自己的能力就持怀疑态度,老师不要过多进行指责,而是要安慰,要善于发现他们的亮点,为其创造成功的机会。再如根据学生的能力进行受挫教育,能力强的学生遇到挫折后,要进行启发,让他们自己发现原因,然后找到解决问题的方法;而能力弱的学生遇到挫折时,老师要帮助学生树立合适的目标,从而有效化解学生的恐惧心理,让他们看到自己一点点的进步,而逐步形成耐挫折的能力。因此,对于学生的受挫教育,我们要根据学生实际情况,采取不同的方法和手段,让不同层次学生的受挫教育都能取得成效。学生受到挫折并不可怕,关键还是要让他们建立学习和生活的信心,并找到合适的方法,进行针对性教育。

利用各种活动对学生进行受挫教育。学校的活动是丰富多彩的,老师要善于利用这些活动进行受挫教育,培养学生的耐挫折能力。针对现在的学生,很多学校进行了军事训练,以此增强学生的毅力和耐挫折能力。在军事训练中,通过军事化的管理,让学生体会纪律的严明,也许这些是日常生活和学生感受不到的,再通过高强度的军事运动,让学生体力和意志力得到提升,这样随之而产生的就是学生的耐挫折能力的提升。比如在军训的时候有的学生会晕倒,针对这种情况,让学生讨论如何克服这些困难,才能完成任务。学生通过分析和思考,认为只有经常参与体育运动,再加上合理的营养和充足的睡眠等,才能克服困难。这样学生就能通过实践去抵御挫折。另外,在寒暑假的时候鼓励学生多参与社会实践活动,参与冬、夏令营活动,通过社会实践锻炼学生意志,增强学生的体质,提升学生的社会责任意识。学生参与各种活动,在老师的指导和引导下,完成一些有挑战性的任务,学生的心理素质和身体素质就能得到培养,那么学生的耐挫折能力就得到增强。

教育学生勇敢面对挫折，战胜挫折，有利于学生身心的健康发展。为此，在对学生的受挫教育中，要让学生认识到挫折是挑战也是一种机遇。我们利用挫折锻炼自己的意志，提升自己的能力。作为老师要根据学生的特点，因材施教，并利用各种活动让学生进行受挫教育，使他们发展成为人格健全，对社会有用的人。

30 不是拉杆书包惹的祸

一天上午放学后,女儿来我办公室告诉我,班主任老师安排以后不要再用拉杆书包上学了,用拉杆书包上下楼不安全,还有就是占用教室空间,影响进出教室。我说书包是新买的,你用起来省力,下午先用一下,等我和你班主任沟通后再说吧。女儿很不情愿,几乎要哭。然后我就安慰孩子说,我会和你老师说好的,你放心好了。女儿上二年级,平时对老师安排的事几乎都是积极去做,这次看来也要按照老师要求做。我也在想,下午和老师怎么说呢,如果别人的孩子都按照老师的要求做了,而自己的孩子没有做,这样影响不好。我决定下午亲自送孩子去教室,再和女儿的班主任进行沟通,问问具体是怎么回事。到了中午的时候,老师也在班级微信群中说,拉杆书包用起来不安全,也占用教室的走道,让家长理解下,督促孩子不要用这种书包来上学。很多家长表示赞同,也没有质疑老师的安排。我在想,老师也许真是从学生的安全和教室整洁方面去考虑吧。

班级微信群里,也没有家长问出现了什么问题,为何突然不让用拉杆书包了。我就给班主任老师发个信息,问问怎么回事。班主任说前两天,有位同学用拉杆书包下楼梯把头摔破了,并发来孩子的照片。听这么一说,看来真是有安全隐患。由于我们是同事关系,因此我就把自己的想法和女儿班主任说一下。我说,首先,班级中桌子抽屉放不下三个书包(我们是大班,三个学生一张桌子),有用拉杆书包的可以在桌子的外侧放一个,这样就解决了问题。其次,如果用非常小的那种书包,都放在抽屉里,书包与书包也会挤在一起,书包中的书、本以及学习用具会挤在一起,时间一长,这些东西就会像烂菜一样,而且东西不好取放,给孩子带来麻烦。最后,应安排小孩上下楼梯提着书包,而不是平地拉着,这是正确的使用方法,应督促孩子这样做。班主任说,我是安排学生这样做的,可是还是出现这样的问题,你孩子可以用这种书包,但是要注意安全。由于我们都是同事关系,平时关系也不错,也就没有强制孩子必须用普通的书包。为了让女儿相信老师同意她使用这种拉杆书包,我把老师发的微信内容给她看,她才相信老师确实同意她使用这种书包。女儿其实很喜欢这种书包,但是又要听老师的话,我只好让她相信老师没有强制她不使用。

事后,我对拉杆书包是否能够使用进行了深入思考。通过分析,我觉得可以从拉杆书包的优点、安全问题以及在教室里的位置问题等方面来讲。拉杆书包设计的出发点是好,拉杆书包的拉杆可以拖动更重的东西,能够节省孩子的体力,这样就不用担心把孩子的背压驼了;另外书包固定在拉杆的底座上,书包可以撑开,这样就像一个箱式的包,里面的东西就不会挤压,学生的书包东西很多,有书、本、资料、文具盒、词典、水杯等。如果是普通的书包,这些东西就会压在一起,乱起八糟,人都爱整洁、美观,而拉杆书包能实现孩子的要求。对于拉杆书包的使用方法,也很简单,难就是上下楼梯要把拉杆放进去、提着书包,再在平地拉着;之所以出现安全问题,不是书包的问题,而是没有按照这种方法去做。如果下楼梯也拉着,一不小心书包就会向下坠,这样书包会把学生往下带,就会造成下楼梯时重心不稳,导致跌倒。这里面的根本原因是孩子的行为习惯问题,而不是拉杆书包本身的问题。不用这种书包,也会出现上下楼梯跌打的现象,比如学生在楼梯嬉闹玩耍等。拉杆书包是学生没有按照要求使用,我们在进行安全教育的同时,不仅仅是预防,关键还是要让孩子掌握自救自护的能力。如果遇到了一点问题就不去做这件事,最终势必让学生失去探究精神。而我们的学生恰恰缺乏这种精神,而学校和老师也是尽力去预防事故,但在培养学生安全能力和探究精神方面明显不足。对于第三个问题,拉杆书包会占用教室走道的空间,这是有影响的,但是大班额问题不解决,学生的数量同样会占用教室的空间,要解决还是先解决大班额问题,把课桌设计成符合学生个性和需求,让孩子的书包能装进去,又能便利地取放东西。

可见,我们在认识事物的本质时,要抓住关键,而不能为了解决眼前的问题,而忽略长远问题,甚至学生的全面发展。因此,拉杆书包不是问题的关键,问题的关键是学生没有正确地使用这种书包,没有形成一定的安全意识。另外我们也可以尝试一下安全上下楼梯的演练,而不仅仅是在口头说教上下功夫。

习惯比学习更重要

　　最近同事在微信中发了这样一条信息:"每周一肺都要气炸一次,孩子自觉性差,请家长们周末抽几分钟时间检查一下学生的作业。"当然这是发给家长看的,当我读了这条信息后,觉得同事比较气愤。为什么呢?我想很多老师都会遇到周末过后,孩子还有作业没有完成的事。毕竟周末时间充足,学生完不成作业,好像说不过去。但是值得肯定的是,同事的责任心强,会督促家长做好家教。因为学生的教育需要家庭教育的配合,家长也有一定的责任。

　　对于出现周末完不成作业的现象,通过调查和分析,我认为是由两个方面的原因造成的:学习习惯养成和家教的问题。我们都知道孩子的教育是由学校教育、家庭教育和社会教育组成的,如果一个环节出现了问题,就会造成不良后果。小学阶段由于孩子年龄的限制,不是教给学生多少知识,而是注意培养学生的行为习惯,养成良好的卫生习惯、礼貌习惯和学习习惯等。小学知识不难,如果课堂认真听课,就不至于作业不会做或做不完。这些学生为什么平时完成得好,而到周末却完成不了呢?这是值得反思的地方。学生的家庭作业一般情况下是在家里完成的,家长有监督的责任和义务。小学生自觉性差,周末各个学科都会布置一些作业或活动,加起来会比日常一天的作业要多。人都有惰性,何况小学生呢?如果家长不及时监督和检查孩子的作业,都放到最后,还真是有可能做不完,这样就会出现周一还有学生没有完成作业的现象。当然对于自觉性高的,有良好学习习惯的学生,会把作业先做完再去玩或者定时分配作业任务去完成。在这里,我觉得孩子的作业完成情况,家长应负主要的责任。家长作为孩子的第一监护人,更应该关心孩子的学习和成长,辅导和指导孩子在家里完成作业。只有这样,孩子的学习态度才能端正,习惯养成等才能得到培养。为了让学生按时高质量地完成作业,家长和老师应该一起做好对孩子的教育和管理,从而助力孩子成长。

作业布置问题。虽然新课改在不断推进,也在强调要为学生减负,要少布置作业。但是不等于不布置作业,这样老师就要提升作业布置的质量。在布置作业时,应该根据实际情况,不仅巩固知识,还要提升学生能力。因此,作业布置应以动手实践为主,这样就能调动孩子的积极性,启发创造性,让孩子的能力得到真正发展。我们也可以这样说,孩子感兴趣的事,你还用监督吗?这样就要求布置的作业有创新,不能只限于书面的,还要渗透到活动中,甚至让家长参与其中。比如,语文课中,春天来了,老师给学生布置一篇作文,"写一写一次难忘的春游"。如果我们换一种方式:春天来了,家长朋友可以带着孩子在大自然中走走,感受生活、感受自然;并让孩子把难忘的人和事记录下来。数学课作业不仅仅是让孩子去计算,真正的价值在于过程,数学课也可以让孩子查一查、量一量,看看有什么发现,或者让孩子进行社会调研,甚至探索数学与生活的一些联系,那么孩子才不会感到枯燥。科学课,可以让孩子进行课外小实验或者拍摄科学 DV 等。利用周末的时间,布置一些活动性的作业,正好可以弥补平时这方面的不足,提升实践能力。

家长的监督作用。特别是小学生,家长的监督和指导对学生学习是十分必要的。老师在学校教育和管理学生,家长在家里教育和管理学生,这样就形式了教育的合力。长期下去,孩子就能养成良好的学习和生活习惯。现在信息这么发达,老师会及时通过网络把作业发布出来,家长也可以通过短信或电话与老师沟通。我们都知道中国的孩子周末也比较忙,上兴趣班,补差班等,除去做作业的时间就很少有玩的时间了。家长一定要帮助孩子合理安排,周末的家庭作业应该放在首位,孩子的兴趣爱好也不能少。家长做的应该是检查孩子作业的完成情况,没有做完要及时督促,不能拖到最后没时间做,要督促孩子养成习惯。

学生作业的评价问题。对学生的评价方式也是多种多样的,可以是书面的,也可以是口头的,甚至可以给孩子发一些小礼品。对于小学生来讲,都想得到奖励,作业上的小红花,小印章孩子喜欢极了,还有老师奖励给孩子的本子和铅笔,另外还有小零食等都是可以的。对作业完成不了和错误多的孩子,我们要当面批,让他们认识到自己的不足,让他们感受到老师的关爱和重视。根据孩子的作业情况进行不同方面的评价,能够激励孩子进步,并让他们养成良好的学习习惯。

无论是老师的教还是家长的管,都是让刚踏入学习中的孩子养成良好的学习习惯;习惯养成后,对知识的学习也是有帮助的。而我们不能过度地去批评孩子为什么不学、学不好、完不成作业,其原因很简单,那就是学习习惯不好。

32 培养学生发散思维能力

发散思维能力是人的五大力之一。对于学生的教育,我们培养其发散思维,意义非常重大。如何培养学生的思维能力,通过孩子在具体环境中解决一些问题,往往这些问题都是略高于我们的书本内容。对于一些数学题目就是这样,非常活,而又比书中的基础知识难,这时一些孩子就不知该怎么办,其实这是受思维的限制,需要在已有的知识基础上换一种思维方式思考。最近一段时间,女儿在做数学题中,总有一两个题目不会做,我看了一些内容,不是这些内容超纲,而是需要换一种思维方式去解决。

第一种,叫作逆向思维。孩子利用现有思维方式不能直接求出,可以换一种思维方式,按照其他方法,也能解决问题。比如,孩子在做这样一道题:一段铁丝围成边长15厘米的正方形,如果铁丝减少8厘米,能围成的正方形的边长是多少? A.7厘米 B.13厘米 C.14厘米,按照正常的计算方法就是15乘以4得60,然后用60减去8得52,然后用52除以4就可以得出结果,但是三年级没有学过除法,这样很多学生就卡壳了。但是还有一种方法,就是答案有了,我们可以用乘法,一个个算然后排除,当我们算到边长是13厘米,就可以得出减去8厘米铁丝后围成的周长等于52厘米,这正好与题目相符合,这样就解决了这个问题。除法不会,我们用乘法去解决问题。这样就可以从答案中进行排除,从而解决了问题。

第二种,就是利用共生的方式解决问题。也就是说大家一块就可以解决问题,比如,求其中的一个边的长度求不得,但是两个或三个一起就能求出来,这样在求多边形的周长时应用的很多。但是这里需要学生对周长的概念有一定了解,能认识到周长就是围绕图形一周的长度,多条边加在一起的长度。很多学生会求长方形和正方形的周长,但是一到其他多边形的长度,就有点犹豫,其实就是把各个边加起来的长度。但是在求的时候,有的边求不出来,通过移位后,可以一起求出 2 条边或 3 条边的长度,这并不影响求多边形的周长,把剩下已知边长的长度再加起来就可以了。如果只是一个边一个边地求,那是求不出来的,这就是共生思维。如果学生能够想到这些,解决这样的问题也就很容易,我们在教学中要给孩子渗透,这也是我在辅导孩子学习中发现的。

第三种,就是要考虑到实际情况。这方面的题目,主要考察的还是对生活的理解,如果只会死搬硬套,那么到了解决问题的时候还是不会做。做题也是我们今后解决生活中问题的一个模型。但是就算是模型,也要让孩子经受考验。比如,我们在求一块地的周长的时候,有一边总是靠着墙或者靠着河边,问我们需要用多长的篱笆。有的孩子对题目中的实际条件根本不考虑,直接计算土地的周长,根本不知道错在哪。不知道减去不需要围栏的长度;另外还有一种就是,长方形的土地,哪边靠在河边,我们节省的篱笆材料最多? 如果孩子不明白实际的需求,就会不知道怎么解答。为此,现实生活中的问题,我们要考虑现实中的条件,这也是我们解决问题的条件,如果不理解,就没法得出正确的答案。孩子普遍没有这方面的生活经历,在实际问题情境中应该进行强化,从而理解周长的含义。

其实,我们说教育是学习知识,不如说是让学生领悟到其中的思维方式,学生的思维决定他们下一步干什么。很多学生都想用熟悉的方法去解决,在该解决的时候却不能解决。因为基本的方法都是在最后一步才能用,而题目也是考察我们的思维方式。比如公式,什么时候用,我们把条件都准备好了,这个公式才有用,而且是大家都会的东西。对于需要发散思维才能解决的问题,正是我们训练学生思维的开始。

学习中的问题是我们生活中问题的一个典型体现,我们只有掌握了这种思维,顺利解题。孩子发散思维的训练和培养是非常重要的,对孩子智力的发展有着促进作用。

开好班级读书会

一天中午放学，女儿突然告诉我，下午班级要开"故事大会"，进行讲故事比赛。我连忙说："你比这还小的时候，就能把哪吒闹海一字不漏地讲下来，这次可以好好表现了。"女儿说："不行，这个故事同学们都知道了，再说现在我自己都记不住了。"然后，我就鼓励她，让她把自己认为有印象的再读读，然后下午讲给同学们听；别的同学讲故事的时候你也要认真听，自己也会有收获的。最后，女儿点点头。看来孩子对读书活动是感兴趣的，这样不仅能把自己的读书内容和心得与同学们分享，而且可以在其他同学那里得到收获，这样孩子就能丰富知识、拓展视野，同时也能锻炼自己的胆识，并学会分享与倾听。

其实班级读书会的形式很多，我们通常以阅读分享课为主。这主要是因为小学生有很强的表现欲望，我们就要给他们展示的机会。想让他人分享自己的阅读成果，就要先自己进行阅读，这是基础。通过分享，阅读就有了同伴，就能与同伴分享阅读收获和阅读资讯。然后在老师的指导和帮助下，从而体会到阅读的快乐，并提升阅读的兴趣。对于阅读分享课，我们可以进行两方面的分析，那就是阅读材料的分享和阅读感受的分享。

阅读材料的分享。家庭中储藏很多书是不现实的，所以要引导孩子进行阅读材料的分享。教师可以在开学初，让孩子填一张购书的清单，这样便于学生阅读，然后学生之间就可以进行书的交互阅读。家长在假期当中会给学生买一些书籍，以便充实孩子的假期生活，在开学时和孩子交流自己的读书材料和读书心得就方便多了。另外老师也可以向学生推荐一些书目，让学生家长自己购买。他们除了交流一些读书的材料，还会交流购书的地点。比如有的同学说在超市买的,有在书店买的,有在网上买的,还有的是别人送的等。如果孩子想拥有这本书,这样做也为他们购书提供了便利。因此,读书材料的分享十分重要。随着网络技术的发展,我们发现很多家长会在网上购书,网站书类齐全,而且比实体店要便宜。为了满足孩子读书需求,我也给她购买了蜗牛读书系列,一共四辑,每辑 10 本,每次买一辑。获得这一购书的信息是在超市书柜,这套书思想性、故事性较强,图文并茂,适合孩子们阅读,就在网上购买了这些书。

阅读感受的分享。每周开一次班级读书会,让学生之间进行阅读感受的分享,会提升学生阅读能力和表现能力。对于分享自己的读书内容和感受,可以采用口述和辩论的形式,这是我们最常用的一种形式;也可以制作图书报,这样班级的学生都可以参阅,而且读书分享的容量更大一些。无论是哪种,大家听完或阅览后,都可以谈谈自己的感受,并做好笔记。学生在班级读书活动中,学会倾听和学习,就会养成一种读中思、听中思、观中思的习惯。同时,对于读书活动,老师也要强调做好阅读笔记,这样有利于理解和识记,这和我们日常的课堂要求一样。对于低年级的孩子,如果理解不了故事的内容可以参考插图去理解,高年级的同学可以多读一读等,这些都是读书的方法和技巧。其实课堂中分享的好坏主要取决于课外阅读的多少,因此对学生的读书,老师应提出要求。为此,在读完后,老师要给学生布置几个问题:故事主要讲了什么,有什么道理,你还想说什么,等等。这样学生在读书中就会带着问题去读,阅读后就会有自己的想法,这也是我们阅读的基本要求,要让孩子们掌握。这样才能把读的内容讲得更透彻,而且有自己的独立观点。读书不仅仅是为了读,而且是读后给自己的启发,也就是你读后得到了什么,这才是最重要的。在孩子分享阅读内容和心得的时候,我们还要允许其他孩子提问,与读者一起辩论书中内容和观点,在讨论中进行思维的碰撞,从而形成正确的观点,让各自都有进步。分享是一种展示,有展示就会有讨论,有讨论就会有不同观点,在辨析中求同,那么这就是我们读书的收获。

以阅读分享课的形式开展班级读书会是一种有效的形式,特别是对于小学生来讲,他们乐于把自己读书的内容和心得在课堂中与同伴分享,是符合他们的年龄特点的。作为老师要善于倾听他们的心声,并积极引导和指导他们读书,学会分享读书,并形成良好的阅读习惯,让阅读成就他们的美好人生。

34 读好书，才能好读书

　　读书使人智慧，读书使人进步。但前提就是要选择好书籍。一般情况，中小学生都要有自己的书单，有自己的读书计划。由于学生的年龄阶段处于发展期，对事物的辨别能力还没有成熟。因此，需要教师引导和指导他们选择书单。基于学生发展的需要，我们要引导他们选择与其兴趣、能力和教材内容相符的书单，促进他们读好书，好读书。

　　要与学生兴趣相符。兴趣是最好的老师，学生选择书单也是一样。因此，书籍一定是学生感兴趣的，这样学生才认可你推荐的书单。小学低年级学生喜欢故事性的书籍，比如，成长故事、好习惯故事、神话故事，睡前故事等，而高年级学生则喜欢一些逻辑思维性强的故事或探险方面的书籍，比如，历史故事、民间故事、成语故事、名家故事等，探险方面的有《鲁滨孙漂流记》《三毛流浪记》等。女生喜欢一些童话故事，比如安徒生童话、365夜故事、小公主故事、小王子故事；而男生则喜欢科幻方面的书籍，比如，《昆虫记》《走进自然》《科学王国里的故事》《宇宙寻踪》。为此，我们要根据学生的兴趣引导他们选择好自己的书单。在班级中也可以先搞一个小调查，了解他们喜欢哪方面的书籍，然后加以筛选和推荐，这样就更符合学生的需要；另外还可以找来一些书籍的简介让孩子浏览并进行选择。这样就能避免一些乱推销书籍的现象，而且能让学生建立阅读的好感。选择书单和读书要符合学生的兴趣，学生才能去用心读书，思考书中的故事和现象，从而吸收有价值的东西，促进学生的健康成长。

　　要与学生能力相符。学生能力的不同决定了孩子们对书单的选择是不一样的。小学低年级学生，一般情况会选择绘本读，故事内容短，情节简单，而且带有拼音,这样也符合学生的思维能力。高年级学生思维能力从形象思维逐步转化到了抽象思维,可以选择逻辑思维强,故事情节丰富,甚至思维空间广的书籍去读,这里就包含了一些文学作品、科普作品等。因此,低年级学生还是以故事性的绘本作品为主,先进行书籍的体验和感知,随着年龄增长和知识的丰富,到了高年级就可以选一些具有一定深度的、有艺术价值的作品。这种选择也是随着孩子能力的发展而改变的。作为老师,要根据学生的年龄阶段进行不同的引导,小学分为低年级、中年级和高年级,例如,《小学生学习报》,是根据学生的年龄发展和能力进行不同内容设置,这样才能符合不同层次学生阅读。选择与学生能力符合的书单,就能有效地丰富学生的知识,拓展学生的视野,进而发挥图书报刊的功效。

要与学校教育相符。我们教育教学的目的有两个重要部分,那就是德育和智育。对于学生来讲,除了学习的书本外,还应该选择一些课外的书籍来读才能更有效地促进这两大教育功效的发挥。对于德育方面可以引导学生选择好习惯故事、安全故事、礼仪故事、国学启蒙故事,学生通过对这些故事的阅读,就能理解书中蕴藏的精神内涵,从而提升自己的素养。在开展传统文化进校园活动时,我们可以推荐学生读《国学启蒙故事》《三字经》《论语》《千字文》等,这些与学校的教育相符合,也拓展和延伸了学校教育。课外智育方面的书籍也能辅助孩子的课堂学习,阅读这些书籍能够让孩子的知识更扎实,视野更开阔。比如,唐诗三百首、成语故事、历史故事等,这些书孩子读一读,能够加固课堂中学习的知识。特别是语文教学中,我们经常会学到一些书中某一个故事或片段,这样就可以引导孩子去阅读整本的书籍,比如,学生学习了"草船借箭",可以推荐孩子们读一读《三国演义》,相应的还可以让学生去读文学作品,像《聊斋志异》《红楼梦》等。科学课中学习完《地球运动》后,可以推荐孩子读一读《宇宙寻踪》等。这些都是与我们教育、教学和教材有关的内容,我们要抓住教育的时机,积极引导学生去选择这些书籍,让学生的书单更有价值。

要让学生读好书、好读书,就要选择好书单,要有自己的读书计划,这样才能促进学生的读书生活。老师是学生学习和生活的引导者、指导者,我们要从学生的全面发展入手,根据学生的年龄发展特征,并联系教育实际,引导和指导学生选好书单,提升学生的读书质量和品位。

35 **放手管理**

　　班干部是班级的骨干力量,也是老师的得力助手。班干部在对班级各项事务的管理中为老师节省了时间和精力,同时也锻炼了自己的管理能力。用好班干部就能让班级形成良好的班风,促进班集体的有效建设。为此,班干部的产生和管理是非常重要的,作为班主任应给予学生同等机会,主持民主选举,并科学管理班干部。

　　首先,给予机会。对于一个新班来讲,可能老师与学生之间,学生和学生之间不是太了解。这样班主任可以让看起来比较机灵的孩子担任班干部。等过一段时间后大家都互相了解后,再进行民主选举。这也打破了以往老师直接任命班干部的做法,形成了公平竞争,这样孩子们的机会都是相同的。学生的能力得到展示,并发挥他们在班级中的作用。老师设定了班干部职位后,由学生毛遂自荐当候选人,然后让候选人谈一谈为何要当班干部,如何开展工作。其余同学进行投票,得票率在百分之六十以上的可以选为班干部,如果票数不够,就要再次进行投票。在投票的过程中,班主任要对学生进行选举的指导,比如要求从候选人中选择自己心仪的学习成绩好、活泼开朗、乐于助人的同学。另外规定班干部的任期,尽可能让每个孩子都有担任职务的机会,每一学期就会轮换一次,班干部上一个学期的工作受到同学们的肯定,可以稳定不变,再配上两个副班长,加上学习委员、纪律委员、宣传委员、劳动委员、课代表、小组长等,基本可以让每个孩子都有机会做一下班干部。这样全班学生都有当班干部的机会,主人翁意识和集体观念增强,集体凝聚力就能形成。

　　其次,科学管理。对班干部的管理就是发挥班干部的潜能,更好地为班级建设服务。我们本着培养和发展班干部的能力,打造良好的班集体的原则,利用合理的、科学的方法去管理和使用班干部。第一,明确责任。作为班干部要明白自己的职责是什么,这样才能更好地为班级服务。班主任要引导他们关心集体,团结同学,办事认真,乐于为同学服务,学习成绩优异,具备一定的组织能力,能给全班同学做表率。班长、学习委员、纪律委员、宣传委员、劳动委员、课代表、小组长要知道各自的具体职责是什么,以职责约束他们的行为,让他们以此为目标为班级服务。利用职责规范班干部的行为,就能科学管理,从而发挥班干部的作用。第二,大胆使用。既然班干部是由民众选举而产生,班主任就要充分信任他们,大胆把班级事务交给他们去做。当班干部工作出色时,班主任要及时进行表扬,帮助他们树立信心,并经常对他们的工作态度表示肯定,这样就会让他们感到自己的工作是有价值的,从而有工作的热情与主动性。当班干部工作出现失误时,在必要的时候班主任应出面向全班同学解释班干部的工作意图、难处,以求理解与支持,并主动承担责任,以维护班干部的威信。充分信任班干部,做他们的坚实后盾,班干部才没有后顾之忧,就会放开手脚大胆工作。通过大胆任用班干部,放权给他们,做其坚实后盾,才能使班干部自如地运用手中的权力,也使他们了解自己的责任有多重,从而尽职尽责,发挥自己最大的力量。

最后,搭建平台。管理班干部不如去发展和培养班干部的能力。如果班干部已经有了自己的工作思路和方法,可是没有什么机会来展示,这样对班干部的培养和发展也是很不利的。这时班主任可以为其搭建各种平台,放手让他们组织开展各项班级活动,放手让他们自主管理班级各项常规工作。比如学校组织的春游、秋游活动就可以让班干部策划各种各样的游戏活动;每天的晨间谈话也让给学生,除了汇报前一天的班级情况外,还可以补充国内国际时事论坛等活动。班主任只有想尽办法提供锻炼的机会,才能使班干部的工作能力迅速提高。

总之,班干部队伍是班级的骨干力量,班干部素质的好坏,直接影响着班风的优劣。因此,班干部的产生和管理十分重要,我们要给予全班学生当干部的机会,民主选举;本着培养和发展班干部能力,打造良好班集体的原则,进行班干部的管理和使用。

36 培养优雅气质

　　一个人的气质是内部修养、外在的行为谈吐、待人接物的方式态度等的总和。优雅大方、自然的气质会给人一种舒适、亲切、随和的感觉,使人在社交场合受到欢迎,增加成功的概率。培养学生的优雅气质,也是让学生形成良好精神面貌和思想品质的需要。我们强调人的精气神充沛,那么对学生来讲也需要进行这方面的培养,为此我们采取了教师示范和引导的方法,并结合课堂教学和学生的日常生活,利用各种活动,循序渐进对学生进行优雅教育。

　　先做一名优雅教师。我们通常把具有宽阔的胸怀与包容的心态、渊博的学问和丰富的阅历、不懈的追求及创新的意识、不凡的谈吐和超脱的气质当成教师的形象,我们说教师应给人一种优雅的形象。优雅是一种艺术产物,在这里我们不得不谈教师的教育艺术,无论是学生的管理还是教学艺术,都与教师具有优雅的气质分不开,同时教师的优雅气质感染着学生。我们认为,教师的优雅气质必须具有两点,一是具有包容的胸怀,二是具有健康的心态。包容的胸怀才能打造和谐的班集体。教师与学生存在着年龄与阅历的差距,学生的许多说法与做法,让老师感到不能容忍。这样就会出现一些不当的方法去处理这些问题,因此,教师具有包容的胸怀,就能有爱心、耐心处理班级问题,与学生打成一片。可见包容对教师提升气质和修养是十分重要的。健康的心态也是非常重要的,教师要具有符合自己身份的仪表风范,又要了解学生的情绪和品性等。老师只有自己先做好这些,才能搞好育人教书。我们把教师比成人类灵魂的工程师,自己应该先给学生美的享受,利用语言美、心灵美促动学生的灵魂。而教师的仪表、气质是由内而外散发出来的一种逼人的魅力,这些都是其他东西无法代替的。在教育中,教师要能了解学生的情绪,控制学生的情绪,并能激励自己。教师不能带着情绪上课堂,这样会影响学生的学习效果。要做到这些,就要做到对学生负责任,用健康的心态与学生和家长进行交流和沟通。真正做到去观察和了解学生,如果带着情绪去做,就会失态,也就是会丢掉教师的优雅气质。当学生因考试成绩、同学关系、家长批评、心理障碍等因素而情绪低落时,教师要善于引导和帮助,教师做到利用正确的心态去教育,那么对学生的心理发展就会有帮助。

树立优雅教育目标。教育有总目标,如果我们把这些目标进行细化,那么我们培养学生具有优雅的气质,也应该有优雅教育的目标,那就是全方位地培养优雅学生,让学生具有优雅大方、自然得体的气质。凡事有了目标,才能有付之于行动的方向和动力。但是优雅教育又包含了多个方面,比如仪态、行为、语言、性情等,这些都需要开展具体的活动,让学生参与其中,以此培养学生的优雅气质。对于仪态方面,我们可以开展文明礼仪、尊师重教等教育;行为方面可以开展环境护卫活动,美好校园建设活动;语言方面吟诵经典,表达温暖;性情方面,让学生会礼让、会问好、会游戏,脱浮躁之气,修雅正之情。通过这些活动提升学生的受教育水平,让他们真正成为一名优雅的少年! 同时,我们还要鼓励学生把在学校学到的礼仪带回家,纠正父母不文明语言、行为,把学校的优雅之气,迁移到家庭和社会。这样,学生就能用自己身上所散发的优雅气质去影响别人,影响社会,长期下去就能让学校、家庭和社会形成一种文明、和谐的氛围。为此,对学生优雅气质的培养,需要有一个总的目标,再根据目标指导各个方面的活动,这样就做到了有目标、有计划、有效地开展优雅教育。这样就会在目标的指引下,循序渐进地培养学生的优雅气质,让学生精神面貌焕然一新。

选择合理服饰打扮。服饰打扮也是一个人气质的体现,往往我们要求学生穿着朴实、得体,提倡他们穿校服。服饰是一个人精神面貌的体现,得体的服饰会给孩子的气质锦上添花。在学生穿衣打扮时,要告诉他们应以自然、朴素、大方、美观为原则，不要过分追求奇装异服，以防学生养成过分追求穿戴，自我欣赏，爱虚荣和任性等不良习惯。比如，学校规定每周一集会和学校活动时，一定要穿校服，这是在正式的场合，让孩子懂得纪律和约束；到了表扬的时候可以穿艳丽的衣服，这些都是基本的礼仪要求，我们要让孩子知道并遵守这些。另外穿着也要体现艰苦朴实和勤俭节约的精神。譬如有亲戚朋友家孩子的衣服，也可以引导孩子接受资源的合理利用。教师也可以将自己穿不下的衣服捐赠给需要的人，避免浪费资源，为环保贡献一份绵薄之力，这是一种勤俭节约、艰苦朴素的精神。

当今社会依然要发扬这种精神，这也体现了服饰着装内在修养的意义。学生的穿着打扮也体现了学生的气质，优雅的气质就需要孩子穿着朴实、得体，符合当代青少年的要求，而不过分追求那些奢侈，昂贵的装饰。无论教师家长，都要积极引导学生养成良好的衣着习惯，让他们散发着优雅气质。

37 树立正确的金钱意识

金钱意识是指金钱类事物及其社会作用在人的头脑中的主观反映。无论是成人还是孩子都有这种意识，而对于孩子来讲，他们处于一个模糊的阶段。对于理性一些的孩子，他们能够认识到金钱可以买到东西，但是没有思考钱是如何来的，更没有想到金钱是创造的结果。这也充分说明了孩子的创造意识是有限的，对孩子来讲，具有什么样的金钱意识才算可以呢？其中包含了三个方面：

让孩子知道金钱是哪里来的。很多孩子不知道钱从哪来，需要钱的时候只知道向家长要。无论是家长还是老师，都可以告诉孩子钱是辛勤工作换来的，让孩子们知道这些钱是来之不易的。既然谈到工作的问题，那就要谈到如何认真工作，刚开始要学习，有了技能，要更加辛勤付出，才能创造价值，这种价值就可以换了等值的金钱和物质，还有精神的愉悦等。其实，我们也可以给孩子布置一些任务，让孩子去做，做得好就给一些零花钱，他们也能认识到钱的作用。孩子们会体会到父母的辛苦，他们在花钱的时候，就会谨慎考虑钱该如何用。另外还可以告诉他们爸妈是工作了一个月才能领一次工资，把工作单给孩子看一看，他们就会明白钱不是天上掉下来的。

让孩子学会正确使用金钱。会使用金钱，不是会去买东西，而是会进行计算，再到后来还会进行还价等。有些人，可能认为这是成人干的事，但是也一定要让孩子知道买卖可以讲价的。对少年儿童来讲，他们在学习中也会遇到买东西的问题，利用多少钱买多少东西，这也是一种算理，数学学习中已经渗透了这样的知识，而现实生活中该如何去操作？和孩子去购物，一起吃早餐的时候，让孩子先算一算，然后去付账，这样就无形中培养他们的金钱意识,同时也要利用学生对数学计算的理解和掌握。刚开始孩子花钱不会考虑价格,但是随着年龄的增加就会考虑得多一些,他会告诉父母要多少钱,买哪些东西,孩子们会先进行计算,而其花钱的针对性也更强。这就是我们在生活中,让孩子去花钱的结果,就是孩子对钱的感知和体验程度提升了。

让孩子树立储蓄金钱并合理分配的意识。但是,很多家长认为孩子不是创造者,他们存钱和分配是没有意义的。但是现实当中,很多成年人的思想和行为都是在幼年时形成的,这一过程是在不断地辨识中发展的。为此,孩童时期,我们让孩子进行体验存钱和分配,就具有一定的意义,孩子对事物的概念和现象的认识,也有一定的过程,特别是新事物要不断地进行辨识,才能形成正确的认识。日常生活中,孩子存钱的渠道大致有两种,一种是过节大人们给的,一种是买东西剩下的零花钱给了孩子。首先,我们要培养孩子的金钱意识,就应该给孩子一些空间,让他们把钱存起来,等有用的时候再拿出来用。其实孩子也愿意这样做,我们把这些权利交给他们。比如,孩子知道了哪天是妈妈的生日,会把钱取出来给妈妈买个小礼物,这样就说明孩子在思考钱该怎么用。其次,我们也可以给孩子布置一些任务,让孩子去做,做得好就给一些零花钱,他们也能认识到钱的作用。同时存钱和分配,也可以培养孩子节约的习惯,他们会想到我们把钱存起来将来可以买到自己喜欢或者更有用的东西。

随着市场经济的进一步深化,社会竞争的日益激烈,整个社会对金钱的认识已发生了根本性的变化。拜金主义固然该批判,但金钱在人们的脑海里已占据举足轻重的地位。因此,随着孩子的逐渐长大,家长应该适当地给孩子一些零花钱并由他们自己计划支配,这可以使他们从小有机会接触钱、了解钱的用途并学会如何使用钱,从而逐渐树立正确的"钱意识"和"价值观",使他们在成长中逐步适应竞争的社会,这有利于他们的生存和发展,并可能使他们成为一个高尚的人,一个有道德的人,一个脱离低级趣味的人,一个有益于人民的人。

38 美好的品质会"传染"

一次下午放学后,发现两名同学高高兴兴地向操场这边走,其中一位同学把一包零食给了另外一个同学,自己也拿了一包。当他们正准备打开零食包装袋的时候,一位同学用力过猛,零食掉到了地上,他们一起把这些零食捡起来,然后放到垃圾车内,洗完手后,他们俩又高高兴兴的共享了仅有的一袋零食。看来这两位同学一定是很要好的朋友,能够分享食物,而且很有默契地去处理垃圾,洗手等,这是良好的行为习惯。平时老师和家长教育很到位,孩子们也按照要求去做了,他们这样默契,确实值得称赞。

适当称赞孩子的分享。他们有两次对食物进行分享,第一次把两袋食物进行分享,然后是把仅有的一袋进行分享。我想无论是谁与谁分享,这次的分享者,下次肯定把食物分给现在分给自己食物的同学,因为分享是相互的,这样才能建立真正的友谊。我们在日常的教育中也有一个学生是这么讲的,你要想交到好朋友,就要主动帮助别人或者分享自己的东西,这里不仅仅是食物,当然还包含了玩具,书等。在每次的读书会上,我们都要求孩子拿自己的书与别人交换,这样我们可以获得更多知识,同时还能交到好朋友,很多同学都深有体会。在多次的交往之后,孩子就会找兴趣和爱好相同的孩子,这样就会成为好朋友。这让我想起了自己家的两个孩子,孩子间虽然有年龄差距,但他们玩的东西和吃的东西不太一样;大人每次都会告诉他们要一起吃,姐姐要把食物给弟弟吃,弟弟也要把食物给姐姐吃,一段时间后,弟弟拿到食物经常会给姐姐吃,这就是一个好的教育效果。学习也是一样,孩子分享东西,那么他们之间就会形成一种默契,不在于他们年龄和性别的差异,在于我们是怎么教他们做的。

孩子具有良好行为习惯。卫生习惯也是日常培养出来的,孩子从幼儿园开始就要讲这些,我想还是看孩子愿不愿意干。零食东西掉在地上不能要了,一起捡起并丢进垃圾车。这说明孩子们本来就有良好的卫生习惯,如果是再小一点儿的同学有可能拿起来再吃。不过这两位同学好像是五六年级的学生,他们已经有良好的卫生习惯;他们还去一起洗手,捡完地上东西的时候当然要洗手,这也是良好的卫生习惯。我们在教育孩子的时候,告诉他们吃东西前后要洗手,在低年级的时候,还往往让孩子先回答这个问题,从而提醒他们该怎么做。我们在教育孩子养成良好的行为习惯的时候,要不厌其烦地去说,孩子忘得快,多讲,并鼓励孩子去做,他们坚持了一段时间后,就能养成好的习惯。对孩子习惯的养成,不仅需要老师教育,还需要家长的监督。比如,孩子做作业的习惯。孩子在中午和下午放学都要做作业。中午的时间短,基本都是吃饭后,让孩子把一门作业做完就行了,而到了晚上的时候就要完成两科作业。晚上,我要求孩子先做一个小时的作业,然后吃饭,如果没有做完,就再做,做完后可以看课外书或者玩别的。这样长期坚持下去,他们就会养成做作业的习惯,如果不这样做,先玩后做作业,就有可能完成不了。同时做作业的时候,还要劳逸结合,交替进行。

孩子之间会更有默契。他们有相同的习惯,或者有同样的想法,东西掉了,一起捡起,那只是一个眼神的交流,就完成一件事情,看来只有很好的朋友才能做得到。我们一般情况,把这种要好的朋友称为知己,最了解自己的朋友。其实我们生活中还真的有这样的朋友,但是不多,这样的朋友知道你的需求,便能满足你的要求,配合你共同去完成某些任务,这样你们的感情就会加深,从而成为真正的好朋友。这就让我想起了以前中小学时候的朋友感情很深,那时是纯洁的友谊,而到成年之后交的朋友很多都是为了某种目的,真正尊重和喜欢的人未必很多。

孩子自己在受到身边同龄人优秀品质的相互感染后,有时会让我们这些大人们觉得应该向孩子们学习,相较于成年人而言,有这种默契的关系的朋友已经很少了。我们应该为孩子之间的友谊鼓掌,同时也希望他们能在将来保持这种默契不变,感情更浓。

39 也谈科学阅读

　　纵观学生的阅读内容,大部分是以故事情节的阅读材料为主,而缺乏更为广泛的科学材料的阅读。故事蕴含很多做人的道理,但是缺乏一种知识全面性,比如生物、物理、化学、地理方面的知识。这也造成了学生知识结构的不完善,让学生阅读科学方面的书籍,不仅能够丰富知识,拓展视野,也能提升学生科学阅读的能力。学生要想提升科学阅读能力,大致可以从三个方面入手。

　　科学教材的阅读。科学教材中有每节课的内容,比如,实验要求、实验问题等。通过对科学课文的了解,能够让学生积累一些科学方面的技巧和方法,这为下面进行实验操作和实验分析奠定了基础,这也是科学教学中必须掌握的内容。在每单元的后面都有一些科学史,对阅读科学史的作用是非常大的,这些内容是单元的拓展和深化,学生了解了这些内容后,就能进一步认识科学世界。比如,在学习完三年级植物单元的内容后,单元的资料库中为学生准备了"植物的寿命有长有短""令人惊奇的植物""植物需要阳光""植物繁殖方法多"等材料让学生阅读,材料的内容丰富,而且有趣,这样就能激发他们的兴趣。单元后面的阅读材料与单元内容紧密结合起来,让学生的科学知识更加丰富,这样就提升了学生的科学素养。课本是我们学习的依据,对课本的阅读是学习科学的基础,如果能够好好阅读,明白其中的道理,并运用其中知识和技能解决问题,就发挥了阅读的作用。

　　课外科学书籍阅读。儿童课文阅读的书籍也比较多,作为家长可以给孩子每年订一本期刊或者是买一套书等。学生订阅的书籍很多都是与写作有关的,比如作文、故事绘等方面,而轻视科学方面的书籍。为此,作为科学教师可以给孩子们推荐一些书刊,期刊类有《青少年发明与创造》《小学科家》等,这里面很多都是一些奇思妙想和创新实验,学生可以通过阅读发展自己的思维。书籍类可以订阅《十万个为什么》《科学实验 100 例》。其中《十万个为什么》包含了动植物、地理等发明的探究,解释了其中现象的本质;《科学实验 100 例》中的小实验,学生可以在家长的辅助下做一做,可以增长学生的知识。这些都是课本中没有的,我们通过课外阅读增加自己的科学知识,丰富自己的科学素养,这是很好的学习方式,特别是学生知识结构方面的完善,也促进了学生全面发展。在购买和阅读前,要从两个方面考虑:一是要考虑年龄,不盲目去买;二要考虑到孩子的兴趣,可以引导孩子先看看导读,从而激发他们的阅读兴趣,省得孩子被动阅读。

科学阅读应该是动态的阅读。随着网络技术的发展,学生可以通过视频栏目了解更多的科学信息,从而获取真实的感受。这里面有发现问题、解决问题的过程,这其实也是学生科学思维的一种培养,科学阅读不仅仅是知识的丰富,还是思维能力的培养。很多节目产生的作用非常明显,只要我们去看,去思考,就能得到很大的收获。比如,电视栏目中的《人与自然》《创造发明》等都是揭示科学道理的内容,在《人与自然》我们可以了解到人类与动物生产环境和生长过程,揭示其中我们不知道的奥秘。而《创造发明》是日常生活中人们的一些创造发现,非常有意思,从中可以体会到了人类的智慧。网络上的科技视频栏目也很多,比如一些科技网站,不仅有文字性的文章,还有科技探究视频,在网上进行分享,这是学生阅读和学习的一个频道,我们利用网络就能实现。当然孩子是处于一个好奇、好动的时期,我们要给予学生机会,让他们在阅读中辨别发展的方向。视野开阔,知识积累,都为孩子动手和创新奠定了基础。

孩子的阅读要具有全面性,不是文学和说理形式的,而是要深入到科学中。我们可以结合课内书本、课外书本和媒体等让孩子的阅读渠道变宽,从而提升孩子阅读的质量。由于学生的年龄小,作为科学老师和家长要认真指导和引导孩子阅读,给予他们科学阅读方面的支持,不仅给他们购书,而且要陪伴他们阅读等,让他们真正享受科学阅读的快乐。

40　以活动促德育体验

　　学生获取知识和技能需要一个过程,特别是感知和体验的过程,德育教育也是一样。体验式德育固然是德育教育较为常用的一种方法和手段,但若缺少特定主题的引领,也可能出现目的不明确,效果不佳的现象。为此,我们可以采用主题活动的方式对学生进行情感体验,以此进行行为规范,从而形成良好的班风。在主题活动中学生对情感本身经历感受而形成健康的情感,这样就有利于班级管理,让学生回到正确的成长轨道。

　　抓住教育时机。什么时候最适合开展主题活动体验德育教育,我们要寻找时机,并对活动进行精心的设计。一般情况我们是根据上级文件精神或结合一些传统节日等,把活动融入进去。比如,上级文件精神中,经常会在规定日期开展雷锋日,安全教育月,还有一些临时的纪念活动等,这样我们就可以把它与本校的实际结合起来。另外,我们还可以根据节日,比如父亲节,开展主题活动"感悟父亲",让学生以主题征文的形式,写一写和父亲的交往,怎么感恩父亲的养育之恩。"母亲节"来临之际,开展"我替妈妈做一天家务"活动,以这种形式体会母亲的辛劳,懂得感恩。国庆节来临之际,可以开展"纪念烈士活动",由学校组织孩子们去烈士陵园瞻仰烈士,让学生懂得今天和平与发展,是由先烈的牺牲换来的,我们要珍惜,进而培养他们的爱国情感。植树节来临之际可以开展"种树换绿洲"的活动,让孩子们每人种一棵树,让孩子们明白绿化的重要性。这样我们就能够抓住教育的时机,把德育教育巧妙地融入主题活动中,从而提升了德育教育的实效。

　　注重体验过程。以往的德育教育只是流于形式,就算有一点儿效果,也是不理想的。为此,我们的德育教育要从过程和效果两个方面入手,其实没有体验的过程,何来理想效果。我们要重视深化教育效果体验的过程。我们要学生参与其中,体验和感受,从而形成良好的情感。例如,在上级的文件精神引领下,要求学校开展打造美丽校园活动,我校结合实际,开展了"竞评美丽学生"活动。而这一活动正是让学生全部参与其中,时间是一个学期,我们根据学生的"德、能、勤、俭、创",以活动的形式,让学生从以上五个方面对自己进行评价,从而培养学生良好的行为习惯,促进学生的健康发展。德,从学生是否违纪,是否有帮助他人的行为等方面,根据情况进行计分。能,主要体现在课堂,看看孩子课堂中回答问题能力、合作能力、组织能力等,勤,主要是学生考勤,是否迟到、早退等。创造能力,主要是学生是否有文章在期刊发表,是否有创造和发明等。这些都是在具体的活动中体现出来的,"竞评美丽学生"是一个大的环境,学生在兴趣活动、文体活动、竞赛活动、实践活动中有了发挥的机会,从而让他们体验过程。学生在体验的过程中,就会形成儒雅、和谐、阳光的气质和积极向上的动力。

深化教育效果。对于德育教育的效果,我们要激励学生、赞赏学生,从而强化学生对主题活动的认识。让他们认识到开展活动就是培养他们健康的情感,促进他们成人成才。强化的形式也是多样的。比如可以让学生撰写活动后的感受;也可以让学生对成果进行汇总,可以是文字、图案等。然后进行交流活动,让学生的思想得到碰撞,提升认知的效果。还有一种形式就是进行评价,通过评价的形式收到教育的效果,对活动中表现好的同学提出表扬,给予适当的物质奖励;也可以给一些学生授予荣誉称号,以激励他们今后更加积极地参与这样的活动,也为其他同学树立榜样,所以评价也是很好的深化德育的方式。最后,就是延续主题活动。有些主题活动是结合一定环境开展,学生在这些感悟的基础上,号召他们在日常生活中去实践。比如,孩子帮助几次父母干家务之后,体会到父母的辛苦,孩子们就会在自己闲的时候,主动帮助父母干一些力所能及的家务,这样效果就呈现出来。

德育教育是学生教育的重要组成部分,我们要用一个合适的方式开展,让孩子参与和体验,从而形成健康的情感。我们开展主题体验式活动,与班级管理结合起来,形成良好的班风,让学生行为得到规范,形成良好的品德,从而助推班级管理的实效。

第三章　身教胜言传

　　家庭教育是学生教育的重要组成部分,关系着学校实施素质教育是否成功的关键。在孩子学习能力的培养、道德品质的形成、性格的塑造等方面起着重要的作用。家庭是人生的第一所学校,是学校教育的基础和重要补充。学生时代是人生的黄金阶段,是人生发展过程中的重要转折点。教育不仅是学校、教师的责任,更是家庭、社会共同的责任,许多年来,学生的教育问题一直为我们的社会、学校、家庭所关注,为此,教师与家长合作共同解决家庭教育问题意义重大。要抓好这个关键时期的教育工作,必须遵循学生身心发展的规律,塑造学生健全的人格,促进他们的全面发展。

41 家长要对孩子说"不"

我们都知道孩子的良好行为习惯都是在幼年时期形成的,这也凸显了幼儿教育的重要性。特别是家庭教育对幼儿的作用。我作为一名教师同样是家长,不仅要教育好班级中的孩子,还要教育好自己的孩子。儿子今年两岁多,由于我和妻子在学校工作,都很忙,孩子基本是爷奶带着,只有中午、晚上才与孩子在一起,到了周末要好一些,我会和孩子多玩一会儿。我想这也和很多家庭的情况一样,孩子基本都是老人带大的。

最近和孩子一块玩的时候,我发现孩子有两个不好的习惯。第一个毛病就是以自我为中心。吃东西时,觉得所有的东西都应该以他为主,别人都要让着他。作为成人,我们都明白,孩子在最初时是没有规则意识的,如果总是这样惯下来,后果就无法控制。这需要帮助孩子树立规则意识,也就是要让孩子懂得规矩。比如,孩子吃东西,他觉得这个东西很好吃,就还要吃,直到吃饱,但是这只是零食,辅食,不能当饭吃。儿子就是这样,每次吃零食,都要吃饱,吃了第一个,还要第二个,甚至更多。如果不够,就哭或者是躺地上,而到了吃饭的时候,又不好好吃。作为家长,三餐我们都希望孩子吃饱。但是现在遇到这情况,还是挺棘手,不很好处理,以后难纠正。第一种方法当然还是要进行语言的引导,可以告诉孩子吃多了肚子不舒服,而且告诉孩子过一会吃饭的时候,还有很多好吃的,要等一等。第二种方法,就是告诉孩子,家里没有了,让他看看只有一个空袋子。第三种就是在孩子吃东西之前,告诉孩子每次只能吃一个或一种东西,这样他们就知道了要怎么做。如果我们一开始这样教育,就不会出现儿子现在的情况。现在只能让他坚持几次,才能改过来。孩子刚开始就是不太愿意,又是哭,又是躺地上,甚至自己去找东西吃。当以上方法都不行的时候，我们就不要管他，过一会自然就会好了，因为他看到自己的需要不可能实现的时候，就会妥协。这就是孩子多变的性格，他的注意会转移到其他方面，或者去玩玩具，等等。

第二个毛病就是走路时，喜欢低头。对于这个问题，我进行分析，主要原因就是看手机看的，孩子看到大人玩手机，他也要玩，见到大人回家就要手机。现在已经会看动画片和玩一些小游戏，不给就会哭。长期下去，这个走路低头就形成了。为了解决这个问题，我们在家里定个规矩，就是大人不能当孩子的面看手机。如果孩子要看手机，我们会选择让孩子看会儿电视。也许刚开始孩子不适应，会吵闹，但是坚持几次就好了。另外还有一个方法，就是带孩子多到户外去活动，转移注意力，不能天天待在家里看手机。有了其他的玩法，孩子就不会只做一件事。我想如果家长平时不注意孩子的习惯培养，孩子就会出现一些不良的习惯。我们不能任由孩子发展，不然后果非常严重。因此，对幼儿教育要巧妙地引导。

第三个毛病，就是自己太独。主要表现在，自己拿的东西别人不能拿，如果拿，就会打你，无论你是大人还是小孩；还有一种就是别人拿的东西，他觉得好，就会去抢过来。在这两种情况下，就会发生争执。我从中看出，孩子不懂得分享。这与平时的教育也是有关的，无论是吃东西，还是玩玩具，都要学会分享，不然就容易没有朋友。别的家长也不会让自己的孩子和你的孩子玩。很多人都知道其中的道理，为了孩子与其他孩子在一起游戏，在玩之前，还是要嘱咐孩子不要打架。孩子之间的冲突是避免不了的，就要进行引导和教育。对孩子的教育不能没有惩罚，但是适当就行。有时候说教的效果不好时，示范和适当的惩罚会起到很好的作用。

孩子有不良的行为习惯，家长发现后，要认真查找原因，寻求好的解决方法，并进行实践。方法不合适，再进行改进，直到让孩子改掉陋习。孩子的教育不能等，家长要细心观察，发现孩子的不足，及时进行针对性引导和教育，从而让孩子的良好习惯和优秀品格得到完善，促进孩子健康成长。

42 生活需要仪式感

从小孩到大人到老人，每个人都有属于自己的生日。上一辈人，由于当时的条件不好，很多长辈根本就不过生日，甚至都快忘了自己的生日了。随着时代的发展，人们生活越来越好，仪式感在每个人的心中变得越来越重要，不管是生日，还是其他的纪念日，都会在这样一个独特的日子里，给自己和家人一个难忘的回忆！

女儿今年要过八岁生日，没过生日之前，就想好要什么样的生日礼物。原来她想要一个电话手表。刚开始，我不太赞同她的想法。主要是我觉得电话手表没有什么用，但是女儿说，我自己到广场去玩或者去奶奶家，到了之后可以给你打电话，这样可以报平安，省得担心。想想也是这么回事，这个东西关键的时候可以用的，平时也就是一个看时间、定闹钟的作用。

我先到网上了解一下情况，有人说这个手表有辐射问题，由于没有权威的论证，因此也搞不清楚电话手表的辐射会不会对人体有危害。另外还了解一下价格，在网上看了360的产品，几个不同，一个是材料，另一个是功能，对于刚上二年级的小学生来讲，功能够用就行了。接下来到商城了解一下情况，商场中的小天才和步步高都非常贵，价格在800~1000元，这可以买一个智能手机了。但是孩子还小，他对这些东西的质量不是太了解，只告诉我买一个粉色的就行了。

考虑到经济效益和实用性，我决定在网上给孩子购买一个。我觉得品牌的效应固然好，但是价格太高，我们也不知道质量如何。但是在广告费和店面费方面，就需要很多的投入，决定还是在网上买个能用的就行，电话手表到了之后，女儿也很喜欢，也就花了两百元钱吧。但是电话手表戴好之后,却产生了一个小风波,弟弟看见了也要戴,这下就产生了矛盾。为了让他们能够各自安好,我们来到商场,到了卖儿童手表的店里,买一个带佩奇的粉色电子手表,才解决了这个问题。看来孩子之间也有攀比的现象,有什么大家都要有,这样才能安静下来,特别是更小的孩子。

平时到了过生日的时候,都会给孩子买套衣服,但是随着女儿长大,她的需求就不一样了。另外到过生日的时候,女儿还有个心愿就是要和好朋友以及邻居小朋友一起吃生日蛋糕,分享自己的快乐。孩子们一起就是热闹,美好的童年,让我们这些大人还有点儿向往。但是在我们家里大人几乎不过生日,小时候也没有像现在这样,随着时代的发展,每年送给孩子一个礼物留个纪念,想给孩子一个快乐的童年。

我们经常会听孩子讲自己什么时候过生日,到生日那天要干什么等,这些都是孩子们向往的,我觉得孩子过生日留下的美好记忆才是最好的,自己成长了,大人们也放心了。童年无忧无虑,作为大人就要给他创设一个良好的生活环境,促进他们健康成长。生日礼物是少不了的,也是家长的一份心意,只要孩子们开心,我们就会努力去做。

女儿去年过生日的时候,给她买了一辆自行车,虽然还没有学会,但是孩子愿意去学,只是平时我们家长的时间太少。为此,我们不仅要给孩子买礼物,还要多陪伴孩子,帮助他们完成自己的心愿,这才是对他们最好的奖励。

43 孩子也是"智多星"

寒假马上要结束了,于是叮嘱孩子整理一下上学需要的东西。特别是文具什么的。女儿上小学二年级,平时能自己做的事,我都要求她自己去做。听说快开学了,她自己也很高兴。练完字,看完故事书后,就开始整理自己的东西。她主要整理了文具,寒假作业等,这也是开学第一天要用的。在整理过程中,我要求她把这些东西整理干净,整齐,然后放到书包里。

女儿在整理学习工具的时候也整理了削笔器。这种削铅笔的工具,里面有很多铅笔屑。铅笔屑大部分可以倒掉,可是还有一部分依然在里面。以前我帮助她清理过,这次要她自己想办法解决。她用小手把削笔器摇动起来,再用铅笔尖把里面的碎屑弄掉,里面看起来已经干净了。但是她的小手和削笔器的外面有很多铅笔铅灰。于是,我告诉孩子,用布擦一擦削笔器,把手也洗一洗。可是女儿告诉我,擦不掉,她想用橡皮试一试。最后,真的把铅笔铅擦掉了。于是,我连忙表扬了女儿,夸她聪明。其实孩子想法我也没想到,很简单的想法,橡皮擦铅笔铅,结果真的把问题解决了。本来还说擦不掉,让孩子用一点洗手液试一试呢。现在有方法了,还是孩子自己想的,我们就让她积极去实践。

文具整理完以后,女儿就开始整理自己的寒假作业、日记和练字本等。这些都是老师布置的寒假作业,老师要求开学时上交并检查。特别是语文老师布置的不仅是寒假作业,还有十篇日记,一个练字本。在寒假生活中,孩子把有意义的事,有趣的事都记录了下来,这样正好十篇,完成了老师布置的任务。但是在整理日记的时候,女儿告诉我,中间有好几项是空的,写日记的时候没注意多空了几页。如果交给老师,后面的日记老师就可能看不到了。女儿说："不如把里面空白页撕掉吧。"我说这样不行啊,日记本一撕掉,其他页也会掉,那么本子就散开了。然后订书机又订不住,因为这种本子太硬。女儿又问:"有没有胶水什么的?"我说:"用完了,一会儿去买。"接下来,他向我的书桌看了一眼,并告诉我,可以用订书机订住空白的纸。我说这个主意可以,订书机给你用吧。这个问题女儿也解决了,订书机订住后,还可以去掉,空白页可以当演算纸用的。最后,女儿完成了开学的准备工作。

孩子遇到了问题,通过自己的思考解决了问题,确实值得称赞。这其中有两个原因。一个原因就是解决的问题与自己的实际生活有关,还有一个原因就是思考习惯的培养。第一个擦铅笔铅的问题,日常孩子写错字就是用橡皮擦掉的,自然会想到用橡皮去擦削笔器上的铅笔铅,这样就解决了问题。这也与孩子的实际生活联系起来,并对常识进行了迁移。第二个问题就是多余纸张的处理,通常就是把这些纸张撕掉或者粘住,但是日记本不能这样做。一旦这个纸破坏后,就很难恢复原样,而孩子选择使用订书机来处理,恰到好处,事后还可以把日记本恢复到原样。孩子处理问题的思维很简单,但是我们大人反而想不到,这充分说明孩子的智慧也是无限的,发挥好就能解决很多问题。

因此,我们在教育孩子的过程中,千万不要小看孩子。我们要充分发挥他们的潜质。鼓励他们把自己的经验和奇思妙想都展示出来,然后去解决一些问题。虽然他们的思维比较简单,但是也能够解决一些实际问题。为此,我们要给孩子表现的机会,并善于引导他们,让他们按照自己的方法去实践,从而验证自己的想法,进而得到更多的启示。如果我们把问题放在课堂当中,那么一个问题还有更多的解决方法,因为孩子的智慧是无限的。我们作为家长或老师一定不要小看孩子的智慧,他们有他们的世界,有他们对事物的看法,作为家长和老师要多鼓励他们动脑,动手,从而实现自己的看法。

孩子的智慧是无穷的,我们要及时对他们进行引导。他们的这种智慧也是在日常生活中得到发挥和展示的。我们要鼓励他们多思考,多动手,从而解决问题。对孩子进行引导,挖掘其潜能,其实就是培养孩子解决问题的能力。作为家长或老师,我们要有这种思想,孩子能做的就要放手让孩子去做,不能做的可以引导孩子自己尝试着做。

只有让孩子多动脑,多实践,他们才会形成一定的能力。这就涉及知识和生活经验运用,有的孩子会用,而有的孩子不知道怎么用。知识运用同样重要,学习就是为了用。如何用,要找好切入点,这十分关键。当然这些问题与孩子的生活相关,还与孩子的思考能力相关。

44 陪伴比金钱更重要

家长是孩子的第一位老师,也是永远的老师。每一个人都曾经在家里当过"孩子"或"家长",家庭教育要伴随人一生;不管你曾经是孩子的角色还是家长角色,家庭教育是永远存在的。家庭教育虽然不像学校教育正规却比较"自由";虽然没有课表却随时可以"上课";虽然没有教材却总在家庭成员中"阅读"。家庭教育在充满亲情的互动中增加了认同的难度,又在血缘关系的融合中容易失去教育的尊严。

子女是本书,父母是作者,老师是编辑,而社会才是真正的读者。子女长大了不爱自己的父母,十有八九是父母不曾爱过自己的子女,或者爱过,却是溺爱、暴爱。所以家长要向子女学习,揣摩他们的心理,模仿他们的行为,熟悉他们的个性,与他们融为一体,这是家庭教育的基础条件。做父母的不要在孩子面前有任何放肆的言行表现,要知道所有这一切都会成为子女心灵的阴影。在诸多环境中,最早最直接最重要的环境,应该是家庭教育的环境;所以,精心构建一个温馨和谐、充满幸福的家庭,就成为发挥家庭教育功能的前提条件。

家庭教育是以家庭为单位,以血缘为纽带,以亲情为基础的一种教育,每一个子女,都是谁生育,谁教育,谁培养,谁依靠,这在中国传统观念中是不可颠覆的常规。然而社会加速发展,生活节奏的加速和生存难度的加倍,使不少父母采取了阶段性和程度性分离的办法,由他人代养的办法对子女进行养育。如交给父母长辈管教,托付亲友帮养,请保姆,寄住学校,诸如此类的做法,使孩子的内心非常孤独缺乏感情的交流,无异于降低了对子女的教育质量,取消了家庭教育中最富有的优势和特色,家庭教育自然会黯然失色。一段的省心、省时、省事，往往会创造出一生的痛苦、痛心和痛伤。例如：沈阳某大学经济管理学院的一名学生是富家子弟，到学校报到由三个年轻人陪同可以说是前呼后拥；可他却一点也感觉不到幸福，反而妒恨一个来自偏远山区的穷同学，妒恨穷同学的浓浓亲情；夜里还经常偷偷地哭，有一天清晨在校园一个僻静的杨树林里怒骂自己的父母："某某和某某，我恨你们！你们就知道挣钱，根本不把我放在心上！不爱我为什么要生下我！你们觉得给我钱就够了，可我比俺班最穷的×××还穷，他有那么疼爱他的父母，我有什么？"而且很痛苦地狠狠地用拳头砸着树干，好像那树干就是他无情的父母。要是父母看到这一幕，不知道有多么的伤心和自责。

再如，一位亲戚说他的儿子13岁了，可从没有叫过一声爸爸妈妈，给300元、500元可就是不开口；他非常伤心，十分后悔不该丢下孩子外出打工，而忽略了对儿子的家庭教育。可以想象任何家庭遇到了孩子不认自己父母的事，都是无法接受的。可怜天下父母心，父母都是为了孩子在打拼，但是忽视了对孩子的教育，这样钱是挣点可丢失了亲情。

又如身边一个邻居，这位邻居的儿子，由于小时候是在外婆家长大的，父母每次只是把学习和生活费寄给外婆，而回来的次数很少。所以每次回来都是非常溺爱孩子，要什么买什么，要钱就给钱，结果小孩子慢慢长大了，由于外婆外公年龄大了，无法顾及小孩到镇上初中后的学习、生活情况，再加上学校是寄宿制，这样学生也就一个星期回来一次，无法及时监管。学生在上学时去网吧上网、早恋，和同学吃喝等，没有钱，可以向父母要，父母都会给，因为长期不在儿子的身边，父母是非常的溺爱。结果没上到初中毕业就辍学了，学习太差，不遵守纪律，家长也不管，自己觉得上学也没意思就退学了。下学后，找父母要钱去学理发，结果理发没学成，钱也花光了，反正就是一没钱就找父母要，而且父母不给就会失踪很多天，打电话，也不通，父母只好把钱打在其银行卡上，就怕最后连个懒儿子也没有了。这完全是用钱去弥补对小孩的正面教育，是钱把小孩害了，小孩子只会花钱，其他的什么也不会。

由此,可以发现金钱不能代替教育,不能代替父母的爱。由于现在经济的不断发展,很多家长为了生活,和孩子在一起的时间太少,或者教育的方法不对,甚至有些家长用金钱代替教育的方式去讨好孩子,而导致教育的失败。其实孩子需要的是一个认可赞许的笑容,一个充满感情的拥抱,一个期望的目光,一个轻轻的吻! 亲情是美好的,但亲情的铸造需要宽宏、温暖的胸怀。

45 让孩子学会勇敢

孩子胆识的培养关系到孩子的成长,孩子胆大才能更倾向于表现。孩子善于表现其实是孩子天性,但是有些孩子不善于这样,不善于在公共场合表现,不善于在陌生的场合表现等。出现这样的问题,我们要考虑一下该如何让孩子大胆起来。除了在家庭中对孩子进行引导,在学校教育中也同等重要。

在这次期末考试中孩子的成绩还不错,语文 97 分,数学 98 分,在班里也能排到前十名。孩子虽然不是太聪明,但是比较好学,每天都是先完成作业后,才去玩。但是通知书中,老师给的评语是在回答问题的时候再大胆一些,为此我们可以判定孩子不怎么回答问题,也有可能不会,我觉得最主要的原因就是胆小,不够自信。对于这种情况家长要利用生活中的具体实例进行引导和鼓励,在学校中也可与老师进行沟通,对其进行引导和鼓励,并赋予班级中的任务锻炼其胆识,另外还要鼓励孩子参与各种活动,从而锻炼其胆识和能力,促进孩子的健康成长。

家长要在生活中引导孩子。首先,当孩子见到蚊子和小虫的时候会害怕,然后告诉大人。那么我们应该怎么办呢? 家长刚开始可以和孩子一起捉蚊子,可以使用电蚊拍或者蚊拍把蚊子消灭,这样反复几次,孩子就不怕了,也会学着大人的动作消灭蚊子。其次,就是要培养孩子的生活能力,比如,吃早餐的时候,我们可以锻炼孩子去付账,与人接触可以锻炼孩子胆识。最后,还要培养孩子的交际能力,比如孩子熟悉的朋友,就很快能在一起玩。如果是陌生的孩子。该怎么和别人交流呢? 这时我们要引导孩子去做,比如告诉孩子主动和陌生的朋友打招呼,并简单介绍自己,这样就能慢慢和别的小朋友熟悉。

教师要在学习中鼓励孩子。孩子回答对问题要积极表扬,同时要把问题留给那些不善于回答问题或者不敢回答的孩子。这些同学有的不是不会回答,而是胆小,不自信,这样就更需要老师引导和鼓励。家长和老师可以沟通,对孩子胆小的问题向老师说明,争取让老师在课堂中多引导和锻炼孩子的胆识。我平时也问过孩子回答问题的情况,孩子告诉我语文会举手,而数学很少举手。看来孩子对语文还是感兴趣的,对于数学她告诉我怕说错了,这显然是不自信的表现。为此,我和数学、语文老师进行沟通,多关注孩子的课堂表现,鼓励他们多举手,再根据情况进行引导和激励评价,从而让孩子胆识培养起来。老师另外还可以赋予孩子一定任务,比如当组长、学习课代表,甚至班长,在班级事务中多行动,一定程度上也能够提升他们的胆识。

　　鼓励孩子多参与各种活动。现在无论是学校还是社会都会开展一些才艺表演活动,孩子多参与这些活动对于他们的胆识和实践能力培养有帮助。比如,学校开展讲故事比赛,演讲比赛,文艺会演、运动会等,种类比较多,有的是个人,也有的是团队比赛。其次,主管部门也会举办一些活动丰富学生的文化生活,促进孩子健康成长。比如青少年活动中心会定期举办一些文艺才艺表演,还有科技实践类的活动等,这都能够让孩子锻炼自己,让自己早日成长。但是活动是开展了,孩子能否参加,是否愿意参加,除了自己有一定这方面的能力外,还需要家长和老师的引导,孩子想往这方面努力,我们就要给孩子一个平台,比如学校的广播站,还有就是要善于引导,还有一个因素就是家长要勤快。如果日常疲于奔波,不顾孩子的成长,那么孩子就什么活动都参加不了,现在和以前不一样了,参与各种活动,需要主动去申请,在下面多下功夫,然后才有上台的机会。

　　孩子胆识的培养,需要多方努力,特别是家长和老师的引导、鼓励,还有学校和社会应给孩子提供展示的平台。随着社会的不断发展,人的自我展示的能力就显得尤为重要,如果不会交际,不善于表现自己,那么孩子在今后的发展中就不具有优势。为此,要从孩子的胆识培养开始,让他们的交际能力和表现能力得到发展。

46 帮助应有度

在日常生活当中,我们对别人的帮助应该是尽心尽力,同时我们教育孩子也应该这样,让孩子们互相帮助。但是在遇到一些特殊情况时,帮助应该有度,可孩子却没有这种识别能力。他们认为帮助好朋友把这件事做好就行了,而没有考虑到事情的本质,到底是好事还是坏事,需要进一步斟酌,而往往孩子们是做不到的。

有一天,无意中发现女儿在作业时好像在抄卷子。我想女儿应该不会做这样的事情,怎么会抄别人的试卷呢? 当我走近的时候,发现真是抄试卷。女儿见我已经来到了跟前,急忙把试卷收了起来。我问,你自己抄别人的试卷呢? 女儿说:"我是帮助同学做的,同学病了卷子没有领,马上就要交了,老师要检查,我是帮助她的。"孩子这样回答,让我哭笑不得,看来这帮人也帮到底了。这时,我也没有怪罪女儿,只能说明孩子善良、诚实,但是这样的帮助过度了。

显然孩子没有理解做卷子的目的是什么。卷子的作用和作业是一样的,就是巩固知识,查漏补缺。谁做,谁才能受益啊,女儿却不明白其中的道理。我接下来是这样引导孩子的,问她,你帮她做,她会不会。女儿说:"可能不会,她没来上课。"这是不是和不做是一样的效果。女儿说:"但是老师要交,我们要听老师的。"看来孩子对老师的话是言听计从,暂且不说老师是对是错,如果都按老师说的做,自己就没有思想。看来孩子对学习的认识还是有待提升的,认为帮其他学生写些作业就是帮助别人学习。下面,我对孩子说,你可以这样帮助好朋友,你让她自己做,不会的你给她讲一讲,让她都会做好不好? 她没交卷老师不会怪罪的,老师知道她请假了。

在日常生活中,这样的事情很多,很多同学都会这样做,就是因为孩子思想不成熟、具有可塑性。孩子没有认清事物的本质,缺乏社会生活经验。我们通过教育让孩子逐步丰富知识,拓展实验,并形成一定的技能。为此我们要告诉孩子该如何去帮助别人:首先帮助别人一定是别人有困难,我们再去帮助,如果被帮助的人之间很快能去做这件事,我们就没有必要帮助他们了;帮助别人,还要看对象,有的需要帮助,有的不需要帮助,比如盲人过马路,我们可以去帮助他们,还有学生发现卖菜的老年人上坡拉车吃力,我们也要帮助,但是要注意安全;还有就是帮助要有度,比如,给某位同学做伪证,帮别人做作业,这其实不是帮助别人,要认识清楚。女儿帮同学抄卷子,已经偏离了真正的帮助,而是一种纯粹的代替式的,别人事是别人的事,而不是要当成自己的事。

其实在家庭中,我们也可以引导孩子做一些家务,帮助大人分担一些负担。家长白天都在辛勤地劳动,有时候,我们发现很多琐碎的事情需要做,比如,打扫卫生、洗碗等,我们可以让孩子来帮帮自己,其实也是在锻炼孩子的生活能力。说到这里,不由得让我想起美国的教育,他们是让孩子们先学习生活的技能,然后才想到为国家做贡献,而我们正好相反,这就是他们的孩子动手能力和创新能力比我们强的原因。其实想想也是这样的,孩子不能够自立,又怎么能去为这个社会做贡献呢?即使孩子有这个心,而没有这个能力也是没有用的。为此,我们要先培养孩子的能力,认清事物的本质,再下定决心去干什么。这样就知道了该干什么,为什么干,怎样干。难道我们的教育目的不是这样吗?无论老师还是家长都要有耐心,给孩子辩解的机会,认真思考和研究孩子的行为。如果不清楚就下结论会伤害孩子的自尊心。

就像帮别人做题,只为同桌能够不受批评。这不是说明孩子的品行有问题,而是他们缺乏正确判断问题的能力。孩子帮助别人的方式和方法,何尝不是他们在努力辨别事物、建立个人认知的开始,在不断实践和大人的引导下,最终都会逐步找到最佳的处理方法,孩子就会真正成长。

果不其然,第二天放学回家,女儿进门就对我说,同桌今天没来上学,这时,不用我再多说什么,我相信她已经明白自己之前代做试卷的事情是徒劳的,以后她也不会再做这种类似的"道义帮助"了。

47 打退堂鼓

　　女儿班里要举行一次朗读古诗比赛,老师在班级给孩子安排了这些事,在家长微信群中也发表了这个信息。当我得到这个信息之后,就告诉女儿,你诵的唐诗三百首就有用处了。可是女儿却高兴不起来。女儿告诉我,唐诗三百首中有很多不会背。我说:"你会背哪个就背哪个就行了。"结果女儿选择了《鹿柴》,我说可以。并告诉女儿参加表演的时候,可以加一些动作,并把这个诗的含义讲给同学们听。

　　在课后,我和女儿对表演朗读诗歌进行了排练,并告知孩子动作要根据诗的内涵进行,把动作加进去,要自己创作一些动作,然后再进行改进。女儿在朗读"空山不见人"时,做一个左右看的动作,这确实和诗要表达的内涵相吻合。我鼓励孩子,课余时间要多加练习,在舞台上才能够好好展示。最后,我又告诉孩子一句"语文老师希望你参加这次活动",多参加活动,胆子就会变大。孩子只是点点头,并没有表达出更大的热情。

　　转眼到了周五,下午就是孩子朗读比赛的时间了。但是中午吃完饭后,女儿告诉我,她不想参加了,我问为什么,她也不说。我想其中主要的原因就是胆小吧。其实,日常我对孩子的教育,并没有很严肃,还给了她一些空间,也许这就是性格吧。平时说话的声音就比较小,而且你说话声音大一点,她就会流泪。没办法,现在上三年级了,还是这个样子。不过,我还是安慰了孩子,告诉她,有问题,我们就分析问题,解决问题,不就没问题了吗?老师说你每次回答问题不是很积极,如果老师能够叫到你,你回答的都是正确的,说明你会,这样就可以展示给大家。这样同学们也会更加了解你,你的朋友也会更多。如果没有特殊原因,是不能打退堂鼓的。若感觉哪些不行,哪里不合适,我们现在还可以改一改,练一练。你也可以拿着书给大家读,或者你选择其他的诗歌也行。可是女儿还是不想参加,看来这次真的要打退堂鼓了。

接下来,我和孩子聊了很多,告诉她,比赛也是一种学习,学习包含读书、做题,甚至旅游等,只是方式不一样。比赛更能锻炼你的胆识,如果一个人的胆子小,多上几次舞台,这方面的能力就会提升,而且很多小朋友就会了解你,而且和你有相同爱好的同学会愿意和你交朋友。最后,我还讲了当年自己学习的情况,基本都是老师刚把问题提出,我就开始举手,怕老师不叫我。虽然课堂秩序不是太好,但是,回答问题积极,老师也比较喜欢,特别是老师赛课的时候,我们表现得更积极。另外,经常参加学校的活动,比如独唱、篮球比赛,这些都是我上学时的强项。记得当年,我还在班主任老师的带领下,给师弟的几个班唱了几首歌。老师指定的,咱也能完成。通过我的说教,孩子似乎明白了些什么。

到了下午表演的时候,老师把孩子的表演动态视频发到了家长微信群中,但是没有女儿的身影。我想女儿肯定是没有举手参加表演,于是给语文老师发了条微信,让女儿参加表演,因为已经准备了。过会儿真的看到了孩子的表演,还挺不错的。看来女儿还是性格太内向,要是真表演起来还是棒的,朗读时配有动作,表情也很自然,下面的孩子也给出了热烈的掌声。

事后,我鼓励孩子,告诉她表演很精彩,我在微信中看到了,小朋友都在给你鼓掌呢。爸爸也为你骄傲,也希望你在日后的活动中有更多、更好的表现。女儿点点头,告诉我朗诵,讲故事都会。有了知识和经验,再加上胆识,表演就顺其自然。

展示能力也是孩子综合能力的一部分,能够展示就能增强自信心,让自己更坦然地面对世界。

50　爱莫能助

一天中午正在午休,在外地务工的小舅打来电话。一是告诉我,小老表在我同学的班里上学,要我帮忙打声招呼,对孩子管严一些。对于这件事,我立刻答应了。毕竟这位老师是我师范的同学,这件事好说。我告知小舅,会给小老表的老师说多加管教,让他放心。小舅一直在外地务工,一年也回不来两趟。小老表一直留守在家里和爷爷奶奶一起生活。现在上了初中,离家远,只能在学校寄宿。

对于孩子来讲,学校老师的管教非常关键,特别是班主任老师。小老表学习成绩不好,而且贪玩,现在也不指望他学习怎么样,先上完初中,然后上个职高学门技术就行。这是小舅的心愿,其实这个要求不高。他现在不在家,家长都是把孩子的管教寄托到老师身上。这也是迫不得已,因为自己忙于生计,平时就没有时间照顾自己的孩子,这就是中国农村留守儿童的现状。第二,就是告诉我,小老表最近花费很大。他用手机的费用一个月一百多元,总是要钱买衣服、鞋子,而且还要牌子。我想这应该是孩子之间的攀比,这个得管管,爷奶年纪大了。我告诉小舅,你每周给他打电话,好好给他讲讲,我再给他班主任老师说一下,严加管教。其实在班会课上,我们对孩子的生活这方面也是多次强调。班主任教育,纠正孩子的不良行为,这个很重要。班主任发现班级中有这样不良行为的学生,应该采取针对性的教育。其实给孩子买手机,我是不赞成的,如果需要联系,可以打班主任的电话,而且校园中也是可以打电话的。没必要买手机,手机对孩子的诱惑太多,本来学习就不好,这样就会影响更大。毕竟我们都是老师,对孩子该做什么,不该做什么都非常清楚。我说老表的电话费应该是上网费用,没有局域网上网,那就要买流量,这个大家都知道。其实手机对一个中学生是没有用的,我们那时都是上大学才用,不是买不起,用不起,而是完全没有必要。手机只是一个通信功能,如果真要学习可以多看书,多参与实践活动等。

无论怎么说,小舅对小老表还是挺关心的。自己以前没好好学习,现在知道了学习的重要性。没好好学习,也不能学坏,要先成人。我想这就是他对孩子的基本要求。为此,他也认为现在的家庭教育是十分重要的,也一再强调要帮助他教育小老表。想想现在的孩子还真是难管教,有什么事情家长也不在身边,容易受身边人的影响。以前小姨家的一个老表就是例子,上学不好好上,大人都在外面打工,自己在姥爷家上学。学习没学好,还有很多毛病,没有钱,就拿大人的,最后去偷盗等,这是很坏的结果。现在依然是那个毛病,不好好上学,总想着和那些不三不四的人混在一起。最过分的是利用自己的朋友对亲戚等进行诈骗。这个事,真让人无语。责任在谁,在自己吗? 在老师吗? 还是在父母? 家长们应该好好反思。现在小舅要求孩子就算学习不好,也不能学坏,这是底线。其实今天的电话中,也提到了小姨家的老表,现在和他在一个厂,还是不安分守己,总想着玩。当向其父母反映这件事时,他们给出的答案就是不管,管不了。这样小舅也没有什么办法,都二十多岁的人了,什么都懂,就是不按你说的做。现在想帮他却帮不了,因为最佳的教育时期已经错过,现在只有让社会来管他。小舅不想看到自己的孩子以后变成这样,就一再强调孩子要多管教。有机会自己也会多回来看看,与孩子多沟通。我对他的想法表示赞同,并告诉他自己也要注意身体,有空多联系。

小舅的意思,我非常清楚。在教育孩子这方面要趁早,等到大了有了问题就很难纠正。这些我们都知道,作为一名教师,我也认为教育的最佳时期是在青少年时期,而且家庭教育和学校教育要结合来。因为孩子的思想还没独立,我们给其贯彻正确的思想,就能让其走向正确的轨道,少走弯路,至少不走偏。如果不这样,到了最后形成恶习,是纠正不了的。看着别人的孩子这样,就算是自己的孩子到最后也是爱莫能助。小舅心地善良、勤劳。虽然没读多少书,但是言谈举止中我能发现其对教育孩子的理解还是很透彻的。

在这个世界,我们要生活得更好,就要靠自己。小时候的教育,父母起到了一定的作用,如果不在孩子的身边,就会影响孩子的教育。现在总觉得欠孩子些什么,我也理解他的心情。我们当父母的为孩子操碎了心,但是我们心甘情愿这样做。随着经济的发展,农村留守儿童的家庭教育是短板,这也是我们教育的难点,甚至到了爱莫能助的境地。

51 孩子学习能力透视

一次教研活动,我听了一次女儿班的美术课。我们都是综合学科,各个小学专业课都会在一起进行教研活动。这次美术课的题目是"吊饰",老师让学生观察,然后讲解吊饰构造特点,以及让孩子和自己一起做,到最后孩子自己设计和制作吊饰,这样才算完成学习任务。这次讲课是在女儿班,我一边听课,一边观察女儿的表现。女儿喜欢画画、手工,平时周末和寒假还要进行一段时间的训练。

对于这节美术课,女儿也是很喜欢,在老师的引导下认真听课和操作。但是在学习的第三个环节和老师一起做吊饰的时候出现了问题:首先孩子没有领会老师的意图,老师让学生在主体的吊饰上画一条小鱼,但是孩子们画的普遍都很小,尽管老师强调画大一些。老师对绘画还进行了引导,告诉孩子们画一个也行,但还是出现了三种情况,一种是在另外一边画,还有的在鱼的外部再画一个,就会一个大鱼里面有一个鱼宝宝,这时女儿把鱼再画在一边,就变成了两条鱼。这显然没有领悟到老师的意思。其实老师是在给孩子指导补救措施,也是通过两种方法进行。孩子画得不理想。其次,就是孩子动手能力不强。老师在做吊饰吊坠的时候,是利用纸条折叠成一个圆环,然后用两条胶带粘住。但是孩子把两面胶带撕掉的时候,费了很多的工夫,结果才勉强弄好了。最后就是孩子的倾听能力不足。对于这方面的表现主要是在圆环相连的时候,老师在上面讲的时候,还是按照原来的方法去做,粘的时候应注意,老师还没说完,我看着女儿已经开始动手了,把圆环做好后,她发现老师已经做好了两个,第一个和第二个串联在一起的做法,没有看到是如何做的。而女儿只把两个圆环做好了。这就是孩子通常毛病,听上句不听下句。如果按照老师讲的做,不可能做不好的。结果女儿只好把其中的一个撕开,串好后再粘上,这样就浪费了一些时间。

出现上述三种情况,主要因为学生学习习惯没有养成,课堂上还有的学生不知道如何去共用一种东西,小组中的剪刀和胶带都是两个人共用的。这样交流和动手方面就会发生冲突。在日常生活中,孩子这种学习习惯和学习方法的训练有待加强。这也反映了女儿在课堂表现中思维能力、动手能力和倾听能力都存在不足。因此,应该进行这方面的训练和引导。

学生对学习知识的理解能力,主要还在于老师的引导,画鱼时,老师说画一条大鱼,究竟多大,老师只是说画大一些,而学生的自己理解认为是大鱼就是大鱼,在这方面很难把握,因为没有参考的标准。而老师在学生画完后,就要进行指导,有的画得比较大,而有的还是画的小鱼。最后老师把自己画的鱼展示出来,学生发现是按照纸张的最大范围画的。这样孩子们再进行修改,其实学生没有理解老师的意思,大部分学生没画好。但是老师的指导也给孩子留有思考空间,比如画大鱼,让小鱼在里面,也可以用另外一边画,都可以。然后再参考老师的进行比较等。这样给思维能力强的同学进行很好的指导,看来女儿还得在这方面进行训练。

学生动手能力的发展。除了美术课,其他学科也要多培养孩子的动手能力。比如音乐课、科学课、体育课、实践课等,这些学科都强调学生的实践。例如,在实验课中,我们经常让孩子们自己准备上课用的材料,自己设计实验和制作,最后再动手去做,这样孩子们动手和合作能力就会增强,这比老师在那里一味地讲效果要好得多。不仅美术应该这样,其他学科都应该这样,这样才能真正培养孩子的动手能力。

学生倾听能力的培养。其实这是课堂中大家都应该探讨的问题,那就是专注力。学生应该边听、边想、甚至是边做。如何听效果才好,那当然是把话讲完。但是对于小学生来讲没有这个耐心,都想快点去操作。这里不仅仅是做中会出现问题,有时候在辨析的时候,也会出现问题,别人的话没说完,我们就没法去判断,这样就会断章取义。在讲操作步骤的时候也是一样,老师在强调一步一步做,孩子却没耐心,听上步而没有听下步。有一次实验课也是一样,材料是孩子自己准备,我在课堂上讲如何操作,孩子们不注意听,他们总是在下面捣鼓自己的材料,等到做的时候,其效果又不是太好。为此,老师要告诉学生,要注意倾听,听完整,再去操作或辩论。

52　精益求精

　　所谓的精益求精主要是指我们做事的态度和境界,力求把事情做得更完美。如果把这一词引入教育教学当中,那就是要教师育人工作做到完美,教师要把教育工作当成一种追求。作为教师无论是自己的学生还是自己的孩子,都要追求一种教育的境界。那就是积极引导他们成人,成才,不放过任何教育的机会。

　　一天中午女儿做数学题的时候,被一道题难住了,便来问我。是这样一道题:38 名同学参加集体舞蹈,该如何排列队形呢? 这是二年级的内容。我首先和孩子一起读了一遍题目,这时孩子又写出了一个式子,前三排各站 10 名、最后一排站 8 名同学,得出 $3 \times 10 + 8 = 38$(名)。我没有对孩子的答案进行判断,我当时就在想,这个问题到底是考查学生哪方面的知识,培养学生什么能力呢? 通过了解孩子的学习进度,发现他们现在学的是乘法口诀的应用。但是孩子做的答案,我们不能判断是否正确。虽然这样站也可以把人用完,但是是否符合队形要求,是否用到了乘法口诀呢? 我心里一直有疑问。由于自己不是数学老师,也没有对孩子现在学习的内容进行研究,怕误导了孩子,于是便想到了向其他老师请教。教育是一项复杂的工作,我对孩子的教育一直持谨慎的态度,自己不知道、不懂的不强加在孩子身上。

　　对于这个问题,我打算问一下音乐老师和数学老师,集体舞蹈是由音乐老师负责的,而数学老师教授这门学科,看看他们是如何说的,引导孩子掌握正确方法,把答案给孩子讲清楚。首先用微信给音乐老师把题目发去了,音乐老师告诉我,六六队形或四九队形,另外两个领队,队形可以是圆形或者其他形状。看来音乐老师是从实践出发,告诉我们集体舞蹈要有领队,而且队形可以更美观。接下来,我又询问了一个网上的数学老师,这位老师告诉我这是考察学生的乘法口诀的,可以用 $6×6＝36$(名),$4×9＝36$(名),然后剩下了两个领队,这样就可以列出:$6×6+2＝38$(名),$4×9＝36+2＝38$(名)。这下搞清楚了,这是考查学生对乘法口诀的应用能力以及解决实际问题的能力,而不是单纯把人数凑够。孩子的答案是错误的,乘法口诀没有用,只是用了乘法,队形也不符合集体舞蹈的队形。现在有了其他老师的帮助,就可以慢慢引导孩子解决这道题了。然后,我就开始给孩子讲,看看能不能用乘法口诀,而不只是用乘法,孩子找到了 $6×6＝36$,$4×9＝36$ 这两个最接近38,但是都剩余两个。然后我又追问孩子,这两个在队中,你又没有办法放,她想到了可以做领队。于是这个问题就解决了,我没有把问题的答案直接告诉孩子,而是通过一步步引导和追问,让她自己去理解,直到最后能够正确解决问题。以孩子的学习为中心,老师或家长只是引导者,辅助孩子独立完成,这样他们才能真正掌握学习的方法,提升学习的能力。否则孩子不理解去接受这些所谓的方法和答案,到最后还是不能掌握知识和技能。我们要把对学生的能力培养作为教育最根本的目的,而不是那些死的知识。

看来孩子的学习,不仅是注重知识的学习,还要重视知识的应用,也就是实践能力。我们从一道题中就能发现命题人的意图,这也说明我们教育的难度在增加,不是简单地进行知识的学习,是学生能力的培养。这也与我们育人的目的相吻合。我们要让学生形成一种能力,学习能力,实践能力甚至是创新能力。出题人对题目的把握做到了检测和培养学生能力,但是我们作为老师和家长,也要引导学生处理好孩子不能解决的问题。特别是指导孩子解题时,要揣摩出题的意图,真正从孩子发展的角度出发,做到对孩子的教育精益求精。这也是我们的职业态度,无论是对待自己的孩子,还是对待自己的学习,都应该如此,然后把这种精神再传递给学生,让他们端正学习态度,刻苦学习,并认识到学无止境。

精益求精是一种职业态度,无论是老师,还是学生都应该具有。特别是老师,我们是精神文明的传递者,更要多学习、多思考、并结合教材以及学生的情况研究教育理论,在教学中进行实践,把这种精神传递给学生。让学生明白老师也是不断学习,不断更新知识和思想,才能搞好教学工作的。我们也可以说精益求精是一种思考的过程,是一种实践的过程,也是一种创新的过程。人只有具有这种精神,才能把问题解决好,明白问题背后的深层含义,甚至有了更新的认识。

53 学习与实用

　　一次语文测试过后,女儿告诉我有两个连线题目她不会做,这个题目是骆宾王、王羲之、写字、鹅。对于大人来讲这是一个常识性的问题,孩子说不会做,没学过。对于这个问题我请教了孩子的语文老师。语文老师告诉我,骆宾王的作品《鹅》是一年级学的。王羲之是书法家,书上没有,而在班级读书会上,同学们讲过王羲之的故事,这个孩子也是知道的。我想这是一个知识面的问题,不是死知识。这与孩子平时的阅历量是有很大关系的,这些内容不一定是语文课本上的东西,但是在实践中确实能够用到。孩子考完试就告诉我,这两个连线题不会做,然后就随便连了一下,可试卷发下来之后还是连错了。看来孩子对语文知识的掌握有一定的局限性。特别是孩子知识和视野的广度不够,需要加强阅读,积累经验。

　　关于孩子知识积累方面,我觉得要开拓思路,不仅是语文方面的知识,生活方面的常识也应该涉及。毕竟孩子将来要走进社会,为此我们要让孩子的阅读更加丰富,而不是仅仅做题而已。为了巩固孩子的语文知识,拓展孩子视野,课后我对孩子的阅读进行指导。首先,要督促孩子把每天的作业先完成。如果老师留的有读书任务,也要先完成,才能做别的。这样坚持下去,孩子就能养成良好的学习和阅读习惯。家长虽然忙,但是还是要抽空看一看孩子有没有做完作业,特别是小学低年级的孩子,另外还要检查一下孩子做的对不对,对出现的问题要进行耐心的指导和讲解。因为,家庭教育只有和学校教育结合起来,才能提升教育的实效。作为教师,我们知道其重要性,也有时间去辅导自己的孩子,但是不理解教育的,还要把孩子学习的所有责任推给老师和学校,这显然是不对的。

让孩子阅读一些课外书,这其中也包含了与课本相关的书籍,比如唐诗三百首、成语故事等,都可以让孩子读一读,从而丰富孩子的语文知识,拓展孩子的视野。特别是读、背唐诗的时候,总是题目和作者记不住,但是这也是考试中要考到的内容。也许孩子认为这些不重要,但是我们一定要给孩子讲清楚。特别是通过一些事迹去引导孩子对这些大家的认识,不然出现题目和作者对不上就成了笑话了。但是,孩子们感兴趣还是故事性质的阅读书籍。对于这方面的书,我主要采取了这些方法指导孩子阅读。每天让孩子读两三个的故事,读完后问问孩子想告诉我什么?孩子背给我听或者我读给孩子一起听,总之就是和孩子一起阅读。这样做到目的其一就是指导孩子阅读,其二就是和孩子分享书中的知识,让孩子体会到读书的快乐。长期下去,孩子就会积累很多知识,并提升自己素养。

让孩子在日常活动中运用知识和发现知识,这样孩子才能成长。这就是我们说的学就是为了用,用了之后还能发现更多的知识,那么我们学习的目的就达到了。很多时候,除了学校准备一些活动之外,在家庭中也要让孩子进行实践。比如可以让孩子做家务,扫地、收拾自己的衣服,这样实践能力才能提升。老师如果留了这方面的作文,学生才能写好,写得才真实。还有就是家长和孩子一起运动、下棋等都是可取的,这样学生的身心就会得到更好的发展。特别是孩子的模仿能力很强,大人在扫地的时候,他也要干。为了满足孩子的这个愿望,我们一部分人没有让孩子弄,一部分人把东西给孩子,还有一部分家长准备了两套工具。看看效果是不一样的,给孩子准备一份,当然做家务和孩子尝试劳动都不耽误。慢慢的孩子就具有了一定的能力。当然孩子在很小的时候会这样表现,但是到了大一点儿的时候,就不是太喜欢做。怕脏、怕累,为此,我们要多引导孩子,让他们多体验。

无论是什么样的学习,最终的目的就是应用和创新。如果不能应用,就没有什么意义。孩子对待某些东西,如果印象不深刻,就会很快忘记。死记硬背就是这样的,就像了解这些名人一样,我们通过这些人的背景,甚至一些典故进行体验,那么这个人对孩子来讲,他们就能记住。

54 也谈"因材施教"

教育家陶行知说："生活即教育。"这充分说明了教育与实际生活结合的重要性。我们课堂教学中也应该创设生活的情节促进学生学习,同时还要在真实生活环境中锻炼学生的实践能力,真正去体验,从而理解和掌握知识。作为老师应该引导学生这样做,作为家长也是一样,在家庭中注重利用实际的问题去引导孩子学习,锻炼孩子的能力也是很有必要的。

在实际问题中引导孩子学习,作为一名老师,同时又是家长,我的感触很深。对于孩子的教育,家庭教育很重要,我们要陪伴孩子阅读,指导孩子做作业等,甚至有空也可以和孩子做一些活动等。在与孩子的互动中,通过自己的示范去影响孩子,还可以在与孩子的交流中有意穿插一些问题等,从而激发学生思考,培养学生分析和解决实践问题的能力。

但是,我们需要了解孩子的基础和能力,特别是孩子具体具备哪些知识,不然牵扯的问题过难或过于简单都不好,我们根据学生的学习进度,对孩子有了一定的了解后,再对孩子进行相关的教育。比如,孩子学习完《认识人民币》后,虽然孩子对人民币的认识以及加减等算法,都是在一种情景中进行的,但是在实际生活中用人民币的机会很少。于是,我就利用吃早餐的机会,每次都会让孩子自己去结账,但是结账之前,先让孩子算算需要多少钱?这样就给了孩子一个解决实践问题的就会,这与孩子上课学的难度相符合,同时也锻炼了她的实践能力,到超市购物也是一样,让孩子先了解物品的单价之后,再让孩子算一算每次买的东西需要多少钱,让孩子去结账,进而应用数学知识。

但是孩子在解决具体的问题中,有可能遇到一些困难,比如其中的数学计算,可能还不能准确地算出来,有可能这些东西还没有学过,但是只要孩子懂得算理就行,也就是知道如何解题的思路就可以,计算是最后一步,我们培养的是孩子的数学思维。最近孩子喜欢上了看书,要求我们给她买图书。一般我们都是网上购买图书,一次买几十本,比实体店便宜,还有一个原因就是现在书都是套系的,这样买就会给孩子一个整体的知识结构。这一次,一共给孩子选择了 20 本书,每本 13.8 元,现在一共需要多少钱? 我把这个问题抛给孩子,然后孩子在那一直算,好半天也没算出来。然后,我发现了一个问题,孩子平时胆子也小,另外孩子没有学过小数。于是,我提醒孩子,你只要告诉我列的算式就行,不用计算。这时女儿就告诉我数量乘以单价就等于总价,算式就这样,刚才孩子是在忙于计算,结果不会算,才出现这种情况。孩子能够掌握解题思路就行了,如果超出了一定范围,就不会计算,但是这样的思维过程是一样的。如果孩子敢于提问或思考,效果就会更好。孩子算式列好之后,我告诉孩子,我们可以用计算器进行计算。孩子这时很高兴,平时这个玩过,今天就可以利用上了,下面她就很快利用计算器把结果算出来了。孩子的动手能力就在解决实践问题中得到锻炼和发展,家长只有善于发展和引导,孩子才能在实际生活中学到很多知识,同时也实现了和课堂学习的互补。

有一次孩子问我"持之以恒"这个词语是什么意思。于是我就在思考这个问题,怎么给孩子讲呢? 我也结合一个实例去让孩子体会,我说你见过我们小区一个小朋友骑了自行车。孩子说见过。我接着给她讲,他是一直练习,而且中间没有间断过。一开始骑小的,到现在她骑大的,一直坚持到现在。你觉得怎么样? 孩子说她非常棒,坚持到底就成功了。好,现在她骑车的过程就可以用"持之以恒"来形容,你知道这个词语的意思吗? 孩子说那就是坚持到底不放弃。我也夸奖了孩子真聪明。其实,我给孩子讲这个事情的同时,还有一个目的,就是让孩子自己认识到做好一件事要坚持,她也有自行车,学两天就不学了,说学不会,还容易摔倒,如果能从中感悟到了,就对自己学车有指导作用。

教育离不开生活,我们要鼓励和引导孩子在实践中运用知识,并创新知识,那么孩子能力就会提升。而不是仅仅限于书本中的那些。我们把学校和家庭教育紧密结合起来,就能让孩子学习知识,运用知识,并创新知识,让孩子得到全面发展。

55　寓教于乐

女儿在买牙膏和牙刷的时候都是自己选。我们都知道儿童用的这些东西里面有很多玩具。当然这些东西是最吸引他们的，而不是物品本身。孩子的最爱当中有一种冒险游戏棋。这种棋可以 2～4 人玩，根据塞子的大小选择走的步数进行比赛，里面还有一些刷牙的小常识。这样不仅能够让孩子掌握一些卫生知识，还能让孩子快乐地玩。以前玩过几次，现在又要买牙刷，女儿选的还是那种牙刷，当然也想得到里面的冒险棋。买回来之后，女儿就拉着我要一起玩。但是我在想如何才能更好地利用这种棋去锻炼孩子的能力。根据孩子的情况，我是这样分析的，以前孩子下棋时走几步都是向前或向后数一数的，现在上二年级，两位数加一位数或两位数减一位数都会算，现在正好可以锻炼他的口算能力，这样也是挺好的，于是和女儿制定下棋的规则。其中一点就是口算后才能走棋，算错停一次，其他的规则不变。

和孩子约定好后，我们就开始下棋。我们分别选择了一个棋子代表我们自己。然后通过塞子的大小决定谁先走。这个棋一共 86 步，谁先到达终点，谁就胜利了。我们通过这种方法来玩棋，其中作用也是很大的。这个过程能够锻炼孩子的口算能力，还能给孩子渗透一些卫生知识，另外也可以体验到很多冒险的动作等。比如，走到 9 的时候，上面显示的信息是"误用成人牙膏被赶出乐园重新回到起点"。这样孩子就知道成人牙膏不能用，利用这种惩罚的形式让孩子明白其中道理。再如，走到 22 步的时候，提示的信息是"用牙签剔牙，牙齿受伤、后退五格"。这样就会明白牙齿用牙签去剔是一种不当的方式。走到第 24 步的时候，提示的内容是"正确的刷牙方式是上下刷，直接升到 32 格。"通过这种下棋的方式，孩子知道刷牙的正确知识和方法,这样就能促进孩子养成良好的卫生习惯。

和孩子一起玩这种棋的时候,我们都是按照三局两胜的方式进行。这样孩子才觉得有意思,才过瘾。这里面的奖励和惩罚让孩子明白如何刷牙才是最好的。除了这些,我还给孩子布置了口算的任务,无形中就锻炼了孩子的数学计算能力。让孩子真正做到了玩中学。比如,现在是走到了23步,塞子是4步,那么孩子要先计算后,才能走,这样就能快乐地用数学,并快乐地游戏。但是,我们在制定这些规则的时候,要根据孩子的能力和特点,而不是随意去做。在上一年级的时候,我也考虑到孩子要进行这样的计算,但是要求孩子是笔算,当然到了二年级就可以转化成为口算,也适合这种下棋游戏。但是这里面也牵扯到了惩罚的措施,那就是算错了要停走一次,同时也促进孩子有信心去算,培养他们的注意力。

益智游戏是非常适合孩子的,他们边玩边学,从而促进成长。生活中就是这样,我们让孩子快乐成长的同时,还要让孩子学到一些知识,而不是一味去玩。通过益智游戏棋,孩子掌握了卫生习惯、数学口算能力和注意力等。

56 应"机"而变

　　每天下午放学后要陪女儿做一会儿作业,这也是我每天的功课。作为老师又作为家长,对孩子教育从未敢放松过,陪伴也是一种教育方式。一天女儿告诉我:"老师留的作业是英语字母写五遍,同学们有说写两遍,我现在一部分写了五遍了,我要把这些撕掉重写。"我立即告诉孩子,不用这样做,你写多了老师会表扬你的,你已经超额完成作业了。但是孩子没有认同,她认为没有严格按照老师的要求去做,组长会按老师的要求检测的。孩子上小学三年级,比较听老师的话。想到这里,我就告诉孩子,你先把作业给老师看一看,她肯定认同你把作业做完了或者小组长觉得你没有按要求做,你们也可以一起问老师,老师肯定说行。看来孩子之间是缺乏变通的,在我的再三要求下,孩子才勉强没有撕掉,把下面单词按两遍写。

　　看来还是没有明白其中的道理。我们在做一件事的时候,也许在做的过程中发现了一些问题,但是这件事要重新做,要么是成本太高,要么是没时间等,看来重头来已经不可能。这就要考验我们的应变能力,而孩子也要学习这一点。在很多时候,人的应变能力比一个人的才学更重要,有些问题需要短时间内解决,这时人的应变能力就尤为重要。孩子也是一样,他们遇到棘手的问题该怎么办,是听老师的,还是听家长的,还是听同学,还是由自己做主,但是绝大多数都是自己来解决问题。如果孩子能从容面对一些问题,那么孩子的思辨能力就在提升。其实我们的教育就是培养学生的一种思维能力,并在具体的问题中去应用。

　　作业的目的是什么? 很多学生不明白,作业的目的是巩固知识,把老师讲的内容学会并熟练掌握。只要会了,就不用注重形式是什么。比如说,作业不用做就会,这样也可以,这也是达到了学习的目的。而老师留的是写几遍单词而已,目的也是让学生记住会写这些单词,不在乎几遍,如果写了2遍还不会,自己还可以加几遍进行练习。学生往往会按老师的要求去做,而没有注重效果。孩子能够理解作业的目标就行,那就是巩固知识,还有一个目的就是查漏补缺,发现自己的学习不足,老师通过学生的作业也能发现这些问题。而学生如果有自己学习能力不足地方,那么学生学习能力就培养好了,但是多数学生不知道该如何学习,认为完成老师布置的任务就行了。这次作业,我给孩子举了很多例子,比如,你把作业撕掉,再写2遍,加上前面写的一共就是7遍,你给老师和组长看的是2遍,但是你的确是写了7遍,这不也是在欺骗别人啊!这时孩子有点明白了,评价学习不是你学了多少遍,而是你会不会;如果会了,多少遍都可以。孩子要有质疑精神,还要有大胆的创新精神,敢于突破老师的权限。

其实对孩子的教育,就是培养他们的一种敢于突破的思想。这样才能应"机"而变,抓好教育契机,把错误改正或者降低损失,而不是重新再来。我们已经没有空间和时间来重新做这件事情。记得一位朋友讲,他在竞聘领导的时候,作为考察对象回答问题,这个问题有四点需要答出来,还要有自己的思想,可是在答辩的时候他把其中一点忘记了,但是怎么也想不起来,最后就把其他的三点之一又重复一遍。如果换成其他人,就会抓耳挠腮,满脸通红,甚至会冒汗。在这个时候还能够从容应对,这说明了他有一种好的心态和处理棘手问题的能力。其实这就是一种应变能力,不仅孩子们要学习,大人们也在学习和提升这种能力。这也是考验我们一个人综合能力的一种方式,如果你才学八斗,就是不能发挥出来,也是没有什么用的。人与人的交往需要这种应变能力,一次饭局上,有领导,有一般的同志,大家自报家门,都是教语文的,一个老师最后才说,自己也是教语文的。其他老师就说你说的不对吧,他说,我教的是英国语文,其实他是英语老师,然后大家哈哈大笑起来。看来应变中也能带来幽默,让气氛活跃起来,只要是有利于解决问题,变通一下也好。

应"机"而变,是考验一个人综合能力的表现。对于孩子来讲,应从小培养他们的这种能力,让他们敢于质疑,敢于挑战,认清事物的本质,抓住事物变化的规律,从而让自己的应变能力,甚至是综合能力得到发展。而作为教育者,我们要给孩子合理的建议,让他们进行克服困难的尝试,从而领悟应变的技巧。

57 进步

如果我们进步了，就说明我们的能力在提升。这其中包括学业、事业还有生活中的其他方面。对于家长和学生来讲，孩子的学习进步确实是件很重要的事，毕竟孩子的成长也是我们成人的主要任务。最近女儿告诉我数学考了 100 分，这当然是值得高兴的事。记得那天放学后，女儿兴高采烈地跑到了我办公室，告知她考了 100 分。我简单夸奖了孩子几句，毕竟这是第一次考 100 分，记得我上学时从来没考过这个成绩，但是 90 多分的时候比较多，因此考 100 分确实不容易，除了在学习能力上还有学习态度上都要强，往往学习好的同学也很难考到 100 分，主要还是学习态度的问题，没认真审题，计算错误等，其实这些是可以避免的，往往很多同学却做不到。在日常的考试中，女儿很羡慕别的孩子考 100 分，但是我们也没有要求孩子这么做，只是告诉他，考 90 分以上就可以，只要能把会做的题做对行了。

办公室老师问孩子，让爸爸给你一个什么奖励呢？孩子不好意思，说想一想。我说买一件新衣服。最后孩子告诉我，要买《米小圈四年级》。问她为什么要看这本呢？她说 1～3 年级的已经看完了，看到同学已经买到四年级的了。我就答应下来，看来孩子对书中的人物和事件很感兴趣。随后，我在网上订购了这套书。说起孩子的看书，我当然是赞同的，只要把学习中的书读完了，可以大量读课外书。每天晚上，女儿做完作业后，就会自觉地看些课外书。为了满足孩子的学习需求，我会定期帮助孩子选择一些她喜欢的书籍，还有老师们推荐的读物，反正是为了孩子的学习成长，多读书，总是好事。孩子读的书包含了故事，脑筋急转弯、动物世界，还有漫画等。其实这些书籍的阅读对孩子思维能力培养，对孩子语文的学习都有好处，学习是靠积累的,就是这个道理。我想奖励孩子一套书,是很好的鼓励,也希望孩子能在读书中快速成长。

在小学阶段我们的教育任务不是让孩子学到多少知识,而是让孩子有良好的行为习惯,比如在考试中认真做题,仔细检查等,这就是好的学习习惯,还有在日常的学习中孩子有预习和做作业的习惯,养成这样的习惯孩子的知识和能力能差多少呢?对于孩子的成绩,我没有过多的要求,能在90分以上就可以了,有时候班级的平均成绩达到了90多分,我想孩子学习已经差不多,孩子应该做一些其他的事情,特别是实践方面的。这要看大人怎么引导他们,让他们对学习以外的事情感兴趣。考100分,孩子很高兴,那么我们的下一个目标是什么,还是100分吗?这就很难说了,我们的最终目标是让孩子的综合能力得到提升。分数固然重要,但是不要给孩子压力,只要孩子按照一定的节奏进行下去就行,当然孩子也有考差的时候,这说明孩子没有掌握这方面知识的要领,这时就需要进行强化,让孩子理解这方面的知识。特别每次考完试后,要让学生找原因,家长也帮助分析。女儿考得不好的时候,很多都是审题方面的原因,一是不细心,二是不理解题意,后者是没有掌握好,前者是态度问题。

孩子成绩的提升固然是好事,但是要做到让孩子全面发展。只有成绩是不行的,孩子的交往能力,创新能力等,都是很重要的。随着中国学生核心素养的提出,我们知道了孩子应该在人文底蕴、科学精神、学会学习、健康生活、责任担当、实践创新等方面得到发展,学习成绩只占有其中的一部分,这就为我们育人指明了方向,看来孩子的成长任重道远。就目前来看,很多学校的非文化课课程开设不足,实践活动缺乏,这也是不能全面育人的主要因素,只有加快各方面的投入,提供必备的教育资源,才能促进学生核心素养的提升。随着义务教育均衡发展的推进,会改善这一局面,让我们的班额、师资力量还有教育资源均衡发展。

让孩子接受到优质教育,是我们家长的殷切希望,我们希望孩子在取得优良成绩同时,还能在技能方面得到发展,为将来踏入社会有立足之地做足准备。为此,不妨按照这样一个成绩、成才、成果的模式教育孩子,这已经足够了。

58 鼓励连环计

鼓励能够让孩子建立学习的信心,鼓励能够让学生取得更大的进步,但是鼓励也需要技巧,这样才能让孩子对你的鼓励不厌烦,并积极完成任务。因此,我们可以说鼓励是孩子成长的动力,鼓励是一种正面的引导教育,是一种积极的教育方式,也与孩子心理发展特点相符合。这就要求教师善于运用鼓励,把鼓励贯穿在孩子的学习和生活中,从而助推孩子健康成长。

一天中午遇到了女儿的数学老师,老师告诉我,女儿的数学这单元成绩有进步,在说到本单元的教学内容时,她讲本单元的内容不难,孩子要是细心就能考出好成绩,这次你孩子做得不错。于是我连忙向她致谢。我和孩子老师是同事,对孩子的教育会尽全力,我也一直配合孩子老师的工作,积极教育和引导孩子学习。下午见到女儿的时候,说自己学习进步了,老师表扬了她,还发了奖品。我一看是一张奖状,还有一支带有小兔橡皮的铅笔。女儿非常高兴,我说了一声你真棒!但是接下来,女儿做法让我感到不妙,她居然把文具盒中短一点的铅笔拿出来不用了,把老师奖励的铅笔放在文具盒中,说喜欢用这支。看着女儿得奖了,孩子高兴当中,我也就没多说什么。同时我对女儿的举动也进行了思考,该怎么教育她呢,其他铅笔都还能用,这不是浪费吗?平时,都是把铅笔用到捏不住了才扔掉,这次怎么忘了。孩子的良好行为习惯的培养和学习成绩都很重要,对这个问题,还是找个机会引导她,让她认识浪费不对,节约才是我们的传统美德,孩子要全面发展才行。于是,我决定还是通过引导和鼓励的方法,让她认识勤俭节约是一种美德,小学生要具备这种素养。

到了晚上,孩子做完作业后。我把她丢掉的铅笔,重新拿了出来,然后问她："你说这些铅笔还能用吗?"她告诉我可以用。我说："是的,这些还能用,铅笔是大树做的,如果扔掉,就会再用很多树做铅笔,这样树木就会过度砍伐,你说这样好不好?"孩子说："不好,光头强把树砍完了,动物就不能生活在森林里了,人类和动物是好朋友,没有树动物就没法生存。"于是我点头示意孩子讲得好。这样吧,这些铅笔你还继续用,到了捏不住了再扔掉,你可以用一个不能再用的铅笔向我换一个 kitty 猫橡皮,集五个捏不住的铅笔可以换一个 kitty 猫玩具,这样行吗? 孩子答应了。由于孩子每次铅笔的上面橡皮用完了铅笔还没用完,只能再买橡皮,现在利用这种方法,不仅能解决孩子不用短铅笔的问题,还可以让孩子把铅笔尽量用完。因为孩子也比较喜欢玩具,可以兑换玩具,正好可以满足孩子的愿望。这样就能投其所好,从而让鼓励更高效。

我之所以想到用这种方法鼓励孩子把铅笔用完,首先,孩子都有得到小奖品的愿望,其次女儿比较喜欢 kitty 猫。因此,我根据孩子的特点与爱好进行教育,就能切中问题的要害,再把握教育时机。最后,就是运用了长期的鼓励机制,用很多不用的铅笔去换玩具,这样就需要时间,这样孩子养成习惯后,才能获取这样的奖励,也可以说这种鼓励是连续性的。如果当时立即制止或反对孩子用奖励的铅笔,就会让孩子难以接受,因为孩子正在喜悦之中,只能等情绪稳定后再进行教育和引导。

无论是老师的鼓励,还是我的鼓励,都是为了让孩子建立做事的信心,并激发兴趣。都是用激励的措施挖掘孩子的潜力,让孩子对事物一直保持好奇,每次都像见到新鲜事物一样。鼓励的目的就是让孩子得到健康成长,让孩子在没有压力的情况下,积极主动地学习,养成良好的习惯,那么我们教育的目的也就达到了。但是鼓励不是盲目进行的,可以是精神鼓励,也可以是物质鼓励。同样也可以通过积分卡,还有授予荣誉称号等,利用长期的活动,鼓励学生进行体验,从而促进他们成长。

59 家教要得法

家教是我们作为家长共同面临的问题,教师作为知教育、做教育的人,又该如何进行家教呢。也有一部分教师能教好别人的孩子,却教不好自己的孩子,但大部分教师对自己孩子的家教是成功的。无论是教育别人的孩子还是自己的孩子,主要还是从孩子的长远发展考虑,注重孩子的意愿,从孩子的兴趣、爱好、特点、基础出发,对于逆反的孩子,要有耐心,进行合理的引导和指导。在课堂教学中,作为教师通常是这样教育孩子的,家教也应如此。对孩子的家教,也应遵循孩子发展的规律,为学生创设幸福、和谐的家教环境。

尊重发展。孩子的发展是应遵循一定规律的。孩子的学习不能拔苗助长,而要从孩子的认知规律,一步一个脚印地进行。女儿六岁,刚进入小学一年级进行学习,孩子的语言表达已经没有太大问题,但对于如何去表达,如何表达有序、有深度,还需要一定的方法和时间来练习。这个年龄段,老师已经要求写周记,不会写的字可以用拼音代替。刚开始写的时候,孩子只能用一句话来表达要写的内容。这样就显得特别简单,没有把具体的过程和细节表达出来。于是在写周记之前,我先让孩子说一说事情的过程或事物的特点,通过引导,让孩子有序表达,有特点东西说具体一些。比如,带孩子去买她喜欢的玩具,可以先引导孩子说说见到过哪些玩具,自己选择了什么玩具,为什么选择它,说说它的样子和用处等。孩子一遍说不清楚,再说一遍,然后再写,这样孩子在写周记的时候就不会有障碍,由说到写,符合孩子发展的年龄特征,这样孩子写的就很到位,长期坚持下去孩子语言表达能力和写作能力就会得到培养和提升,同时也对语言学习产生兴趣。

降低难度。受传统教育和应试教育的影响,小学阶段的语文课文和部分课外阅读都要求学生会背。老师要求学生多背多记是没有错的。但是,也要考虑孩子的情况,要注重方法得当和孩子兴趣的培养。刚步入小学的孩子,有时候我们发现孩子回家后,不愿意读书,也不愿意背,女儿也吵着说,我不要爸爸签字了,也不愿意要老师的小印章了。通过分析我发现,首先是孩子还没有养成阅读兴趣,其次是老师的鼓励机制需要改进。对第一个原因,学生对阅读没有兴趣,主要还是对背诵这一要求难度太大,我采取的办法是先让孩子读3～5遍,第二天早上再读几遍,最后再尝试背诵。主要是降低难度,在读熟的基础上再背,这样孩子比较容易接受。我通过降低难度,让孩子分步完成任务,孩子的压力就会减轻,这样孩子的信心就会建立起来。

精心整理,整理是多方面的,这里的整理主要是对学生学习情况的诊断和梳理,作为教师,也作为孩子的家长,对孩子在学习中存在的问题进行整理,帮助孩子巩固掌握的知识和技能。在孩子的学习中,我们可以把孩子难以掌握的内容和知识进行梳理,特别是孩子家庭作业中没有掌握的习题,我们把这些习题进行分类和整理,然后加强这方面的训练。孩子对一些拓展思维性的习题难以做对,主要是这些习题比较灵活,需要孩子具有一定的想象能力。家长在辅导学生学习的时候要留心孩子在掌握这些内容时的情况如何。数学中数形转换方面,比如一年级的数学中,把一部分树用东西遮起来,告诉旁边是第几棵树,然后问问学生一共有多少棵树或者是指定的左右是第几棵树。孩子不理解的情况下,会直接数一数能看到的,看不到的就不数。当然这种类型的题很多,我们只要留心孩子的作业情况,然后把这些内容整理起来,再加强这方面的训练,孩子就能提升思维能力和学习水平。

另外,也可以指导孩子整理自己的书包,小学低年级的孩子,书本很难有序摆放整齐,作为家长要指导他们进行整理,可以告诉他们把小的放在一起,大的放在一起,小的放在上面,大的放在下面,不用的或用完的本子放在家里,把教科书和课堂练习册等包好书皮。从而让他们有序整理书包,并爱惜自己的学习用品,养成讲究卫生和整理物品的习惯。

参与活动。有时候,教师会安排孩子和家长一起活动,既能增强家长和孩子的感情,又能培养孩子的实践能力。通常情况下,家长很忙,有时候甚至没有时间和孩子一起活动。这样做显然是不可取的,家庭的教育环境决定着孩子的成长,有什么样的环境就能造就什么样的人才。玩是孩子的天性,但是不能盲目玩,需要家长配合他们,在玩中学习相关的知识和技能,在玩中让他们懂得活动规则,并培养他们的协作能力。

另外家长也可以自主和孩子开展一些活动,可以是几个家庭一起开展,孩子的同伴互助,也可以是与他人合作等。比如,季节性的郊游,去图书馆看书、博物馆参观等活动。让孩子认识大自然,拓展视野,学会与人交流等,对孩子都是有益的,而且这也是课堂的有益补充。

对孩子的家庭教育,方法是多样的。我们教育的方法要符合孩子的发展特点,从孩子的兴趣、爱好出发,尊重他们的意愿,并进行合理的引导和指导,发展其特点,从而促进孩子身心健康发展,早日成才。

60 学会放手

对孩子的教育需要放手,同时要恰到好处,这样才能促进孩子健康成长。我们从陪伴孩子到放手,需要有一个过程。最近孩子要亲自做两件事,一件事是自己要去奶奶家,我们距离很近也就一公里左右;另外一件事是要自己坐公交车。孩子有这样的想法当然是好的,因为他们要独立去生活,这也说明孩子在长大,家长也要适当放手。

一天晚上,孩子做完作业后,要去奶奶家玩。但是我还有一些事没完成。既然孩子在这之前就说过要自己去奶奶家,不如就锻炼一下吧,在走之前,给孩子安排一些事情,过马路看红绿灯;到了之后打电话。现在孩子都有电子手表,在这个时候就用上了。女儿向我保证会这样的。我考虑到距离不远,5 分钟就到了,再加上孩子也有这个愿望,现在这个时候放手,是比较合适的。果然孩子到了之后,给我打了电话,我也夸奖了孩子真棒。

第二件事,就是孩子要自己坐公交车上学。但是这件事情还不是太成熟,现在每天我们都是骑电动车上班,把孩子带着。大人没有陪孩子坐过,小县城公交车少,我们出去都是骑电动车。但是真要满足孩子的愿望,还是要进行一定准备的。首先,就是要陪孩子坐几次,并让其告诉我们在哪上车,在哪下车。其次,就是下错站了怎么办。这些都要给孩子讲解,或者和孩子一起体验,毕竟是二年级的学生。我们还是要有针对地进行教育。为此,家庭教育就显得很重要,我们要把一些常识教给孩子。同时同伴也在影响孩子,孩子要坐公交车,是因为班里有小朋友坐。当然我们也不能排除有生活能力强的孩子,但是我们家长应该给孩子朝这个方向引领。过一段时间后,可以考虑让孩子自己去尝试。

鉴于孩子这些表现，我们还是要进行肯定和进一步引导。孩子确实是长大了，有了自己的一些思想。我要根据孩子的实际情况适当放手，这样才能锻炼孩子，并保证孩子的安全。让孩子进行生活实践，不仅能够锻炼孩子的生活能力，培养解决问题的能力，同时也能让孩子体验到成功的乐趣，从而促进孩子的健康成长。在对孩子放手方面，无论是老师还是孩子家长，都要适当放手，让孩子尝试一下"跳一跳摘桃子"，让孩子的潜能得到释放，并让孩子实践能力和创新能力得到提升。但是，这里我们要把握三个度，首先是否适应孩子的年龄特长，孩子对很多事情都是很好奇的。但是有的不适合去做，而有的可以尝试。这就要从孩子的年龄特征和实际的生活经验出发，不能盲目去做，毕竟孩子需要引导和帮助，不能一味地凭好奇心。其次要考虑到具体做这个事情的作用。独立去坐车，独立去做家务，这些在幼儿时期都可以去做。比如做家务，刚开始孩子会做不好，洗碗洗不尽，扫地扫不净。但是这不要紧，家长可以在孩子做的过程中指导，孩子的模仿能力强，几次就能学会，再说有的是在学校的集体劳动。为此孩子做的事情是有用的，有意义的，就放手让孩子干，特别是看到大人干，他们刚开始是非常喜欢做的，然后我们就让孩子独立去做。最后，就是要保证安全。这个很重要，比如坐车和出行迷路，还有遇到坏人怎么办。这个孩子要知道，可以向路人求救，向警察求救，还可以用自己的电子手表，告诉家长的位置，当然这个手表必须可以定位。在这方面，家长也要对孩子进行教育，让他们懂得一定的处理方法。

懂得了放手，才能真正放手，而不是盲目放手。对孩子的教育应该是扶中放，在放中体验成功。孩子今后的事情很多，大人不能包办一生，只有在引领和放手中，让孩子慢慢积累经验和技巧，从而适应生活，立足社会。孩子的能力不是谁能够教会的，只有自己去体验、获取和创新。当然中国孩子的实践能力不足，更应该适当放手，找方法，让孩子去锻炼，从而真正获取有用的经验和能力。放手是让学生独立的有效途径，无论什么时候，我们都要思考准备着让孩子去做他们喜欢的事情，并让孩子在体验中促进成长。这样才能促进孩子的发展，让孩子早日融入社会。

63　爱子要有方

　　中国家长是世界上对孩子教育最重视的,都想望子成龙,但是教育的方式存在一定的问题。主要表现在对孩子溺爱程度较大,缺乏有效的教育方法和手段。教育孩子不是代替孩子做其能够做的事,而是进行引导和指导,让孩子养成良好的行为习惯和品质,并掌握一定生活技巧和能力,为他们今后成长和成才奠定基础。同时家庭教育是学校教育的有机补充,作为家长要根据孩子的特点和能力,采取针对性的教育方法,促进孩子全面发展。

　　首先,家长要正面引导孩子。孩子从小就要树立正确的世界观、价值观和人生观,形成良好的道德修养。由于孩子这个年龄阶段,思想简单,容易接受新事物,所以是我们进行正面引导的良好机会。例如,孩子的吃饭问题,有的孩子觉得饭菜不好吃,不想吃了,很多家长都经历过这样的事情。一部分家长就随着孩子的性子,不吃就倒掉;还有一部分家长对孩子一顿训斥,孩子吃饭也是鼻子一把泪一把的,这样容易伤害孩子的自尊心。这两种教育方式都不合理。对孩子的教育,我们要有一定的方法。要知道原因是什么。要通过询问,引导孩子正确处理,可能孩子在饭前吃过零食,到吃饭的时候不饿,或者孩子不喜欢吃某种食物。而家长就不能盲目处理,如果吃饭前吃零食而导致孩子不吃饭,吃饭的时候就要告诉孩子,盛饭少盛一些;吃零食的时间要在一个小时之前,同时告诉孩子少吃零食,零食是没有营养的,这样孩子就会在下次注意这些问题;对不喜欢吃某种食物的孩子,可以给他们讲解,每一种食物都有营养价值,每种食物都要摄取一部分,这样才能营养均衡。对于不想吃饭的孩子,必要时要去医院检查一下身体,查找一下为何厌食等,这些都是我们家长应该想到和做的。同时也可以引导孩子知道食物是父母辛苦工作换来的,让他们感到食物来之不易,要珍惜粮食,养成节约的好习惯。

其次,抓住教育时机。家庭教育需要讲究方法,同时也要讲究教育的时机,这样才能取得良好的教育效果。很多家长虽然能给孩子无微不至的关爱,但是孩子能够接受哪些教育,效果如何,这是很难决定的。作为家长,还要抓住教育的时机,从而提升教育的质量。例如,孩子在家里进行语文学习的时候,对"商量"和"建议"两个词语的意思和使用语境比较模糊,其实这两个词的意思比较接近,但是用法是不一样的,商量是指自己没有把握做好的事情,需要获取别人支持和帮助,才能用"商量";而"建议"就是自己有把握的,然后给别人的意见等。为了让孩子更好地理解这两个词的意思,我是给孩子这么讲的。你吃早餐的时候,你和爸爸商量,吃什么东西,因为是爸爸买单,爸爸起到决定作用,这就要用商量的语气和态度。但是孩子在点早餐的时候,点了鸡蛋和豆浆,这时爸爸就要建议孩子不能这样吃,因为豆浆中含有胰蛋白酶抑制物,它会阻碍身体对蛋白质的消化,影响鸡蛋、牛奶的营养吸收。这样不仅让孩子明白了商量和建议两个词的意思,还能让孩子了解生活和饮食方面的知识,促进孩子的全面发展。

最后,参与孩子的活动。家长参与孩子的活动,不仅能够辅助孩子成长,还能与孩子建立良好的关系,并发现孩子存在的问题。老师给孩子布置了做自己能做的家务,对于一年级的小孩来讲,孩子确实在家里能做的家务太少。但是孩子也可以学着做,于是为了让孩子能扫好地,我准备了两把扫帚,其目的就是和孩子一起扫地。孩子按照我的样子一起扫起来。我对孩子采取的教育方式,就是做好榜样,让孩子跟着学,几次后,孩子也能像模像样地扫地。再后来,我就对孩子扫地的动作进行指导,告诉他:"扫地要用力,而且不能漏掉。"孩子知道了这些技巧后,把地扫得更干净了,为此,我表扬了孩子,从此以后孩子做家务的信心更足。对孩子的教育需要引导,和孩子一起参与到活动中,给孩子做示范,与孩子合作,甚至辅助孩子完成能力有限的事情,这样就能促进孩子健康成长。

总之,家庭教育是不可缺少的,只有望子成龙的心态和期望是远远不够的,我们还要从孩子的能力和特点出发,制定针对性的方法,和孩子一起学习、生活、一起接受挑战,让孩子在家长合理的引导和教育中得到健康成长。家长的愿望是美好的,同时家长还要注意教育的策略,并和老师一起合作,从而提升教育的合力。

64 寒假有分工

对于老师来讲,寒假有一个月左右的时间。为此我们有计划,有分工,让假期生活更充实。爸妈已经退休,我和家属是教师,另外还有两个孩子,大的平时都是我带着,在上小学,小的两岁爷奶带着。现在到了寒假,全家人都不用上班了,孩子也都在家里。这样我们和孩子经常在一起,就能培养和孩子的感情,从而弥补工作时缺少的陪伴。

我的寒假一天是这样度过的。没事的情况下,上午我带孩子到超市,超市有孩子的游乐场,我们办好卡,孩子就可以在里面玩。下午让孩子们在家里学习或玩。晚上我则需要看书、写作,这也是我的爱好,每天都是如此。现在的超市都是购物、饮食和娱乐为一体的,每到放假之前,孩子的娱乐场也会搞一些促销活动,比如办卡充值,200 元送 100 元,300 元送 200 元,500元送 500 等,吸引了大量的家长给孩子办卡消费。对于商家来讲商品卖出去了,而家长这边又可以消费得比较划算。儿童娱乐场有沙滩、碰碰车、练歌房、观鱼场、游戏机、迷宫、绘画、制作、科技电影等,这些都是孩子们喜欢的项目。这里有一个骑行动物城,大宝正好可以带着小宝玩,而且买一张票就行了,这也很划算。孩子们每次到这里玩得都很高兴,我们家长看小孩也就很省力了。寒假的上午基本上都是这样过的,有空陪孩子一起玩,我们也感到快乐。

到了下午的时候,小宝由爷奶带着出去玩,而我在家里就是陪大宝写作业、阅读等,孩子需要陪伴,我也要进行阅读,和孩子一起学习。平时上班比较忙,有很多订的杂志还没有看完,正好可以利用这个时间进行阅读,还有就是将以前写的文章录入电脑,进行修改。像这种生活,我坚持很多年了,也把写作和阅读当作生活中一件事来做。最后的工作就是投稿,写得多当然也投得多,还要进行杂志的选择,看看适合投哪些杂志,这都是要尝试、筛选并作总结的。当然自己的工作不耽误孩子的学习,孩子有什么问题可以随时问我。孩子做完作业后,再对其评价,把没有解决的问题再讲一讲,这样就算完成了任务。之后孩子就可以阅读或者玩玩具,看动画片、画画。

到了晚上,全家人没有什么事可干,就在家里看电视等,反正这时候是最休闲的。孩子们都喜欢看电视,大人只能看看手机,或者做一些其他的事情。其实到晚上,我也一直思考自己的文章,特别是有些难写的文章,需要进行思考和斟酌,另外还要修改一下文章。这些都是需要安静的时候去做。对于孩子来讲,他们九点钟就要休息了,而我还有任务要完成,不能半途而废。写作就是这样,要一气呵成,然后慢慢修改。我一般要写的文章,很多是平时想好的题目,先记录下来,等有空再写。有了灵感和想法,再来写就好多了。这也是我假期主要做的事情,我觉得很有意义。

当然对于寒假来讲,最重要的事情还是过年。过年要办年货,拜年,玩耍等,这些都是不可缺少的。寒假正好把年都包含起来了,特别是孩子喜欢过年。过年比较热闹,大家都会回到自己的家里,和长辈、孩子们、亲戚们团聚。大人们会给孩子买新衣服,给压岁钱,还可以放烟火,走亲戚等。对孩子来讲他们是多么盼望着这一天,我们成人也是从那时候过来的。当然我们也是闲不着的,我们要看望长辈,要与亲朋好友交流,聊一聊一年的收获。这样大家感情就会加深,特别是平时都见不到,过年可以聚在一起。

总之,寒假是充实,也是快乐。除了可以做平时做不完的事,也可以和家人一起,还可以见到不常见的亲朋好友,这是多好的事。同时,在休整的时候,也对生活认识得更深刻。

家里的"汤罐子"

　　煲汤是我们中华菜肴中的重要一种。汤味鲜美,营养丰富,能够养身健体。我们常说吃肉不如喝汤,其中就是指营养都在汤里。对病人或体弱之人,医生也建议食补,促进身体的康健。当然,汤需要器具容纳,也称之为汤罐子。而我要说的"汤罐子"则是指家里的宝贝女儿。为什么这样说呢,女儿中午每顿必喝汤;一日没有汤,就要问一下,有则吃饭必喝。

　　今年女儿8岁,活泼可爱,身体健康。记得女儿刚会吃饭那会,饭量也很大,吃饭很香,稀饭、面条都吃,最喜欢吃的就是稀饭拌咸鸭蛋。后来年龄稍微大了一点,就开始吃米饭,吃完米饭后,大人通常会给她盛一碗汤,当然女儿也是喝得津津有味,女儿食欲是很好的。喜欢吃青菜、喝汤,特别是汤,无论是什么样的,吃米饭后,都要喝一些。这也是我们把她叫作家里的"汤罐子"的主要原因。

　　女儿三餐,除了早上在外面吃饭,中午和晚上都是在家里吃。我们住在豫南的一个县城,这里有着"一半干饭一半馍"的饮食传统,由于这是中国南北交接之处,南北饮食习俗都有,现在大家都称为"有米有面,福地息县"。这就是对这一饮食传统的赞扬,同时我们息县也是天下第一县,是具有县制历史最长的一个县。早餐一般情况就是馍和稀饭,中午米饭、炒菜、汤,晚上有可能和早上一样或者是面条等,这样米面就各一半。特别是中午,饭菜是比较丰富的,吃菜很有讲究,一般人家都会做米面,再炒几个菜,菜有荤素,另外还有汤,汤也是有荤有素,总之是一天中最丰盛的饭菜。

　　说到这里,不得不说到做汤,女儿比较喜欢喝汤,如果没有做汤,就要问一问有没有,这样我们全家都明白,就是没有做有时候也是有原因,但是下次一定要有。汤我们基本上分为素汤和荤汤。比如素汤中,我们会给女儿做青菜豆腐羹;丸子汤(有萝卜丸、虾丸、鱼丸、肉丸等);附子汤等,荤汤有西红柿鸡蛋汤、紫菜肉丝汤、骨头汤、鲫鱼汤。但是这些汤,我们也可以根据季节对汤的材料进行改进和创新,只要吃着健康就行。自行研究的菌类汤、豆芽汤等,孩子爱喝汤,我们就尝试给孩子做,进而做出了一些花样。反正孩子吃饭也是大事,我们大人也是跟着孩子一块吃。

在这些汤中,孩子最喜欢吃的有两种,一种是西红柿蛋汤,营养很丰富,孩子们都喜欢吃,这是一道传统的汤,我们也是按照传统的方法做的。第二种是自己琢磨的豌豆汤。豌豆汤里面不仅仅是豌豆,我们先把豌豆炒熟,然后添上水,把肉滑进去,再把鸡蛋花做到汤里面,基本上和西红柿鸡蛋汤的做法差不多。每次孩子对这些汤都是百喝不厌。随着季节的不同,我们会做不同的汤,但是无论是什么汤,孩子对里面食材的兴趣不是太大,特别是肉不是太喜欢吃。但是孩子喜欢喝汤,身体比较健壮,在身高和体质方面都超过了同龄人。家里都想孩子这样会吃胖,为此我们在喝汤方面也对孩子进行了限制,就是一小碗汤,不能喝太多,这样就可以控制孩子的饮食,促进身体的健康成长。

喝汤是有一定科学道理的,汤里营养非常丰富。但是随着现在人们生活的不断提升,营养过剩现象比较普遍。对于孩子来讲,我们也要控制饮食。我们主要还是给孩子做一些素汤和丸子汤。汤里面放一些适季的菜叶、豆腐、鸡蛋等配料,给孩子做成营养丰富,又不会发胖的汤,丸子中也是以萝卜丸、青菜丸、鱼丸、虾丸为主,给孩子煮一些,再放一些青菜叶子,孩子可以喝汤吃里面的丸子,我们当作两道菜。记得一次游玩,在一个农家村里孩子点了一个肉丸汤,里面就是自家做的肉丸(应该是土猪肉做的),西红柿和菜叶等,孩子们挺爱吃的,回家后,就一直催着做这个汤。其实手工食品是纯天然的,一些农家菜就是利用这个来吸引食客,我们也明白他们的做法,主要我们没有这个条件。现在超市也推出了手工食品,还是要给孩子买来做一做,调节不同的吃法。

总之,汤的营养和鲜美让我们无法拒绝。特别是孩子们,都要求喝点汤,饭吃少一点,但是汤一定要有,就是其中的道理。这样我也想到了上大学那时,学校食堂每天都会给我们免费准备两个汤,一个是青菜汤,一个紫菜汤,我想这里面是有一定道理的。那就是喝汤可以调节身体,促进身体健康。

亲子游学是课外研学的一种方式,其目的在于让学生走出学校,走进自然和生活,让学生在游玩中习得知识,体验情感,积累经验,获得智慧,进而促进学生的全面发展。各个学校和家庭开展了不同形式的亲子游学活动,也取得了一定的成效。但是游学在农村家庭刚刚起步,还需要提升质量。

1. 合理、科学组织游学

为更好地开展游学,可以先进行调查,我们从学生、教师、家长多个维度进行调查,确立亲子游地点和项目活动主题,并制定可行的目标。孩子日常在学校的时间比较多,他们对自然界的东西非常感兴趣。这样可以把自然界和具有教育价值的场所作为学生游学重要场所,从而激发他们参与兴趣。其次,就是对游学的问题进行探索。也就是说探究什么问题,确定了主题后,就要选择一定问题作为研究的对象,而不能盲目进行旅游。收集孩子们想研究的问题,制成具体的表格,作为游学的重要依据。例如,在确定去博物馆游学时,主题是"探索自然奥秘",孩子提出了很多探究的问题,博物馆有哪些陈列,这些文物的来历和价值,这些文物与书中提到的文物有哪些联系,如何保护文物,通过文物了解我国的历史等。学生带着这些问题进行游学,就有了目标,收获会更大。

2. 提升游学活动的频率

从调查的情况来看,很多农村家庭游学活动很多时候都会选择在假期时间,这充分说明了游学活动的时间较少,而且时间也教短,主要是农村家庭主要成员都在外地务工,没有时间参与孩子的游学活动,而选择假期这个时间比较自由。除了寒暑假时间,还可以利用春秋各个时间段,选择周末,让孩子在春游和秋游中去探索大自然,在玩中学习。为此在时间上要根据游学的真实需要来安排,孩子出去一趟不容易,要让孩子玩好,学好。特别是去研学基地,需要一定时间,可以参考旅游基地的设计,对孩子研学的时间进行调控。游学有了时间的保障,才能促进学生有效学习与成长。

3. 加强游学活动的指导

游学活动需要合理、有效的指导,才能促进学生的成长。如果只是让学生吃吃喝喝、玩玩,就能学到知识和技能,那是不现实的。孩子虽然有一定的自主学习能力,但是还需要家长和老师的指导,这样才能有效学习。而游学是一种让学生在游玩中学习的方式,虽然比较宽松,但是不是无组织、无纪律和无指导。在游学中,除了教师进行一些必要的指导外,家长也可以参与进来,很多家长都有自己的特长。比如,有的家长是在一家户外装备公司上班,他们对这些户外运动的各种装备比较了解,这样就可以指导学生进行购买,包含如何使用等,甚至价格方面都能知晓,这样就为学生在运动装备方面提供相应的知识。再如,有的家长本身是医生,和孩子一起进行游学的过程中,能为孩子提供运动中如何保护自己的知识,遇到紧急情况如何避险等,这些都为孩子在游学的过程中提供指导和帮助。游学活动不是单纯的学习知识,还有生活技巧的掌握,让孩子在一个真实的环境中感受、操作,他们的感悟就会加深,也能够学习到很多知识,从而促进学生的健康成长。

4. 游学后要总结与拓展

游学后的总结与拓展,也是多种多样,但是一定要让孩子感兴趣,而不是"热剩饭",是让孩子把真实感受进行提炼。通常的总结与拓展,是让写游学感悟,以游记和作文的形式展示出来,然后进行评价。另外还可以采取其他的方式进行,比如让孩子当游学讲解员,分享游学中的故事。这样他们就会很愿意把有意义、有趣的故事展示出来,也让其他同学也受到教育,这样游学的教育作用就达到了。

总之,"玩中学"亲子游项目活动,有探索,有收获,就能体现出亲子幼儿的作用,能践行教育活动的生活化和游戏化。学生在大自然和生活的怀抱中,在游玩中习得知识,体验情感,积累经验,获得智慧,进而促进了学生的全面发展。

第四章 教改知多少

　　教育改革是让我们的教育更加合理化,让每一个学生都受到良好的教育,提升国家整体的教育水平。中国教育的改革趋势是充分发挥学生的自主性,让学生们更有兴趣地学习,逐渐借鉴西方趣味教学的模式。国家教育改革是大势所趋,我们也要因时而变,这样才能脱颖而出。教育改革是教育治理的重要组成部分,教育者也是重要的参与者,能为推动教育改革提供宝贵的经验。

67 从莫言建言看教育改革

在全国政协第十二届四次会议分组讨论中,文学家莫言提出:"将中小学学制改成10年,并取消小升初和中考。10年内每学年举行两次期末考试,10年后学生参加高考,根据高考成绩和平时学习成绩分流,一部分进入大学,一部分升入最少两年的职业院校学习。"我们从中不难发现这里面涉及学制与考试。学制问题涉及学生的成长过程,而考试关系学业评价和人才选拔等。这次就学制问题进行讨论,也体现对教育的务实。改进学制,是对学生学习过程和学生年龄发展特征的关注,注重了育人质量和效果;高考问题也是当前最重要的问题,其提出了独特的观点,为高考改革指明了方向。

改进学制。对于改制问题,基础教育由原来的12年变成10年,这是有一定道理的。据调查,小学、初中、高中复习考试的时间大约用掉1.5年,其实学生学习的时间就是10年左右。学制变成10年制,为学生学习专业技能提供了宝贵的时间,而且在这一时间学生的精力比较旺盛。复习考试是知识的重复,不是学习新知,而是为了考高分进行思维训练,不是思维创新,与能力培养相差很远。这样学制改革比较务实,要根据实际情况进行,而不是浪费学生的宝贵学习时间。在学生学习的质和量不变的情况下改进学制,是教育改革的必然趋势。教育改革不仅仅是改革课程,还要改进学制,对学生学习的过程进行研究,依照教育实际和学生年龄发展特点进行研究、改进和创新。基础教育改革为职业教育和大学教育储备了宝贵的时间,学生具有一定的专业技能,能够较好地融入社会。进行职业教育和大学教育十分必要,特别是我国技能型人才的匮乏,直接影响到工业大国、工业强国的发展。学生提前进行职业教育的学习,为今后的就业和发展奠定了基础。

改进考制。考试制度一直以来都是作为选拔人才的工具,但是考试是否能测试出学生的真实水平,有待进一步研究。文学家莫言认为取消小升初、中考,把平时的考试作为评价学生的依据,这样不仅能够减轻考试的压力,还能真实地反映学生的水平,注重了对学生学习过程的评价,而不是用一次考试去评价学生,评价老师。高考也是按照平时成绩和高考成绩综合评定,这样就能合理评价学生,精确选拔人才。对于高考制度的改革,一些省份和院校正在推行,有的以高考成绩、自主招生考试的成绩作为选拔人才的依据。而朱清时教授也提出了平时成绩、高考成绩和自主招生成绩作为选拔人才的依据,并按一定比例分配分数。这与文学家莫言的观点一脉相承。教育是人民的教育,每个人关心教育是应尽的职责,文学家、教育家为教育发展建言,也是我们时代进步的标志,我们的教育只有向着合理、科学的方向发展,才符合学生的发展需要,培养国家发展需要的人才。

减轻学业。考试是两个目的:一是评价学生的学业成绩,二是考评教师教学水平。很多学校都是以学生的成绩考核老师的绩效,这样老师只能拼命训练学生考试考高分,从而忽略了对教学的研究,对学生身心发展的观察,特别是处于发展时期的青少年,更应该注重他们的全面发展,张扬他们的个性。如果什么都是以考试论英雄,那么就背离了教育的宗旨。取消考试制度,显然减轻了学生的学业负担,让学生利用课余时间去玩。该学的时候学,该玩的时候玩,这样才能让学生健康成长。据有关部门统计,中小学学生的学业负担较重,其根本原因就是考试制度不合理。高考就是看你的成绩考多少,高分上名校,就业路宽,低分上普通学校甚至没学校上,就业机会少或者就业环境不好,这样学生就只能拼命考试。因此,对升学考试制度的取消和高考制度的改革是教育改革的必然趋势。我们通过改进考试制度,减轻学生的学业负担,让学生身心得到健康发展,这样他们的学习兴趣更浓,学习效果也会更好。

莫言建言很务实地提出了当前教育改革的尖锐问题,并给予很好的建议。学制、考试等方面的研究为教育改革指明了方向。国家要发展,教育应先行。教育是培养人才的主要途径,为此我们只有为学生提供优质教育,才能培养有用人才,推动经济社会的发展。莫言建言提出的学制、考试建议,务实了基础教育,为学生减轻了学业负担,并改进了高考制度,同时也促进了学生身心健康发展。

68　教育的春天

　　随着经济的不断发展,城市建设规模的扩张,很多学校就出现了很多大班额现象,各种教育设备又不健全,进而降低了教育质量。无论是老师,学校还是家长都希望孩子在一个标准化的班级中学习,让孩子受到优质教育。例会上,领导宣布要完成教育均衡发展的任务,无论是对学生,还是老师这都是一件高兴的事,教学任务减轻了,孩子受教育的质量也能提升了。

　　在政府的大力支持下,实现教育均衡,这是多么振奋人心的事啊！就班级人数来说,如果每班的人数规定在 45 人,这样老师的教学任务的量就会减轻很多,这其中包括批改作业,改试卷,还有辅导学生方面等。老师可以利用剩余的时间,阅读、进行教学研究等,从而提升教学质量。但是教育的均衡发展包含了很多内容,比如师资的均衡发展,相对来说城市比农村的师资力量要强,农村的学校教育队伍也要提升;另外还有学科的均衡,除语数外其他学科要配足老师,开齐课时,配备多功能教室等。如果能达到这些条件,我们把教育均衡发展带来的教育改革称为教育的春天一点也不为过。教育的发展离不开国家和当地政府的大力支持,前一阶段已经兴建了一部分学校 ,同时还需要新旧学校之间进行整合,从而迈向均衡发展的轨道。

　　教育均衡发起的目的就是提升教育质量,让学生受到优质教育,促进学生的全面发展。经济发展在前,而对教育的投资在后,现在改善教育环境,确实是一件好事,而且也是很急迫的事。我写过一篇文章,就是《要实现义务教育的班额均衡、师资均衡和学科均衡》,而不是仅仅班额缩小了就是均衡了,这是一个最低的层面。只要硬件和软件都能达到一定的要求,才能均衡。学校为了配合上级工作,成立了均衡发展验收小组,专人负责,所有老师都是成员,力求完成均衡发展的任务。硬件设施的建设尤为关键,比如篮球场、足球场、乒乓球场,还有科学实验室、仪器室,音乐教室、美术教室,体育器材室,图书室等,各种功能教室要齐全,才能上那些专业课程,不然孩子不能达到学科的均衡发展的要求。在很多情况下,学校是无能为力的,因为这些建设需要大量的资金投入,并进行管理等。在当地政府的关心下,学校又征收了3亩多地,这样就可以建设一个小操场。均衡发展需要逐步推进,按既定的计划,逐步实施。学科的发展还有一个问题就是,专业教师要加大培养力度,按照需要招聘到岗,比如小学科学,就是今年才刚刚招聘这种专业的老师,而且现在需求量很大。在推进教育均衡发展的同时,第一需要教师专业人才的培养,招聘也应推进,这样才能实现学科和师资的均衡发展。第二要保证义务教育阶段的老师按照报考的专业进行相应学科的教学,而不能把专业课老师硬安排到文化课上教学,前一段时间教师分配教学任务时,经常有这种现象,把语数外学科配齐了,再考虑其他的专业课,这是一种不正常的现象。

义务教育推向均衡发展,这是一项战略性的举措,关系育人质量。但是均衡发展的过程是漫长的、复杂的,需要进行顶层设计,逐步推进,并根据实际情况进行深入的研究和实践,从而实现教育改革任务。前一段时间,为了控制学校的规模和班额采取了一些措施,那就是严格按照户籍和房产就近入学,这样大规模班额问题得到了一些控制,再加上兴建的一些学校部分已经投入使用,不久的将来,至少可以解决班额均衡的问题。

69　教育抢跑何太急

所谓的教育抢跑是指采取不合适的教育手段,让不同学龄的学生过早接触教育或对该学龄阶段的学生过度进行文化知识的训练,从而导致学生的精力殆尽,使教育目标走偏,阻碍了学生身心的健康发展,并引发了一系列的问题。目前,一部分中小学生教育表现在幼儿教育小学化,小学教育中学化,各种非法培训班屡禁不止。这样就导致教育的乱象,我们不难发现教育抢跑显然是一种过度教育,提前导致学生该学的时候厌学,不该学的时候加重学生的负担,这就让学生在学习过程中不得其所。

纵观我国人才培养的现状,国际顶尖科技人才寥寥无几。为何没有大师?就当前中小学教育的现状来看,很大一部分原因就是没有按着学生身心发展的规律来育人,国家也颁布了有关的教育政策、方针和法规,但是在引导和实施的过程中受各个方面的影响,落实不到位。就出现了教育抢跑问题,但是教育抢跑只是时间的累积罢了,没有计算单位时间的效率,过早接受的不是该年龄阶段的知识,对思维进行过度训练,都是在做无用功。朱清时校长说得非常好:"考一百分的学生就相当于种田施肥十次以上,这完全是思维的训练,而不是思维的创新。"创新能力的培养首先要遵循学生的身心发展的规律,其次就是采用适合学生的教育手段,而不是题海战术,也不是靠时间打疲劳仗,这些没有发展前途,因此也就没有什么意义。

有人说,学生的教育是长跑。对于长跑,我且不说犯规需要重跑或罚下场,长跑更是耐力和毅力的表现,早几秒没有关系,关键还是看谁能坚持到底。可以说一个人的教育需要 20 年左右的时间,甚至更长。因此,我们不必为教育抢跑呼应,而应避而远之。比如,幼儿教育小学化,中小学生的校外培训班,大量的资料练习等,都是不合适的手段和方法,最终都只能加重学生的学业负担,学生学习之路很长,我们应根据其特点和能力,做好长远打算。

也有人把教育比作农业。农作物的生长需要足够的时间和光照,不是速成品。那么我们就不能当成工业生产,进行流水线生产,否则后果是非常严重的,教育是慢节奏的。教育抢跑就显得站不住脚,等于拔苗助长,后天会因为缺乏营养而枯竭。中科大少年班就是很好的例子,知识的灌输要与学生发展的特点相适应,不然就会伤害学生身心健康。我们培养的首先是一个健康的人,其次才是一个有用的人。这也与我们教育的宗旨相吻合。

教育抢跑不等于优质教育。就目前优质教育的界定来看,优质教育必须具备三个条件:家庭的文化氛围、学校教育设备和教师的专业素养。这好像和教育抢跑没有一点关系,教育抢跑无非就是让孩子过早接触知识,过度进行思维训练,难道这些是优秀的教育方法? 恐怕优秀的学校和有良知的教师是不会认同的。我们教育的目的是让学生成人、成才,既然我们想让自己的孩子受到优质教育,就应该按照教育规律和学生身心发展的特点来实施教育,而不是教育抢跑。教育抢跑不如提升教育质量。提升教育质量的最主要手段就是学校教育以及家庭教育的辅助,而不靠培训机构和不正规办学的学校。学校教育除了应配备必要教育设备,就是要打造高效课堂。打造高效课堂是当前教育改革的主要体现,在课堂中要建立以学生的学习为中心,让学生自主、互助学习,通过翻转课堂、慕课、微课等手段辅助课堂教学,最终达到提升课堂教学效率,培养学生综合能力的效果。做个比喻,低效的课堂就相当于炮弹,高效的课堂就像原子弹,课堂具备的威力大,课堂效果才好;课堂具有了能量,才能培养学生的能力。

教育抢跑是当前教育的一种乱象,是教育中施教者病急乱投医的表现。学校、教师、家长都希望孩子能考出好成绩,但是成绩只是孩子能力的一种体现,要认清培养人才是要从培养学生学习能力、想象能力、创造能力和协作能力等方面入手。因此,要消除教育抢跑现象,第一教育行政部门要督促各校落实党的教育方针和政策,实现新常态管理。第二,要改进对学生学业评价方式,利用多元化的评价方式促进其健康发展;第三就是要加强中小学硬件的建设;第四,要对教师加强培训,不断提升专业素养;第五,就是家校合作,共同教育;第六,规范校外培训机构。

　　但是,再好的教育途径和方法,关键还是要落实,在实践中改进并创新。最后衷心希望我国的基础教育事业有质的飞跃,让中小学生学得好,学得轻松,从而促进他们身心的健康发展。

70 基础教育改革势在必行

发展学生核心素养，是基础教育改革与发展的新课题，也是素质教育、创新教育等全面发展的需要。现行教育存在着一些不足，我们要不断深化教育改革，以培养学生的核心素养为目标。我们要立足实际，把应试教育转向素质教育，高度重视综合学科教学，扎实开展综合实践活动，充分利用传统文化教育。前面两点要积极行动，后面两点要扎实开展，培养全面发展的学生。有了目标和实施途径，我们就要积极进行实践。

应试教育转向素质教育。我国的素质教育虽然提出有一段时间，但是现行中小学教育依然是应试教育，尤其是农村学校，还是以学生的成绩评价学生、老师和学校，还是以学生的文化课考试成绩为教育的目的，这与素质教育的要求相差甚远。素质教育强调学生的德、智、体、艺全面发展，这与发展学生核心素养中提出的培养全面发展的人一脉相承。因此，我们向素质教育迈进也是发展学生核心素养的一种途径。发展学生核心素养目标公布以后，我们就要理解其内涵，并以素质教育为途径进行实践。为此，我们不能再以学生文化课考试成绩去评价学生、老师和学校，而把其他方面丢弃。我们要按照素质教育的要求，培养学生的德、智、体、艺等方面的能力，这也能体现出核心素养的六大指标，比如科学精神、学习能力、道德情感等，以综合评价促进教育思想和方式的改变，通过扎实开展以往的课程，然后进行课程的整合，从而实现学科核心素养的发展。在具体的实践中，我们要以学生为本，让学生自主学习，合作探究，进而培养他们的学习能力、合作能力，而不仅仅是知识的学习，分数的提升。要让学生在能力、情感、品德、创新等方面得到全面发展。

高度重视综合学科教学。由于应试教育的影响,导致我们认为除了考试科目,其他学科都不太重要,只是附带品。特别是农村学校,没有开设综合学科课程,也没有专业的老师,即使有一些专业的老师去了,如果语文、数学老师不够,就要担任这些学科的教学。比如小学阶段,科学、思品、体美音等都没有正常开展或没有开展,这离核心素养中全面培养人的目标相差甚远。为此,必须开齐综合学科,扎实进行教学,提升教学质量。为了实现发展学生核心素养的目标,就要配齐综合学科的教师,配备好相应的专用教室和场地。比如,科学课要配齐实验员、科学实验室、仪器室;音乐课要配齐舞蹈室、乐器室;美术课要配齐画室;体育课要有标准操场、器材室等,这些都是综合学科扎实开展的条件。老师和教育装备都要进行配备并用好。另外还要做好综合学生的教学教研的指导工作,教研室要配齐各个学科教研员,让义务教育阶段的各个学科得到均衡发展,让综合学科的教学质量得到提升,从而促进学生的全面发展,进而实现发展学生核心素养的目标。

扎实开展综合实践活动。对于综合实践活动,大城市的学校开展得好一些,有单独的课程和老师,而农村各学校是以活动的形式开展的,比较零碎,也没有固定的指导老师,很多都是为了获取一个证书,去参与上级组织的这项活动,可见其质量如何。综合实践活动,通过让学生走向生活,走向社会,让学生的动手操作能力和社会实践能力得到培养和发展。而综合实践活动也体现了学生核心素养的发展,比如学习能力、科学精神、创新能力等,这些都要进行实践才能获取。对于综合实践活动,我们要开足,并且要有专职的辅导老师,从而提升课程实效。比如,可以开展德育实践活动,我们可以结合传统节日,以一个主题的形式开展;兴趣实践活动就更加广泛,可以结合各个兴趣小组,把自己的作品捐献给他人;学科实践活动,比如科学课中我们可以开展科学 DV 的创作,让学生自己设计方案,录制视频,然后进行后期的制作等,这样学生的动手能力和创新能力就得到发展;社会实践活动,这个范围非常广泛,可以结合学校的活动开展,比如文明单位的创建,可以组织学生参与义工活动等。这样就加强了学生对社会、自然和人生的了解,让学生社会实践能力得到提升,道德情感得到增强,并学会表达、合作、分析、创新等。开展多样化的、有层次的综合实践活动,从而助力学生核心素养培养。

充分利用传统文化教育。随着传统文化进校园的不断深入,看起来挺热闹,但是效果并不是很明显,有点走形式的感觉。这些东西同学们都明白,实践起来却很困难,看来实施的手段和力度有待加强和创新。传统文化是我们的根,也是我们的精神食粮。我们的文化底蕴和人文素养都来源于此,可见其重要的作用。但是随着经济社会的发展,传统文化的精髓依然能发挥作用。我们要讲诚信,要讲精气神,这都与传统的东西分不开。因此,学校应开设相关的课程,如国学课、书法课等,也可以开展一些经典诵读活动,还有书法比赛等,让学生的校园文化生活更加丰富。传统文化课程的开展要配备专业的老师,每周开 2~4 节,让孩子彻底经过传统文化的洗礼,并且要求其他老师也在课堂中渗透这些思想,让学生的文化素养和德育素养得到提升。有条件的可以自己请专家指导,自己的老师开发国学课程,这样不仅让学生受到教育,老师通过研究和实践也提升了文化素养和研究能力。因此,传统文化对学生核心素养中的文化底蕴、思想品质、道德情操等方面的发展,作用非常明显。

71 有效应对校园涂鸦现象

涂鸦现象是指在生活周围的公共场所的物体上涂写文字或图案,使整洁的环境变得破旧凌乱,失去原有的本真。近些年,校园涂鸦现象是屡禁不止。由于社会倡导个性的发展,而青少年对文化的界定又非常模糊,再加上学校教育的手段与方法不当,导致涂鸦现象发生,且有扩散的可能。因此,基于校园文化的建设和学生个性的发展,就要制定有效对策,从而合理地引导和管理校园涂鸦现象。

加强对学生的养成教育。在公共场所乱涂乱画,这是一种不文明的行为,学生要认识到这是一个严重的问题,关系到个人思想品质。这其中也包含了在校园和班级的公共设施上涂鸦。就目前来看,校园和教室的墙壁经常出现涂鸦现象,这与保持良好的卫生习惯是相矛盾的,因此要加强对学生的养成教育。班主任和各科任课教师要强调涂鸦是不文明的行为,要注意场合和方式。特别是班主任老师要在班会中强调,每周要进行班级卫生工作的总结和布置,强调涂鸦现象利弊,也是很必要的。比如,和学生打个比方,白色的墙壁就像我们的脸面,画上几笔会好看吗? 这些公共设施是我们日常生活和学习的地方,保持卫生和整洁大家才感觉舒适,不要图自己的一时之快而破坏环境。同样,学校也可以利用每周的周会,对各班卫生进行评比。其中有一项就是班级和卫生区的卫生环境的评比,当然被涂鸦的班级和卫生区一定会被扣分,如果发现是哪位学生做的,也要扣该学生所在班级的量化分。比如,年级前三名的可以得到文明流动红旗。这样奖罚分明,以多鼓励教育学生,促使其改正毛病,形成良好的行为习惯。学生都有自尊心,有班集体荣誉感,自己的班级和卫生区的卫生环境搞不好,自己会感到羞愧,从而明白哪些事情该做,哪些不能做,进而有效治理校园涂鸦现象。

增强课堂教学的吸引力。通过对一些学生的调查,学生讲道,涂鸦就是玩玩,调节一下学习压力,并没有恶意。由此,我们发现是课堂出现了问题,本身学习是快乐的事情,现在却给学生带来压力。因此,缓解学习压力,培养学生学习兴趣,也是减少校园涂鸦现象的一种方式。那么如何才能让我们的课堂具有吸引力,让学生轻松、快乐地学习呢?作为老师,我们要先了解学生的心理特点和情感需求,改变教法,积极引导学生自主学习。例如,课堂中采取"先学后教,当堂训练"的教学模式,让学生先进行学习的尝试,体验知识形成过程,而不是教师把知识强加于学生,有疑问的通过小组合作学习,到最后解决不了的教师再进行点拨,直到学生自己解决。这样学生学习能动性就会被调动起来,体验到学习的快乐。另外在课堂教学中,我们要不断丰富课堂教学,利用多媒体以及教学用具,丰富学生的知识,培养学生动手能力等,让他们在教学活动中学习与创新。翻转课堂中,我们把学生的学习放在课外,学生学习空间变广,也更加自由;学生课堂中只讨论生成的东西,分享成果,研究生成问题,提升学生的学习能力。因此,只有以学生的学习为中心的教学理念,课堂才具有吸引力,才符合学生的发展要求。

开展活动促进学生发展。喜欢涂鸦的同学,不一定都是坏学生,他们中也有具有艺术天赋的。因此,我们要正确引导有涂鸦美术趋向的学生。为此可以根据实际情况开展活动,让这些同学发挥他们的潜力。把这些具有涂鸦美术趋向的同学组织起来,在固定的时间和固定的场所开展涂鸦活动,发展他们的个性,并教育他们如何做才是合适的,把涂鸦变成高雅的艺术,而不是破坏环境。例如,校园文化节来临之际,我们开展了"我为校园添彩"的主题文化活动,在操场的地坪上,铺上百米长的白布,邀请这些涂鸦美术趋向的学生参与,共绘心中美丽的校园。通过活动,不仅满足这些同学的涂鸦需求,也正确引导了他们展示才艺,促进了学校文化建设。

拓展创造与发布的空间。涂鸦文化已经进入了人们的生活,特别是青少年学生把其当成一种休闲方式。但是我们又要教育学生用文明的方式去表现。因此,我们可以利用网络文明涂鸦,再加上网络能够及时清理不健康的内容。有涂鸦兴趣的同学可以利用绘图软件将自己的作品设计好然后发布到网上,这样也可以让更多的人看到自己的作品,使自己的才艺得到体现,进而减少了校园涂鸦现象的发生。再加上现在学校的多媒体教室和家里的环境都能满足学生网上涂鸦的需要,可以让他们尽情地展示自己的才艺。数字化的空间为学生涂鸦拓展了创造和发布的空间,让他们用文明的方式去发展自己。另外,我们也可以引导他们把作品先用纸张设计处理,然后通过相机拍摄,再上传到网上,同样也能展示自己。无论是哪种方式,只有给学生展示的空间和机会,才能促进这种涂鸦方式变得优雅。

72 考试为哪般

我们都知道高中有月考，但是小学现在也在推广这种考试；我们还知道小学和高中育人的目标是不一样的。高中学生马上就要进入大学，是选拔人才的关键，考试是一种手段，小学进行月考就没有这种必要，完全是为了分数，提前上演题海战术，这样是不利于学生全面发展的，过度强化，会让学生产生厌学情绪。

某校的月考中，学校负责人把考试的信息在教师微信群中发布，告知大家周六的上午进行考试，信息发布之后，就有老师请假的，得到的回复是自己监考找人代替，学校找不到人。但是，后面还有一部分老师要请假，周末有事。还有一些老师说出"为何考试要占用老师应该休息的时间，国家规定加上周末和下星期一共计三天为元旦放假休息的时间"。其实这也是大家的心声，除了监考不说，另外还要阅卷，这也需要时间，要另外加班。这等于说一个老师要监考再加上阅卷需要一天时间，如果只监考不阅卷也要半天时间，学校额外增加负担，又赶上元旦小长假，于情于理是不能立足的。由于很多老师的争论，迫使该校改为本周五下午进行考试，一、二、三年级放假，四、五、六年级考试。虽然解决了周末老师不愿监考和改卷的问题，但是这依然不是最佳的解决方法。一、二、三年级学生为什么要放假，他们的学习不重要吗，要牺牲他们的宝贵时间？如果我们要举行大规模的考试，应在上级教育部门的统一部署下进行，而不是擅自行动；不然就会耽误日常的教学，甚至影响老师休息。看来小学月考没法组织，学校单一行动，没有空间，也没有时间，完全是一种自私的行为。

考试有三个目的，一是巩固知识，二是查漏补缺，三是评价学生。如果把这个成绩作为评价老师的依据是不合理的,但是学校主要的目的还是以学生成绩评价老师,这是一个不全面的评价方案。学生的成绩,学生自己是内因,学生成绩的取得可以说一小半是老师的作用,大部分是学生自己的悟性。如果用来考核老师,那只能按照一半以内进行计量。升学考试成绩不再是进入初中的依据,还有自主招生考试,进行学生智力测试,高考成绩也是参考的依据,也就是说我们在逐步淡化卷面考试,去探索更为合理的评价方式,而不是一直在挖掘考试作用,不然就与当前教育改革背道而驰。

小学频繁的考试,已经严重干扰了正常的教学秩序。无论是学生还是老师,都需要在一个安静的环境中去思考,去发展。如果教育只剩下了做题、考试,那么教育就是一潭死水。教育是一个长期的过程。我们的教育目标是培养德、智、体、美、劳全面发展的人才,而试卷的作用可想而知。而学校会告诉我们是上级要按照学生成绩的评价方案去评价学校,我们又有什么办法呢?但是,我们能不能换一种方法,让学生的成绩和能力都能达到一定的高度呢?而不是仅仅去完成考试的分数和名次,不然就是不负责的态度,教育不是儿戏,其最终的目的是培养孩子的健康人格和综合能力。为了缓解学生的学业压力,教育部要求老师不留作业,少留作业,也可以不考试,特别是小升初的成绩不能作为学生升学的依据,是义务教育,按照就近入学,没有任何门槛。这就告诉我们教育者一个信号,小学阶段的考试成绩,只是一个参考依据,不是必备条件。这也在一定程度上减轻了学生的学习负担,其关键还是在于学校和老师对学生是如何教育和操作的。但是往往我们都放不开手,还是靠时间战,靠题海战去教育学生,这样就算能考出分数,学生的习惯培养了吗?学生思维能力培养吗?学生的创新能力如何了?

其实学习知识没有什么难度,关键还是培养孩子的思想,孩子掌握了学习方法和思路,还有什么不能解决的呢?为什么孩子碰到没有做过的题目就不会了,这说明还是学生能力欠佳,学生没有思考的时间。特别是我们现在的自主招生考试,能录用的都是城市中的孩子,这是为什么呢?就是他们从小就注重对孩子能力的培养,而我们就是看重了孩子的分数,这样就导致孩子处理突发问题时,显得措手不及。

73　构建良好的阅读环境

　　图书馆是学生学习和生活的重要场所。学生通过阅读书籍能够丰富知识、拓展视野，让学习生活更加充实。因此，图书馆的建设至关重要，应发挥好图书馆的功效，让学生能够在课余时间更好地阅读、交流和休息，真正成为学生的第二课堂。但是孩子没有时间去图书馆阅读，还有的孩子不喜欢等，为此，我们就要为孩子构建良好的阅读环境，激发学生阅读兴趣，丰富学生的知识并提升他们的阅读能力和人文素养。

　　布置阅读环境吸引学生。为了打造良好的阅读环境，对图书馆进行布置是很有必要的。让温馨的，如家的环境吸引学生安心读书，让学生在这里度过愉快的时光。图书馆内部要整洁、优雅，书刊摆放整齐，让人看起来赏心悦目，从而发挥其隐性作用；图书馆工作人员要热情服务，让学生感受到家的感觉，对阅读中出现的问题要及时解决，以自己的真诚和精气神去影响学生；图书馆的宣传要到位，把一些优秀的读书笔记、心得张贴展览，推荐新书，让学生感受到读书的作用和意义；图书馆的墙面文化还应该布置一些与读书相关的名人、名言，以此激励孩子们阅读；同样还要有现代化的办公设备，查阅系统以及电子阅览室，以现代化、快捷的方式促进孩子查阅资料，便捷阅读。图书馆通过精心的环境布置，整体协调，给人以美的享受，从而形成一个良好的素质教育氛围，让孩子们随时能够受到感染和熏陶。

　　开展读书活动激励学生。读书活动是激励学生读书，分享读书心得的重要手段。利用读书活动方式激励学生去图书馆借书和读书，从而发挥图书馆的功效。每周每班利用一节课时间进行读书活动或读书分享，从而激发学生的阅读兴趣，培养学生的阅读能力。教师可以指导孩子们制作阅读卡片,写读书笔记,写读书心得等,让孩子们掌握阅读的技巧和方法。读书分享课,让孩子们轮流进行读书心得的分享,可以是读书成果的展示,也可以是演讲,这样不仅让学生自己的读书感悟能力得到提升,同时其他孩子还能从中得到启示。其次就是要成立读书兴趣小组开展读书活动。比如,学校成立了文学社、读书社、书评社等,以团队的形式开展读书活动,定期交流读书心得。以活动的形式促进学生读书,增强学生的阅读兴趣,培养孩子的阅读习惯。这也为去图书馆借书和看书奠定了基础,为此我们要把读书活动变成一种常态。

建立班级书柜方便学生。班级图书书柜是学校图书馆建设的细化和延伸,图书馆可以由老师和学生自愿捐赠图书。这些书籍能够让学生充分利用,还可以把图书馆的图书以班级为单位通过借记手续丰富到班级书柜,从而方便了学生的借阅。通过班级书柜的建设,让班级形成一个良好的文化氛围。班级书柜建好以后,还要进行书籍的管理,形成一种制度,办理借阅手续,让书籍更好地在班级流通。为此,可以实现每人都当班级管理员,负责书籍的整理和借阅手续的办理,让学生的管理能力和服务意识得到提升。班级图书在流通一定时间后,要进行书籍的更换,这样孩子们就会自觉地把自己读过的书籍放到书柜,让大家一起来阅读,学生在阅读的过程中,学会了分享和协调。这样利用班级书柜延续了图书馆的功效,方便了孩子看书,让他们的读书习惯逐渐养成,阅读能力和文学素养得到提升。

推荐新的书籍引导学生。对于新的书籍,不仅需要在图书馆的宣传栏中进行推荐,还要加大宣传力度。图书馆宣传栏中的新书推荐,可以是书的特点和内容的简单介绍,这样比较规范,留心的学生自然会知道有哪些新书,自己该看什么新书,其实这也是图书馆工作中的一部分。其次,就是可以发挥班主任和语文老师的作用,对孩子有益的书籍,老师们都可以推荐。班主任老师可以向孩子推荐一些德育教育方面的书籍,比如德育小故事、礼仪故事等对孩子们行为习惯培养有用的书籍;语文老师可以给孩子们推荐一些诗词、文学方面的作品,当然这还得符合学生的年龄阶段,总之是文学和写作有关的书籍。这样在老师的推荐下,孩子就知道有哪些新书,自己该读什么书,如何读书;最后,可以通过学校的网站,在新书推荐板块中,把新书的内容进行展示,孩子们通过浏览网站也可以得到指导;可以通过图书馆微信公众号等方式了解这些。新书推荐起到引导孩子们读好书的作用,进而也发挥了图书馆的功效。

　　阅读对孩子们的成长至关重要,我们要让图书馆在这方面发挥积极作用。让孩子们的课堂学习与课外阅读结合起来,不断丰富孩子的知识,拓展他们的视野;在阅读的过程中,让人类知识的结晶得到继承和发扬。而图书馆正好给孩子们提供这样的尝试,因此,我们要采用多种方法引导、激励和指导孩子们去图书馆阅读,让图书馆真正成为他们学习和生活的天堂。

74 让家长课程助力家校合作

家长课程是家校合作共同教育学生的一种课程。家长课程要求符合孩子的年龄特征,家长根据自己的职业特点或自己的特长为孩子上一节课,从而加强孩子对家长的了解,同时也促进家长对孩子、对学校的了解。不仅丰富了学校的文化课程,也促进了孩子丰富知识,拓展视野,彰显了家校合力。为了打造美丽校园,创建文明单位,学校以家长课程为突破口,提升学校的办学品位,促进学校精细化发展。

做好宣传。由于家长课程对于学校来讲是第一次开展这样的活动,也是今后常态化的工作,因此要积极进行宣传,征得教师和家长的理解和支持。按照学校的要求,学校做宣传的同时,各位班主任老师也要利用一周时间选择。班主任老师把家长课程的目的和意义在班级微信群中发布出来,让家长们知晓,让他们知道家长课程是家校合作教育的一种方式,有利于家长了解学校和孩子,也让老师对家长和孩子有更深的了解。通过这样的交流,从而达到一种共识,并对孩子进行针对性的教育。对于家长存在的疑问要积极回答,良好沟通,从而促进课程的顺利实施。比如,家长课程会不会影响孩子的学习? 家长文化水平低,讲不好怎么办? 工作没时间怎么办? 教师要与家长、学生沟通好,并采取有效的措施。第一个问题,可以对家长讲课程的作用,告诉家长每周五下午一节课,孩子也需要了解社会中的问题,这样有助于拓展孩子的知识,丰富他们的社会经验等;第二个问题,家长和老师一起做孩子的思想工作,让他们认识到父母也是老师,来学校讲课会让更多的孩子受益;第三个问题,家长可以讲自己拿手的东西,哪怕是说说自己的工作和生活,这也能让孩子们体验到生活的艰辛;第四个问题,可以告诉家长,有空再来,可以提前预约,真要是没时间可以给孩子们录制一段视频,让他们观看,这样也能达到一定的效果。无论是什么问题,只要是不超出能力范围,我们作为老师都要耐心的讲解,消除他们的恐惧感,让他们把热情投入到孩子的教育中,从而助力家校合作。

积极筹备。对于家长课程的实施,要精心进行筹备,不是每位家长都可以到课堂中讲课,还要对他们审核才行。首先由家长提出申请,写好讲课的思路和方案,经过教务处和班长任的审核通过后才能实施。我们要求这些课程符合孩子的特点,与孩子的学习、生活息息相关,并融入一些社会方面的材料,从而促进孩子的发展。家长要根据自己的职业和特长,现身说法。其实,在这里面,公务员和事业单位的家长有很多的优势,比如职业是警察的家长可以讲人身安全,交通安全等,职业是医生和护士的家长可以讲日常保健和卫生习惯;职业是厨师的家长可以给孩子讲美食是如何做的,告诉孩子如何吃更健康。学生对这些不同职业以及他们的特点会很感兴趣,可以从这些方面进行引导,从而促进课程的建设和发展。班主任和家长对所讲课程的大致意图敲定后,家长要制定详细的讲课方案,然后由学校和教师进行审核,并提出意见,让家长进行修改,直到完善,才能在课堂中使用。其次,就是对家长课程实施的过程先进行指导和培训,让他们知道一般上课的过程。告诉他们课堂中课题的引入,由教师和学生,学生与学生的交流讨论等,还要所学知识的总结与拓展等,这些都是教学过程中常见的流程,让家长们知道,这样才能带动孩子真正进入他们的课堂。最后,就是和家长约定时间,按照申报的顺序把课程排好,如果有事要提前告知,为了避免家长忘记,班主任要提前1~2天提醒家长。

保障实施。当宣传工作和筹备工作进行完之后,就要实施,保障家长课程按照规定有效地开展,才能发挥家长课程的作用,促进孩子健康成长。班主任负责家长的接待工作,负责视频课的录制和资料的保存,同时在课堂上要做好听课记录,并进行评价;在课程教学中,家长要先介绍一下自己的情况,包括自己的姓名、谁的父母、职业以及爱好,然后进入要讲的课程,这样会给学生一个熟悉的过程,从而尽快地适应新的环境。同时要求学生认真听课,积极与老师互动,在课后要进行课的评价,比如,喜欢、一般、不喜欢等;对于评价好的家长课程,要上报到教务处备案,并吸取家长成为家长委员会会员,今后会邀请他们参与学校事务,共同管理学校。对于不擅长讲课的家长要进行鼓励,比如一位家长没有文化,在工地上班,他不知道如何给孩子们上课,但是对孩子的教育他是非常认真的。我给他的建议是讲一讲一天的生活,让孩子多了解一下家长的辛苦和今天生活的来之不易。家长在电话里大致说了他的讲课思路,他不会写字,我告诉他通过了,可以来讲。讲完后,孩子们都给了很高的评价,表示喜欢这样的课程。课程要扎实实施,同样要有教育意义,为此我们就不能限制课的形式,需要多样化的课堂。

　　总之,家长课程是学校教育的助推器,对孩子的教育有着重要的作用。我们要认真宣传、筹备、实施和评价,从而让家长课程系统化,深入地开展家校合作。

75 破解足球进校园困境

实现中华民族伟大复兴的中国梦与中国体育强国梦息息相关,发展振兴足球是建设体育强国的必然要求。我们不难理解以足球进校园的形式开展体育运动,最终提升青少年乃至整个民族的身体素质,增强民族的凝聚力。教育部又提出了"加快推进校园足球的普及,广泛开展校园足球活动竞赛,加强校园足球特色学校和试点单位建设",可见足球进校园的意义重大。因此,我们必须扫除当前存在的场地、师资、赛制等一系列的问题,从而促进"足球进校园"这一战略任务的实施。

解决足球场地问题。场地是开展足球运动的基本条件,但是场地也是足球进校园的难点问题。很多学校都不具备这样的条件,如果开展这项运动,就要扩建学校场地。特别是一些城区的学校,校园较小,大班额问题尚没有解决,运动场地更是无从谈起。因此,城区一些学校已经无法在原来的基础上建设足球场地;而农村学校生源又少,对于开展足球运动也是很矛盾的。对于目前这些困难,只有根据现状,立足实际。从几个方面入手:一是,开放具有足球场地的学校,比如,城区有条件的中学,可以向小学开放,可以向没有场地的中学开放,根据校与校的距离统一安排,并做好安全工作。二是对有条件扩建的学校,要扩建学校,并建立好足球场地规划和建设;三是农村学校可以在生源较为集中的学校修建足球场,农村学校相对来讲,土地宽裕,建设场地投资较小。四是对于新建学校,一定要规划好足球场地,不然不批准建校。五是社区或小区要逐步完善运动场地建设,特别是准备建设的社区和小区,要规划好运动场地,以满足居民和青少年进行足球运动需要,从而提升公民的身体素质。足球场地是开展足球运动的前提,但是场地建设需要规范、时间和资金，因此只有从点到面，稳步实施，最后才能开展好此项运动。

配备足球教师。对中小学体育教师来讲，很多学校配备不够，而足球教师更是无法满足需要。因此，随着足球进校园的推进，首先要解决足球师资的问题。同时足球教师也是开展足球运动的基础，学生从老师那需要了解一定的足球运动方法，才能进行练习和比赛。因此，足球进入校园要解决师资的问题。一是师范院校和体育运动学校要加强足球专业建设，增加足球专业的招生比例，培养高质量的足球运动人才，为中小学足球教育补充力量。二是对现有体育教师进行足球专业知识的培训，从而提升他们的专业素养。三是根据学校的生源情况，招聘足球教师，以满足现阶段开展足球进校园的需要。四是聘请退役足球运动员，作为学生足球运动的辅导教师，与学校体育教师一起对学生进行足球教育。五是鼓励体育教师积极考取足球裁判资格，以完善裁判制度。六是发展好老师的助手，对于足球技术好的学生，我们可以培养其作为班级足球小组的组长，传递老师的指令，带领大家一起训练等。教师是教育中不可缺少的因素，因此足球运动同样需要教师，其中包含专业教师、专业运动员、裁判员以及陪练等，这样就构成了足球运动教育的师资，甚至比一些文化课更为复杂。

制定足球赛制。足球进校园重要任务之一，是按照全国校园足球竞赛方案，组织开展小学、初中、高中、大学四级联赛。因此，要制定相应的制度，在制度的规范和监督下，开展好此项运动，从而提升青少年乃至整个民族的身体素质。但是赛制需要逐步完善，先从兴趣引导、普及足球教育，然后再进行赛制比赛。首先，要制定孩子运动的时间，将"每年有多少孩子经常参加足球活动、参加比赛的人数和场次"纳入考核体系。其次，抓好普及的工作，多进行班级、年级间的交流，吸引更多的孩子参与到足球活动中，从而起到让青少年锻炼身体的作用；再次，要做好班级足球队和校级足球队的建设，采取严格选拔和流动管理的形式，不断充实和更新球队；代表班级和学校参加更高层次的比赛，以展示学校的风貌。最后，做好各级联赛的比赛，严明赛纪,杜绝以大打小、为成绩而不择手段的情况出现,严格以学籍为参赛的资格;到了大学时要把业余球员和"特招生"球员分开两组,分别比赛,避免差距过于悬殊,对于大学联赛涌现出好的苗子,应为他们提供通向职业联赛的输送渠道,成为职业篮球运动员。

开展足球进校园活动,是一项利于体育运动发展的重要举措。"校园足球"对体育强国梦的实现、对提升学生身体素质、对学校课程的丰富、对素质教育的推进等具有重要意义。百年大计,教育为本,足球教育作为教育的一部分,也充分体现了足球运动的作用,因此,我们要为这项伟大的工程出谋划策、谋发展。

76 文明校园齐行动

　　为了创建文明城市,创建文明校园。我校周围环境的建设也加快了步伐,进行了全面的治理。在县综合执法局的大力支持下,我们教师队伍也参与了相关的校园环境治理。老师在上学和放学后在学校门口执勤,对相关的行人和车辆进行管理和疏导,从而让校园门口畅通无阻。教师轮流执勤,引导家长接送孩子,特别是引导家长在指定地点等待孩子,不能进入校园,车辆放入指定位置,让孩子自己排队到指定的地点与家长会合。在县执法局和老师的共同努力下,校园周围的环境得到有效治理。

　　学生的路队进行了分流。按照不同方向出校门,让学校门口的拥挤程度减小。班级中的两位老师,每人带一队,直到孩子家长与孩子会合。没有来的家长,孩子在指导地点等待,这样就能让家长有秩序、安全地接到自己的孩子。这样一来道路两边就没有家长,一直走到很远的等待区,这个范围大一些,家长和孩子都有接洽的空间。

　　在交通部门支持下,交警给学校门口进行交通引导线的设计,通过引导路线让学生和家长明白如何行走,这给学校门口的交通问题带来解决的好办法。这里有等待区,非占用通道。这样接送孩子更方便,让学校门口的交通有序。有了这些标准,车辆不能乱放,家长也不能进入这些不该进入的地方。路队分流的做法非常适合学校拥挤时的放学时段,能够让人群快速分散。

　　开展了"小手拉大手"活动。学校与城市环境治理的结合,开展了主题班会活动,让孩子们写一篇主题征文。先让孩子了解城区市容整治的重要性,并认识到现在的变化。在班会活动中,我们要教育学生拒绝不文明行为,比如遵守交通规则,要高中家长不要进校园,并在等候区等待学生,不坐非法营运三轮车;不吃学校附近的三无垃圾食品,并承诺不带入学校等。这样一来学生的生活更健康,减少了学校的垃圾,最后就是学校周围的环境得到了治理并逐渐好转,学生明白了这些后就要认真去实践。其次就是"小手拉大手"活动的征文,让学生亲身感受到周围环境的变化,通过和以前的环境对比,谈一谈自己的认识,车辆和人流的管理、交警和老师的执勤、交通标志的设计,甚至卫生的处理等,让学生从不同的角度去写,从而认识学校周围综合环境有了更好的改善。

学校把全体老师编排执勤,每位教师按照上课的时间提前半小时到岗,放学晚半个小时走,并指导学校门口的交通和治安情况。做到按时上岗、认真排查,细心引导,周到服务等。这样在老师们大力支持和努力工作下,学校周围的环境有了变样,形成了与综合执法公务的有机结合,我们管学校门口,他们管接到,这样就做到了无缝链接,形成合力,从而发挥了工作的实效。

学校周围环境的治理,通过宣传、规划、实践和总结,真正落实好创建文明城市、文明校园的工作。我们再也看不到了学校周围拥挤的交通,这些举措已经发挥着重要的作用。现在在执法局和广大老师的共同努力下,学校周围环境的治理取得了很好的效果。环境是学生生活和学习的条件,也反映了一个城市的市民基本素质,我们在教育好孩子对文明程度的认识,也要为孩子创设一个文明、和谐的环境,让他们能够安心地学习。

学校的外部环境和内部环境是一个有机的整体,以前学校周围脏乱差,与现在形成了很大的反差,我们要抓住这一契机加强孩子良好行为习惯的培养,让他们懂得如何保护环境,遵守交通规则,甚至一些生活习惯等。

学校环境得到了很好的治理,这与大家共同的努力是分不开的。这局面要保持下去,直到家长和学生真正养成好的习惯,并约束自己的行为,那时候我们的付出才有收获,我们的劳动才是值得的。

77 合理利用教育装备

无论是课堂教学中电教设备还是实验室的实验器材,都在教学中起到重要的作用。这些教育装备为教师教学的开展提供了支持,特别是直观、形象教学,还有动手操作方面,从而提升课堂教学实效,让学生动手能力和创新能力得到发展。但是随着新课改的不断推进,教材也在不断变化中,而教育装备的配备与之不符,甚至存在教育装备放着不用、没法用的现象。这样就降低了教育装备利用率,不利于课堂教学的开展。为了提升教育装备利用率,助力课堂教学,可以从四点入手:

一、发挥专业期刊的引领作用。专业期刊具有宣传和引领行业或领域发展的作用,特别是在使用者和研发者之间的沟通上建立了渠道。了解教育装备方面知识和理论,可以通过订阅《中国现代教育装备》《实验教学与仪器》《中小学实验与装备》《教育与装备研究》《中小学电教》等专业期刊。专业期刊中有一些教育装备研究和实践方面的文章,为一线教师使用和管理教育装备提供了经验,发挥着引领作用。具体有新装备的使用方法和技巧的简介,还有一些一线教师对教育装备使用的经验总结,里面包含了教育装备使用技巧和方法,甚至利用教育装备解决一些教学问题的案例等,对教师的实践很有帮助。这些杂志是本着教、研、产相结合的办刊理念,根据教学实际进行教育装备的研究和生产,为教师掌握教育装备的管理和使用方法奠定了基础。因此,有了这些专业期刊的引导,教师对教育装备的使用与管理就有了理论支持,提升了教育装备的利用率,从而助推了课堂教学实效。

二、提升教师研究水平。无论是教材还是教育装备,教师都要进行研究。根据现代教育的需求,教师要从教书匠向研究者转变。我们是用教材,不是教教材。若装备不能适合教材的发展,我们可以对教材内容重新组织,力求尽量利用好已有的装备。进行教育装备的改进,比如实验器材,不适合实验需求,我们可以改进器材或自制教具完成实验任务。在小学科学实验中,我制作了"光的传播路线验证器",是利用直管和弯管结合做成的;还有根据雨量器和水钟制成的多功能仪器或教具,这样就更有效地开展了实验教学。教师可以边使用,边研究,根据教学需要进行教育装备的改进和研发。教师作为电教装备的使用者,对于运用中存在的问题很清楚,除了通过向电教技术员请教之外,还可以自己上网查阅资料,找到解决问题的方法。教师只要肯学习,多研究,就能解决教育装备出现的问题。对于教育装备与教材不匹配的问题,我们应该重新审视教材和教育装备,创造性设计课堂,改进或研发教育装备,从而促进课堂教学的开展。

三、做好教育装备的两用常态。对于教育装备的两用常态,主要是指日常课堂教学中电教设备的使用和实验教学中的实验仪器的使用,我们要正常使用和管理。而不能放着不用,或者不能规范管理。对于电教设备而言,教师要提前把课件和视频做好,然后通过电教设备中的电子白板进行操作,开展好课堂教学;使用的过程中,要按照一定的程序,开电源,开关机等;用完后应该锁好,并打扫卫生。对于实验室中仪器的使用也是一样,按照实验室的规定,在指定的位置拿放实验仪器,用时按照正确的方法使用,并注意学生实验中的安全,轻拿轻放仪器,实验员要配合科学老师搞好实验教学;实验后要把实验台清理干净,还要把一些废弃物放到指定地方处理。两用教育装备是保障课堂教学正常开展的,我们要按照要求合理利用,从而发挥教育装备的功效,提升课堂教学实效。

四、完善教育装备的管理制度。没有管理制度,再好的东西也难发挥其功效。对于教育装备的管理也是一样,除了教育装备部门每年的定期检查,学校还要建立完善的管理制度。为此,教育装备管理应由一名分管校长负责,下设装备主任、电教员和实验员,以保障这些装置的高效使用和管理;制定各自的职责,班主任负责各个班级中电教设备的使用和管理,技术维修由电教员负责;实验仪器由各个实验员负责;制定实验室管理制度,仪器使用规定,电教设备使用规定,装备管理和使用;每期进行教育装备的检查和维护,并上报损坏情况,做好预案。有了这些管理制度作为保障,就能让教育装备的使用率提升,从而促进教育教学的有效开展。

教育装备是开展教育教学不可缺少的工具。只有利用好、管理好教育装备,才能发挥其作用。为此,我们在对教育装备使用和管理的过程中,要结合教材的内容进行课堂教学的重新设计,并对仪器装备进行改进和研发,从而提升仪器装备的利用率,助力课堂教学实效。

78 优秀教师这样评

某校在例会上宣布了两件事情。一是该校年度综合评估全县第一名和六年级升学考试成绩全县第一名;二是上级给了学校三个市级优秀教师的指标,评选的范围和原则是给六年级的语文、数学、外语学科的教师各一个,原因是六年级升学考试成绩全县第一,要向他们倾斜。

听会的老师,一部分为自己的成绩感到骄傲,一部分老师对校长公布市级优秀教师的评价标准感到失望。因为这严重违反了教育评价原则,评选范围没有面向全校教师,而是单方面以学生的成绩评价教师的工作。这种评价方式显然是不科学的,是彻头彻尾的以学生成绩评价教师的原则。以这种方式去评选优秀教师真的让人感到痛心,教改在推进,而在具体的实践中却背道而驰。特别是教育的管理者,依然以学生的考试成绩作为学校教育最终目的,而不是从学生的长远发展探索教育改革。

该校也制定了教师绩效评价标准,从师德、工作态度、专业素养、工作量、科研成果、班级工作、学生表现等方面入手。学生的成绩只能是教师工作表现的一方面,同时还要看与以往相比是否有提升。优秀教师的评价标准可以参考教师绩效评价,也可以再进行细化,但是绩效评价的这一个大的原则不能变。难道能教出成绩的教师,就一定是师德高尚的教师,就一定是科研能手吗?这不一定吧。当然学校的管理者不是不知道如何去评价优秀教师,这也反映了现在教育急功近利的压力,这种评价方式严重失去了评价的公平和科学性。上级也好,社会也好,看重的是学生成绩,这就导致学校教育以学生的高分为教育的最终目的。办好教育是全社会的责任,特别是教育的实施部门,要真正落实教育的方针,按着教育发展的规律办学,不应以学生的考试成绩评价学校、评价老师、评价学生。

现在地方教育主管部门和学校对教育的改革放不开手脚，特别是义务教育阶段的教育。我们培养学生是培养德、智、体、艺全面发展的人才，而不是仅仅培养学生的智育。成绩也不能算真正的智育，只会考试，不会运用，不能创新，同样没有意义。对于这样以考试成绩评选优秀教师的原则，其实对非考试科目教师的伤害也很大，严重挫伤了他们工作的积极性，其他不是六年级的语数外教师，以后有可能会教六年级。但是不是考试科目的教师就没有了评选优秀教师的权利。比如，思品、科学、体育、美术、音乐，这些科目不仅对学生的智力培养起着重要的作用，同时也为学生的全面发展奠定了基础。思品，可以培养学生的德育素养，科学可以培养学生的动手能力、创新能力；体育，能增强学生的体质；美术、音乐能培养学生想象能力和艺术素养……这些课程构成了对学生全面教育和发展的因素。如果我们只强调考试科目的成绩，而忽视其他学科，忽视其他学科的教师，这种评价教师的方式难道不让人痛心吗？

一个国家教育的发展靠学校，学校的发展靠教师，因此，教师是育人工程的核心力量，对教师的教育成果评价是至关重要的。优秀教师评价机制是一种激励手段，通过精神鼓励教师搞好育人工程。如果导向引导错误，就会使机制的功效发生偏差，严重影响教育的健康发展。因此，对教师的评价要采取合理、科学、系统的评价方式，让评价方式深入人心，受到全体教师的认可。随着教育改革的推进，各个学校应该获取治校权，上级应该给学校更大的自由进行改革，从而推进教育长远发展，提升育人的实效。

因此，要制定好教师评价制度，并严格按着规定实施。根据当前教育的形势，通过调查、查阅资料等方式对教师评价制度分析和思考，应做好四点：①评价制度应遵循公平、公正原则。要让全体教师认可或大多数教师认可评价制度，包括学校领导也不能搞特殊。②评价具有科学性和系统性。是指综合评价，从教师的师德、工作态度、专业素养、工作量、科研成果、班级工作、学生表现等方面入手，并制定具体细则，做好量化。③认真落实制度。

通过的制度,要严格实施,不能到了评价的时候又搞一套制度,这显然是违背原则的。有什么问题,实施后再进行修订,同时要获得全体教师或大部分教师的认可。④探索第三方评价。由于社会教育评价机构参与学校的评价,上级和学校不再参与评价,因此可以让教育专家、社会学家、市民等组成的团队对学校、教师、学生进行评价,从而促进评价的公平性和科学性。

79　修炼情绪，经营生活

　　每个人都有自己的情绪，当遇到事情时能做到掌控自如，才能更好地分析问题和解决问题。老师也是一样，我们经常面对的是学校、学生、同事以及学生家长。学校有可能在一些方面扰乱我们的情绪，与同事因为一些小事也可能发生矛盾，为学生不遵守纪律，完不成作业而生气，还有和家长沟通存在的问题产生误会。那么作为老师应该如何采取方式管理好自己的情绪，处理好这些问题呢？通过实践和研究，总结一些经验。对于学校问题，我们应采取主动询问的方式；对于同事问题，我们要学会谦让，多包容的态度；对学生，我们采取引导和教育的方式；对于家长我们要换位思考，从而有效控制自己的情绪，让工作和生活更和谐。

　　学校问题主动询问。教师和学校之间存在着一定问题是有可能的，有时是学校制度的制定或者在执行的过程中存在不公或偏差，但是学校牵扯的事情太多，可能不会自查。而牵扯到某位教师的时候，这位教师肯定觉得很委屈，为什么别人都是这样，我的怎么不一样啊，等等，然后就很生气，甚至去找校长理论。由于脾气控制得不好，反而不利于问题的解决，如果是学校的问题，就应该不是针对某一个人的问题。因此，解决问题的方法，也是很多的，可以直接找学校负责该项任务的领导和老师了解情况，查找原因，从而化解问题；其次就是可以把问题反馈给同组的组长，然后由组长向学校反馈，这样就能处理与学校之间的问题。另外，教师要以学校大局为重，在自己的能力范围内多为学校发展着想，这样就能形成良好的凝聚力，从而促进学校的可持续发展。

　　同事问题学会谦让。我们与同事之间也会产生一些误会和摩擦，由于我们是互助成长的同伴,也是生活中的朋友,因此我们要懂得包容和谅解。为了与同事处理好关系,对于和同事之间存在的问题,我们要学会谦让,给对方解决的时间,而不是当面指出,这样会更好地处理同事之间的关系。要做到谦让,形成良好的同事关系。首先,就是要真诚。要赢得别人对自己的信任,很重要的一点是让别人相信你,这样人们才觉得你可以信赖,才能以一种真心交流的态度与你相处。所以,我们应该以开放而坦率的态度与同事交往。但我们所说的真诚并不等于完全无所保留、和盘托出。尤其是对于你并不十分了解的同事,最好还是有所保留,切勿把自己所有的私生活都告诉对方。其次就是谦恭。青年人接受新知识新观念比较迅速,这是青年人的可贵之处,但不能以此作为向别人炫耀的资本,以达到宣扬自己的目的,这是很容易引起别人对自己的反感。甚至可能被众人所弃,更不要说得到别人对自己的支持了。

学生问题加强引导。对学生的教育主要采取引导和鼓励的方式,让学生认识到自己的不足,并下定决心,利用行动进行弥补。而不是严厉的批评,这样才能和学生建立一种和谐的关系。特别是课堂当中发生了不该发生的事,我们应该冷静下来,控制好自己的情绪,采取有效的方法积极应对,从而达到教育学生的目的。比如,一次正上着课,有两个同学突然打了起来,被我逮个正着。像这样的事情是不应该发生在课堂上的,这是对课堂、对老师的严重不尊重。当时真的想停下课,当堂对其进行批评。但是考虑到还有其他学生要听课,就采取了冷处理的方法,让他们在原位站着,好好反思,下课再处理。我没有带着情绪,就把这堂课上完了。随着教学经验增长,对问题的思考也就更全面,如果是刚入行的年轻人,估计就把持不住,有可能体罚学生。而在课后,两位同学主动向我承认了错误,另外还有一位同学把事情的经过告诉了我,原来他们也是有误会,是其中的一个人故意挑逗的,这个人就是向我说明原因和经过的这位。是他故意去挑逗前面的同学,前面的同学以为是后面的同学,结果是后面同学的同位,这样被挑逗烦了,就打了起来。最后他们都承认了自己的错误,并向全班同学保证今后不会再发生这样的事,请同学们相信他。遇到棘手问题进行冷处理,给他们反思的机会,从而认识到自己的错误,然后进行教育,这样的效果会更好。

　　家长问题换位思考。教师和家长搞好关系,才能助力学校教育,促进孩子成长。但是在教育的过程中,由于我们考虑问题的思想和角度不一样,因此难免与家长的沟通出现问题,这些误会和矛盾也是必须解决的。作为教师更应该懂得如何处理人际关系,我们要多从家长的角度考虑。因此,我们对于家长要多包容,进行换位思考,这样才能促进自己与家长的和谐相处。前一段时间,由于一名学生用拉杆书包下楼的时候摔伤,给学校的安全教育敲响了警钟。因此,一些班级的班主任要求孩子们不要用这种书包,下次课前要进行检查,如果不听的不让进入班级上课。老师的出发点也是好的,可是有些家长不这么认为。家长们认为拉杆书包可以减轻学生的负担,拉着还省力,这种书包造价高,有的还是新的,不让用还得重新买。这样老师的安排就和家长的想法产生了冲突。其实老师也应该从家长的角度多思考,家长的出发点也是好的,再换书包还要增加经济负担,另外孩子也增加负担。通过换位思考,考虑到各方的利益。最后拿出了一个可行的方案,家长自愿更换学生的书包,学校进行拉杆书包使用方法强调,并提醒孩子们上下楼的时候提着书包,家长也要配合学校多督促孩子正确使用。这样通过各种互相沟通,也就解决了问题。教育需要家校的合力,我们和家长搞好关系,也是一件很重要的事情。

　　有问题我们就要思考去如何解决问题,而不是闹情绪,这样反而自己乱了阵脚。为此,教师在遇到棘手的问题时,要控制好自己的情绪,从多个角度去分析问题,制定合理的策略,从而有效解决问题。无论是自己的事,孩子班级的事,我们都要积极思考问题产生的原因,分析可行的解决方案,把问题解决好。世上无难事,只怕有心人,教师要做教育上的有心人,与学校保持高度一致,与同事、家长协作起来,共同搞好学生的教育,促进学生早日成才。

式,没有进行严格的考核,很多只是为了完成教学任务,没有注重实际效果,或以年终考核合格为标准,并没有把支教教师单列按要求进行考核。这显然是考核制度的缺失,没有把支教教师纳入到正规的考核机制,因此要不断完善考核制度,以考促支,从而提升支教的质量。考核的标准应该以支教学校教师对教学和学生的学习改善状况为主要依据,同时明确划分考核等级和相应的工作要求,不同的支教形式所考核内容和方式不同,而相应的考核要求必须与待遇相对应。再就是要严格执行,不能搞关系等。凡是考核合格者,按规定给予奖励。对于考核不合格者,要追究支教教师和学校的责任,并要求重新制订支教方案,安排优秀教师支教。为此,对支教教师进行绩效考核,能够规范支教教师的行为,督促支教教师投入农村教育,真正做到服务农村,改进农村教育的目的。以考促支,让支教质量得到提升,让农村教育发展看到希望。

城乡教师交流是改进农村教育、促进义务教育均衡发展,提升农村教育质量的有效途径。因此,要大力开展城乡教师交流活动,并形成一定的制度,从而促进我国农村教育更好发展。

81 利用好网络培训

　　随着教师资格每五年进行一次注册的制度实施,这就要求教师的继续教育符合要求。现在教师的继续教育培训多是以实地培训和网络培训相结合的方式。在以国培计划为基础的情况下,也开展了省培、市培、县培、校培等。近期我参加了省级学科技能网络培训、市级信息技术提升工程以及市人社局专业技术人员网络培训等,培训太多,也太集中。由于教师资格注册规定每期应完成相应的继续教育学时,还有就是晋级职称也需要办理教育系统继续教育证,还需要办理人社局继续教育证,同时继续教育也是教师培训和学习的需求。

　　随着信息技术的不断发展,这项技术已经应用到各个领域,特别是教育方面,发挥着重要的作用。利用信息技术可以进行自主学习,个性化学习,这样学习的时间和空间就不受限制,同时还能节约成本。特别是老师培训和学习,采用网络学习的方式是比较合适的。老师平时比较忙,不能抽出太多时间外出学习。但是这种想法是好的,效果如何,还要进一步考察和研究。提升教师网络研修的实效,还要看实际效果,是否从老师的需求出发,是否能够吸引老师真正去学习和思考。也就是说,如何才能发挥网络的作用,让老师的培训和学习质量进一步提升。

　　合理安排培训学时。老师日常的空闲时间是有限的,每天除了备课、上课、批改作业、辅导学习、开会、考试等几乎就没有时间了。但是再忙每天抽出一定时间还是可以的。而反观我们的培训项目,会发现有的网络培训是在同一时段进行的,这样老师就没有时间和精力进行学习和培训,他们只能对学习进行应付,有的就是用电脑和手机挂着,让写的反思和总结,也都是从网上随便复制上交。这样的培训就不能提升效果,也不能让老师的业务素质提升。为此,培训应该根据老师实际情况和需求进行培训,而不是为了完成任务进行培训。要提升教师学习和培训的实效,管理和培训部门应该了解老师的动态培训状况。等到培训结束后,再安排另外一个培训,由上级部分统一部署和安排。

网络培训需要条件。网络培训需要网络、电脑等,有的也可以利用手机进行培训,而学校应该具有这样的条件,特别是局域网的建设也是不可少的。这样老师就可以利用空闲时间用电脑和手机进行培训。有的学校给老师每人都配备了电脑,但是有的学校很多老师共用一台电脑,这显然不能满足学习的需求,有时候制定制策的出发点是好的,但是在实施的过程中就会遇到问题。在学校学习的好处,还有一点就是学习和培训中出现的问题,可以向大家咨询,而不是只有一条渠道向网络指导老师请教。因此,教育信息化,学习和培训信息化,都需要一定的条件才能完成。

学习指导者的问题。教师的网络培训需要进行指导,其中包含了信息技术的指导和学习本身的制定。技术主要是客户端的使用,虽然在网络培训中都有联系的方式,但是有的人不喜欢去打扰他人。指导老师的职业态度也决定了培训的效果。另外还有教师队伍的结构问题,比如有的学校都是老年教师,大家不会用电脑,也不会用智能手机,如果有年轻教师,就可以帮助他们,否则就很难完成任务。也就是身边的人也决定着学习和培训的实效。

学习管理者的管理水平。业务校长会掌握每位教师的学习情况。教育部门会把老师的学习情况反馈给学校,学校要及时通报。这样就能实现线上管理和线下管理相结合,从而促进管理的效果,以管理促进培训,这样就能提升培训的实效。具体情况可以把学习培训情况进行通报,可以在公示栏中公示,也可以在例会上进行通报等,让老师知晓,并形成一种竞赛学习的氛围。这样就能避免有的老师不把培训当回事或者以为学校也不知道自己的学习情况并且领导又管不了的心态。通过多方位对老师的培训进行管理,从而推动学习培训的有效开展。

　　学习培训是教师专业成长的有效途径,组织者要统一协调,落实过程;要树立终身学习的观念,认真对待学习培训,积极完成培训任务;学校要积极配合上级的培训政策,协调管理提升培训实效。

82 绩效考核要体现"四性"

绩效考核是评价教师工作的方式与途径之一,是对教师工作成效的评价与总结,以此促进教师改进教学方法,加强专业学习,促进教师专业发展。但是教师绩效考核要制定好细则,建立合理、科学的评价体系。为此,教师绩效考核细则要体现出民主性、全面性、合理性和动态性。这样才能受到广大教师的认可,才能真正反映他们的工作实绩,从而促进学校工作的顺利开展。

民主性。民主性体现了公平、公正的原则,这也是教师绩效考核的根本宗旨。因此,绩效考核要体现出民主性,绩效考核的细则是由全校教师参与讨论并制定的。为此,绩效考核细则是在获得大部分教师同意的基础上制定的。首先绩效考核细则的制定应广泛争取教师的建言,收集意见和建议,然后制定出草案。其次将初步制定的细则草案印发到各个年级组、教研组进行讨论,再次征求意见和建议。把各个教研组和年级组的意见和建议,在教师例会上进行表决,要求过大半的教师同意才能作为可以实施的细则范围,然后汇总有效的建议;对于此草案细则进行修改,从而形成较为完善的细则;最后就是进行细则的公示,把完整的细则进行公示,依然接受公示期间教师提出的意见和建议,然后进行集中讨论和表决,这样就形成了具有民主性的教师工作考核细则,体现了公平、公正的原则,因此也会受到广大教师的认可和拥护。

全面性。绩效考核涉及考核的对象和范围,要把全校教职工和教师的各项工作纳入其中。因此,教师绩效考核细则要体现出全面性。考核人员包含校长、主任、班主任、教师、教工等。考核的范围包含考核的内容和效果。考核的内容包含了学校工作、师德、教学工作、班级工作、少先队工作、学生活动等;效果则包含常规教研的效果、教科研成果、学生成绩等。常规教研的效果主要包含备课、说课、上课、评课等,教科研成果包含课题、论文、赛课、教学问题研究等。绩效考核细则的全面性就是指凡是涉及教师的工作范围,都要纳入,不留死角,让教师的价值真正得到体现。从而全面、合理地评价和引导教师的工作,激发教师工作的积极性,释放教师工作的潜能,提升工作的实效。

合理性。合理性是最难把握的一把尺子,什么是合理的,我们认为能够照顾多数人的感受,也就是一种人性管理才是合理的。这也是进行教师工作绩效考核的主要依据和宗旨,真正的细则就是要体现每个人的工作价值和意义。首先要权衡各个评价范围和效果的分值,比如学生成绩和素质教育,有的学校只注重学生的考试成绩,把考试成绩作为主要评价教师业绩的依据,这是严重错误的,因为我们培养人的宗旨是具有综合素养的人,学生成绩应该小于考核绩效一半分值,而将教师的师德、工作量、教科研成果、学生工作等作为综合考评的依据,应该占用一大半的分值,只有考核评价从育人的宗旨入手才能合理地评价教师的工作。评价的最终目的,就是促使教师工作向素质教育和创新教育努力。其次,对于笔试与非笔试的考试科目如何评价,一些农村学校存在这样的问题,非笔试的学科没法进行量化,笔试科目按学生的成绩计算教师的绩效。对于这样的难题,我们一般情况采取非笔试学科的教师学习成绩参照笔试学科学生成绩的平均值来计算,同时弱化学生成绩纳入考核教师的分值,和师德、工作量、教科研成果、学生工作、学校工作一起构成教师的工作和成效。目前认为这种非笔试科目学生成绩认定是较合理的,但是还要继续探索。

动态性。教师绩效考核细则制定后,在实施的过程中会出现这样或那样的问题,对于出现的问题,要及时进行分析和研究,进行不断的完善。这就是我们所说的动态性,其实也就是说动态进行教师绩效工作管理。有些学校出现这样的情况:有一位老师,教学工作认真、教学效果也比较好,学校一有临时性工作就请他去做;而另一位老师教学工作一般,很少为学校做临时性的工作,但非常注重个人素质的提升,经常在各种教学竞赛中获奖,论文发表、搞课题研究。在绩效工资考核发放时,前者的奖励性绩效工资要比后者少。其实这里面涉及考核范围和分值的问题,第一位教师在师德、教学效果、学校工作方面做得较好,第二位教师在教科研成果方面好。因此,我们在评价的时候要体现细则的全面性,把各个方面都纳入评价中,并合理设计一定的分值,这样就可以把师德、教学效果、学校工作设计相应的分值,从而避免只从一个方面评价教师的现象。为此,进行动态性的管理,就能避免产生的矛盾,让评价细则和制度更加合理,从而推动了学校工作的开展,并调动教师工作的积极性。

83 课堂教学是教师发展的基石

　　课堂教学是教师实践、研究与成长的关键领域,在课堂实践中进行教学理念与设计的检验,同时对课程中生成的问题进行进一步研究与反思,这样就促进了教师成长。

　　新的教学理念关注的是教师与学生共同参与、相互合作的关系。教师与学生在课堂教学中产生了多向、多种形式的互动作用。为此教师要认清专业价值,认识到与学生教学相长的重要性,并把教师育人看成一项伟大的工程并付之于行动。首先教师在育人中要认识到自己是主体性的人,自己要有主观能动性,有自己的追求和创造。在课堂教学中,教师不仅要关注学生的兴趣、积极参与学生的互动,还要善于倾听,了解学生的内心世界;积极引导和指导学生获取知识和技能,特别是思想方面,要促进学生形成正确的"三观",将外在的教育影响内化成学生自身的素养;在教学中,教师应以学生的学习为中心,在与学生的积极互动中建立良好的师生关系。其次,教师对学生的教育,不仅是让学生得到全面发展,同时也完成了社会赋予的责任,构建了自己的精神家园。教师对学生的教育,不仅使学生知识得到丰富,技能得到提升,同时也让学生形成良好的行为习惯和高尚的道德品质。这样促进了学生成长,而教师的价值也得到体现,特别是课堂教学理念中的主体价值和生命价值,这些作为教师要认识到。

　　教师的成长不仅需要从书中汲取知识,还需要从课堂教学具体体验中学习。教师在课堂教学中进行知识的传播,不是学科知识的简单复制,而是对教材知识再开发和创造。教师要把学科中的知识内化成自己的知识。教师与学生在课堂互动交流中不断调整自己的先前预设,教师在与学生的教学相长中,驾驭课堂的能力和教学经验得到丰富。在课堂教学中的知识学习是构建性的,是与教育环境互动的结果,正是这种实效性知识的生成,才是有意义学习生成的根源。因此在课堂教学中,要促进教师的专业发展可以加强两方面,一是落实常态课堂,无论是一般的课堂还是教研课都要是真实的、朴实的课堂,教师在课堂中根据实际情况进行预设的调整和控制。二是要剖析案例,以教研组形式对课例进行剖析,把各个案例中的亮点有效地运用到教学实践中,并不断进行深化,这样教师的教学水平就能得到提升,并形成了新的教学经验和理念。

反思性教学其实是教学的一种理解活动,是对教学真谛的探索。我们常对课堂教学中的各种问题做出相应的调整,其实就是反思的过程,同时也要进行反思研究,要形成书面文字,也可以通过阅读教学理论,找出基本原理进行解释和说明。一般情况下,可以在课后书写教后反思、撰写教育教学论文,开展课题研究等。书写教后反思,不要求长篇大论,只要抓住关键的问题,比如,课堂中哪些做得好,哪些不好,如何改进等,这些都可以说明问题,并解决问题,让反思具有针对性;撰写论文,主要是针对课堂中的问题研究和教学经验总结,通过提炼后上升到理论高度,这种深度反思,让取得的经验、探索到的新知识和理念可以指导今后教学实践,从而促进教学实效,教师的专业素养也会得到提升;课题研究就是把反思上升到理论高度,把问题融入理论,并用理论去揭示,探索新的经验和理论。一般情况是把课堂中的共性问题,通过集体的智慧,进行反思和研究,从而得到有效的成果,促进教师专业的成长。

总之,课堂教学水平是教师专业水平和价值的体现。课堂教学让教师认识到自身与学生的关系,是教师重视教学实践知识的生成过程,同时教师要反思性地看待教学中的问题,并利用现代教学理念指导教学实践。因此,课堂教学中教师的专业发展是十分有效的,课堂教学作为教师学习的阵地能够有效提升教师的专业水平。

84 加强教育理论研究

科学课是实验为基础的学科,学生通过实验或实践活动学习知识和掌握技能。理论是指导实践的依据,科学教师应具备进行教学实践的理论知识。理论知识来源于阅读,比如阅读教育理论专著和专业杂志等,运用先进的教学理论指导理解教材和教学设计,为小学科学教学的开展奠定了基础。

首先,加强教育理论专著的学习。科学教学是以探究式教学为主要教学形式的学科,可以选择阅读的有《小学科学教育的"探究—探讨"教学法》《教作为探究的科学》等科学教育与实践研究专著,从中学习科学探究教学的理论与方法,在今后教学过程中要做好让学生亲身参与质疑提问、设计实验、实验验证、展示交流、得出结论、拓展应用等过程,教学既要关注学生已有经验,又要注重学生的参与过程。

对教育教学期刊的阅读。分为教育期刊和教学研究期刊。教育期刊的阅读,其中涉及的内容有教育教学理论、教师专业发展、教科研、教学方法研究等,可以参考的杂志有:《教书育人》《教育理论与实践》《教学与管理》等。教学研究期刊,是指教学专业杂志,其内容包括教学方面、教学案例、教学论文、实验研究等,这些都是前沿理论或理论联系实际的应用范例,是集全国教育名家和大师的经典之作。科学专业教师可以参考的杂志有《科学课》《中国现代教育装备》《实验教学与仪器》《教学实验与仪器》等。例如"教学理论"栏目,让科学教师学习前沿的教学理念,特别是以探究式学习为主的教学过程和方法;"教师专业发展"能让教师找到自我发展的方法和途径;"实验教学研究"栏目,能够让科学教师学习到大师们的实验方法和技巧;"实验方法和设计"栏目,有利于科学教师探讨实验设计与实验教改;"仪器改进和自制教具"栏目,能让科学教师鉴赏其他教师的教学实践创新作品和获取教学仪器以及教具使用和管理的丰富经验;"教育技术"栏目能够让科学教师学习到教育技术在科学学科应用技巧和方法,提升现代教育教学水平。

新课标的学习。新课程的培养目标体现素质教育的思想。要实施新课程标准,教师应准确把握新课程标准的特点,更新教学观念和策略,分析学生需求,制订实施方案,采用交互式和交际性教学方法,提倡任务型教学,开展行动研究,不断进行反思,改变教学行为,促进专业发展。可以采取听取专家解读与自学并实践的方式进行,这样才能真正落实新课标,从而达到教学的目的。教学的依据是课标,教师理解课标,根据教学目标设计教学,实施教学,从而提升教学实效,促进学生的全面发展。

阅读中坚持"三结合",一是集中学习和自己学习相结合。开展以自学为主,组织学习为辅的学习方式,认真学习教育理论。二是精读与通读相结合。每位教师充分利用学校的图书资源,开展读书工程。在全体教师中继续开展至少精读两本教育书籍的活动,提高教师的人文科学品位。三是读与写相结合。可以写读书后的心得,也可以运用书中的理论结合自己的教育故事写。走"以科研促教学,教学科研相长"的道路,努力构建学习型组织,全面深化新课程理念指导下的课堂教学改革。

其次,就是加强课题研究。由于农村小学科学教学资源匮乏,特别是实验室的建设以及实验设备滞后影响了科学实验的开展,导致科学教学效果不明显。根据农村现状,可以对教学资源进行开发和利用。我们把实验设备的不足作为研究的问题,通过小学科学学具的开发与利用,小学科学 DV 的开发与利用等课题的规划,逐步解决教学资源的不足。让农村科学教师参与课题研究,在探究中进行摸索。根据学科实践性的特点,利用开发的课程资源促进学生更好地学习科学,同时教师在课题研究过程中提升自己的教科研能力,促进自己的专业成长。

例如,课题"农村小学科学学具的开发与利用"研究。小学科学课是以培养学生动手能力和创新思维为根本任务的学科,而对小学科学学具的设计与制作,正好符合这一要求,因此把小学科学学具的开发和利用作为课题研究,符合小学科学课程资源的要求。特别是在实验仪器不足或实验仪器解决不了实验问题的情况下,我们可以利用学具进行研究,那么学具的设计和制作就尤为重要,也可以说是实验教学的延伸和拓展。利用科学学具解决教学中的问题,能够提升学生的学习效率;学生进行学具的设计、制作、改进、组合等能够培养学生的动手能力和创造力。同时教师通过课题研究提升了指导水平和教学创新能力。

再如,课题"小学科学 DV 的开发与利用"的研究。小学科学课离不开实验,与学生的探究性学习紧密联系。但是有些实验无法在课堂上完成,只能放在课外,或者进行观察实验。而小学科学 DV 设计、制作和运用能发挥很大的作用,学生可以通过设计论证、拍摄、制作等,把自己的探究过程展现出来,从而培养自己的探究能力。课堂上,我们也可以把科学 DV 作为课程的资源,学生观看科学 DV,从中学习别人探究问题的方法,从而提升自己分析问题和解决问题的能力。把"小学科学 DV 的开发和利用"作为课题研究符合小学科学课程的要求,是小学科学课程资源的开发和利用的有效途径。同时,教师也在课题的研究中找到培养学生学习能力的有效方法。

因此,对教育理论专著和科学专业杂志的阅读能够丰富教师的理论知识,改进教学方法,若能灵活地运用于教学实践,就能促进科学学科教学效率的提升、丰富教师的科学素养。再把理论与实践进行结合,就为课题研究奠定了基础,这样既能进一步提升理论水平,又能指导自己的教学实效,提升教学实效。

85 积极投身培训活动

现阶段科学教师的现状：师资力量严重不足、科学学科受不到重视。教师是教学的主导，要开展本学科的教学首先要进行教师的培训工作，其次就是开展教研活动，即利用学习和实践相结合的形式全面提升科学教师的素质。通过培训提升科学教师的专业素养和驾驭课堂的能力，结合实际情况采用网络和实训相结合的方式进行，对教师进行新课标、教材、教学理念、教育技术等的培训。

鼓励青年科学教师参加科学与技术专业教育硕士的进修。通过科学与技术专业教育硕士的进修、能全面、系统地培养科学教师的素质，进修的教师能为科学教育的实施起引领作用。科学与技术专业教育硕士的进修费用由参加进修教师所在学校的教师培训专项资金支付，进修结业后，学校应给予重用，切实发挥好引领和示范作用。

参加"国培计划"。特别"国培计划"小学科学置换培训（三个月），能够系统地向一线科学教师传授专业的科学知识，促进科学教师的专业成长。但这种培训的名额较少，可让部分科学教师进行系统的培训学习，在今后的学科教学中起到示范和引领的作用。同时还有"国培计划"网上的全员科学教师分批次学科能力的远程培训，以示范性培养亦能提升科学教师的专业素养。

参加县级科学教师的全员培训。每年暑假由县教研室邀请教育名家对全县科学教师进行全员培训。具体包括：新课标和教材培训，示范课的展示等。大家可以共同学习、交流讨论、总结和反思，力求在教学能力上共同提升。

实验操作培训。大部分教师不是专业的，学校缺乏实验器材，教师实验操作能力低。针对这种现状,可以由县教研室组织到条件好的城区学校进行实验操作培训,以规范教师的操作方法,提升驾驭课堂和指导学生的能力。

参加竞赛。首先是由县教研室组织,每年暑假邀请省级、市级科学学术技术带头人或骨干教师对县级(县、乡镇、村)科学教师进行新课标和教材培训。现阶段科学课教师的素养不高,定期进行课标和教材培训在一定程度上可以提高科学课教师的素养,能够对教学内容进行合理和规范的设计,从而提高科学课教学的效率。其次,挑选县级优秀科学课教师参加省市举办的学习交流活动。通过学习经验,再对其他教师进行传达或培训,大家互相交流、互相学习,力求共同提高。学习交流、教学相长,教师之间的互动为各自提供了交流教学经验的机会,从而丰富了科学课教师的知识,增长了见识,有利于今后更好地开展教学。最后,每年由县教研室举办科学教学设计大赛活动。教学设计的撰写能够反映教师对新课标的理解和对教材的把握情况。每位教师每学期至少交一篇教学设计,对设计理念合理、突出探究学习的教学设计的教师进行表扬,颁发证书、以资鼓励。并将优秀的教学设计挂在当地教育教学网或打印出来人手一份,供科学教师交流学习,进而弥补教师把握教材和教学设计的不足,从而提升科学教学的水平。

校本培训。由于校本培训基本是在校内进行,教师互相之间较为熟悉,因而为活动形式的多样化提供了便利的条件。一般来说,我们将平时的业务活动内容纳入校本培训的范畴,使教师在互相学习交流的过程中得到提高。例如,举办专题讲座,开展课堂教学研讨,进行教科研案例分析,组织经验交流以及平时的听课、评课、说课等。并根据实际情况或需要,将诸多形式交叉进行,使培训始终与教师的实际需求和学校的教育教学实际紧密地联系在一起,不仅拓宽了培训的渠道,而且大大地提高了培训的实效。总之,通过教师培训工作的开展,教师的素养将会得到提升,我们要以教师终身学习为指导思想,从培养实用型人才的需要出发,多层次、多形式、有计划、有组织地开展教师培训工作,按照教师队伍群体的不同特点和层面进行培训,力求在短时间内拓宽教师的视野,促进教师专业成长。

撰写教育教学反思

　　教师完成教后反思,学生完成学后反思,同时为师生提供一个交流的方式,关注学习后的问题和指导学生有效学习的方法,本身就是教师自身能力的一种提升。对于教师的教后反思其形式是多样的,每讲完一课后书写教学得失;讲完示范课后书写教学反思;学期末书写教学总结;闲暇时间撰写教育教学论文等。

　　首先,教学得失,是指在教后对这一节课哪些做得好,哪些做得不到位,以及对做得不到位的地方写出教学改进方法,进行总结和探究。例如,我执教"造一首小船"教后的得为:教学准备充分,学生利用不同的材料造船激发了学习的兴趣,学生乐于动手提高了实践能力等;失为:大部分学生没有对造船进行创新,很少有同学给船安装动力,教师对学生没有及时、合理地引导。改进方法:加强对学生制作活动引导,在学生无法设计动力时,可以引导学生利用橡皮筋的弹力和小电动机等设计动力,以促进学生设计出高水平的作品,而不是局限于只研究船的形状与浮力的关系,应挖掘学生的发散思维和培养学生的创新能力。

　　其次,教后反思,是针对性更强的教学反思,教师根据自评的教学得失和其他教师的评价再次进行教学上的反思。通过自评—他评—再自评的方式进行,这样可以全面、不同角度和梯度地检验自己教学成果,从而得到肯定和改进,以提升今后教学的效果。例如:讲授的示范课"光是怎么样传播的",自评的结果为:教学思路清晰、教学流程得当;充分体现了学生为主体教学理念,实验中注重培养学生观察能力和动手能力;学情了解不足,大部分学生没有完成第二个实验(即利用三张卡纸在同一位置钻同样大小的孔,然后排成一条直线,让光照过去,看是否发现最后的纸屏有光点,不排成一条直线,让光照过去,看是否发现最后的纸屏有光点,以验证光是如何传播的)。因为卡纸太硬,使用圆规的自动铅笔画圆,这样笔铅总是断,就影响了实验的进度,以至于没有在规定的时间里完成。他评的结果:课堂驾驭能力不强,没有及时引导学生运用其他的方法解决问题,当遇到问题解决不了时,教师要合理地引导学生直到找到解决问题的办法为止。最后的教后反思,我总结为:加强学情调查,积极下水实验;遇到问题,给予学生讨论交流的时间,同时做好及时、合理的引导,直到学生自己解决问题;积极学习他人经验,不断反思、积累和沉淀,以提升自己的教学能力。

再次,教学工作总结,不仅仅是总结一学期的工作成果,更重要的找自己工作中不足,并制定改进的措施。教学工作总结中更全面、更深刻地反映了自己的教学成果和教学的不足,每位教师都要抓住机会进行认真书写,认真反思。总结就是把一个时段的情况进行一次全面系统的总检查、总评价、总分析、总研究,分析成绩、不足、经验等。总结是应用写作的一种,是对已经做过的工作进行理性的思考。总结与计划是相辅相成的,要以计划为依据,制订计划总是在个人总结经验的基础上进行的。

最后,教育教学论文,是教师教学实践的结晶,反映了教师运用教学理论进行教学研究的成果,同时也是在反思自己的教学行为和教学方法。撰写教育教学论文时,选题要小,内容要深、要新、理论联系实际等,突出教育实践的成果和教育教学改革的方向。撰写教学论文,有利于教师自身理论水平的提高,有利于教学。同时教育教学论文还要做到:立意新颖,论点明确,态度鲜明,严谨科学,论据充分。立意新颖是教学论文的灵魂。简洁实用是教学论文赖以生存的土壤。严谨科学是教学论文的生命。勤奋博览是撰写教学论文的必备条件。教学第一线是教学论文取之不尽用之不竭的源泉。收集素材,抓住灵感是撰写教学论文的良好积习。多写多练是撰写教学论文的诀窍。

总之,教学反思是一种有益的思维活动和再学习活动。优秀教师的成长过程中离不开不断的教学反思这一重要环节。教学反思可以进一步激发教师终身学习的自觉冲动,不断的反思会不断地发现困惑,"教然后知困",不断发现一个个陌生的我,从而促使自己拜师求教,书海寻宝。学习反思的过程也是教师人生不断创造辉煌的过程。教学反思可以激活教师的教学智慧,探索教材内容的崭新表达方式,构建师生互动机制及学生学习的新方式。

合理处理突发问题

在工作中,遇到棘手的事,难免有情绪失控的时候。但是作为教师,面对的是学生,老师是学生学习的榜样。教师在这个时候就要注意自己情绪和言行。因为老师的心智已经发育成熟,情绪失控,不但不能处理好事情,而且会伤害学生,伤害自己,经验教训实在太多。不要把小事放大,情绪失控下最容易这么做。教师要善于把大事化小,小事化了。即使要责备学生的话,也不能当着众人的面。当众羞辱是最刺激、最伤害学生的。

教师必须了解突发事件的特点,突发事件具有两个方面的特点:①突发性和紧迫性。突发事件总是在突然之间就发生了,在什么场合、什么时间、谁的身上表现怎样,班主任都难以预料和防止。②危险性和多样性。各种各样的突发事件,有的涉及个别人,有的关联到整个集体。对个别人的,会给他的思想品德,个性和身心健康造成巨大的影响,有的甚至产生不少意想不到的严重后果;而关联到班集体的,则会使班级全体学生或大多数学生思想情绪产生强烈震动,处理不当,会造成混乱而难以收拾的局面。突发事件总是人们意想不到的事件或是突然发生的紧急情况,需要在最短的时间里,以灵活应变的能力,临场机敏地应付和平息、抑制事件的发展,否则问题就会越来越复杂,后果也越严重。

教师要有效采取应对突发事件的措施。处理突发事件也要讲求方法,这样才是智慧地爱学生。在处理众多问题时,可以根据不同情况,采取合理的方法和手段:①以静制动,以冷制热。也就是先做"战略停顿",不究态度,不说气话,控制第一反应,不说学生"又是你",不要只从道德角度看问题,学生的问题根源可能出在家庭,但引发矛盾的导火索可能在教师。②冷静处理。在一个适当的地点,问他:你有什么话想跟我说吗? 如果他说没有,就叫他冷静再想。此时,你以平等协商的语气说:我们来探讨一下,有没有更好的处理办法呢? 这样先处理情绪,再处理问题就容易一些。③赏罚得当。教师的责任在于保持和巩固学生的优良行为,终止不良行为。一名优秀的教师,总是在恰当的时候,适当的场合,对学生的优点予以恰到好处的奖励。奖励分物质奖励和精神奖励,时间和场合有时会影响教育效果。一般情况下,奖励越及时越好,要趁热打铁,这样才能加强学生活动结果与奖励之间的联系,使学生清楚地认识到:奖励是该行为的结果获得的,从而增加该行为发生的数量。当众奖励效果较好,既能使被奖励者感到光荣,又能使其他人明白该怎么做,不该怎么做。相反,如果负面评价太多,使学生丧失自信,并形成定势,再来挽救就难了。

作为一名老师,要做到及时妥善处理班级中发生的突发事件;在学生面前树立和维护形象,协调好学生和老师的关系;与此同时,不能伤害学生的自尊心,不能一味批评指责学生。既能让教师毫无芥蒂,不影响教师的上课情绪;又不影响学生的学习积极性。

88 评价学生三结合

全面提高学生的素质,培养学生的创新能力,逐渐成为如今教育的主题。新课程标准与旧的教学大纲的本质区别是理念的不同,教学大纲认为课程是教材,是知识的载体,教师最注重的是让学生掌握基础知识和基本技能,这样就达到了教学的目标。而新的课程标准则认为课程不但是教材,是知识的载体,同时也是学生能力的培养。评定学生的学习成绩需要对学生一学期学业水平综合评价,应是合理的、全面的、科学的评价。因此,评定学生的期末成绩要注重过程与结果,并让学生自评,从而形成最终的评定结果,这样的评定才能显示学生的学业水平,促进学生的长远发展。根据日常的实践与反思,认为学生的科学成绩评定可以结合三方面来进行。

一是笔试成绩。笔试成绩主要以平时的单元测试成绩以及期末测试成绩为基准,以一定的比例纳入学生的期末成绩。笔试成绩以优、良、及格、差作为评定的标准,考试后,学科教师做好记录,最后把各个单元的测试成绩与期末测试成绩结合起来。这样笔试成绩就作为学生期末成绩评定的依据,而不是以笔试成绩作为学生期末成绩的唯一标准,从而打破一考定一切的弊端。

二是课堂评定。课堂评定其实就是学生学习过程的评价,其中包含了学生在课堂学习中的言行、动作、习惯等。其主要途径是通过问答和实验时的表现。例如回答问题情况,提出问题、辩论、合作等,另外也包含了学生的课外实验情况、制作学具以及科学发明等活动的表现。学科教师通过课堂的观察,了解学生课堂中的表现,然后进行评价。往往我们以积累评定卡的方式及时评价学生,最后以学生获得评定卡的多少来评价学生在课堂中表现,以集卡的多少换算成优、良、及格、差的等次,然后把课堂的评定按照一定的比例纳入学生本学期期末成绩的总评定。

三是自我评定。自我评定是学生对自己学习情况的一个自我认定和反思的过程。让学生自我评定,有利于学生了解自己的学习情况,并发现自己的不足,从而改进学习方法,促进学习实效。自我评定,分为阶段性评定和期末评定,阶段性评定可以是学习某一个内容或一个单元的内容后的评定,也可以是自己的评定,还可以是同伴的评定。在老师的引导下,进行合理的评定,然后自己做好简单的记录。教师根据学生的自我评定作为期末学生成绩的参考依据。

最终的学习成绩是根据笔试成绩、课堂评定和自我评定的方式进行,按照一定的比例纳入期末综合评定,然后以优、良、及格、差的评价等次评定学生的成绩。这体现了学生的综合成绩,注重学生学习过程评价和结果评价,符合新课标中对学生的评价原则和标准,促进了学生的全面发展。

评价既是一种评估,也是一种激励。通过评价,应该使学生体验到成功的欢愉,从而促进每一个学生的发展,同时也让教师明确良好的意志品质是学生成才的必备素质,在教学中加强砥砺学生意志的教学力度,使学生具有高尚的学习目的,在求知中胜不骄,败不馁,知难而进,百折不挠。

89 班级管理需合作

班级管理是一项复杂的任务,单凭班主住的一己之力是无法实现高效管理的。班主任除了自己的教学任务之外,对学生的管理也需要占用大量的时间和精力,这样就会导致他们工作起来有一定的压力和难度。因此,班主任在管理班级时,除了培育班干部小助手之外,还要与班级其他学科教师联合起来,共同教育学生。

邀请任课教师参与班级管理。任课教师在班级中主要负责各个学科的教学任务,对学生的管理只是辅助工作,大部分还是班主任在管理。因此,作为班主任要主动邀请班级任课教师参与班级管理,为班级的发展出谋划策。任课教师日常工作很忙,有的甚至兼任其他班的班主任或另外的职务,这样班主任就要主动邀请他们,与他们搞好关系,向他们讨教班级治理的方法与技巧。可以询问班级学生的学习情况和纪律情况,是否有不能解决的课堂问题,并告诉他们不好解决的问题,自己可以协调他们做好。这样就会让任课教师感觉班主任是真心邀请他们协调管理学生。比如,一些学生在班主任的课堂上表现得很好,但是在其他任课教师的课堂上就不是这样。像这样的学生班主任是很难察觉的,有时候任课教师对这样难管的学生只能睁一只眼、闭一只眼。如果班主任能够和任课教师坦诚地交流与合作,就能解决这类问题。因此,班主任主动邀请任课教师参与班级管理,发现班中存在的潜在问题,并协同解决,就能提升班级管理的实效,促进孩子的健康成长。

邀请任课教师参与班级活动。班主任要主动邀请任课教师参与班级活动,从而促进活动高效开展,让学生在活动中不断成长。日常的班级活动很多,涉及方方面面,而班主任又不是全能的,对活动的指导还需要任课教师的参与,这样班主任不仅减轻了工作负担,还能提升活动的效果。因此,班主任要真诚地邀请班级各位任课教师参与活动,对孩子们进行指导。比如,每星期都要出板报。为此,我们可以要求美术老师对孩子进行指导,给出针对性的建议,让板报更加漂亮;班级同学参加学校组织的合唱比赛,我们可以要求音乐老师进行示范、训练和指导。科技节快到了,我们可以提前请科学老师对班级选手的作品进行评价和指导,进行改进,力求获得更好的展出效果。要求任课教师对学生活动进行指导和训练,提升了学生的动手能力和创新能力,同时让班级竞争力得到提升,班级也形成了良好的班风,促进了班级建设。任课教师中很多是一些专业老师,我们要认真地向他们请教,一是表示对其尊重,二是这些老师智慧能够真正用在孩子身上,促进孩子的个性发展,也提升了班级竞争力。

帮助任课教师解决棘手问题。其实任课教师的课堂也会出现一些棘手的问题,让他们头疼。考虑到自己不是班主任,往往能过得去就算了,后果是造成了这些孩子坏习惯的养成。比如,上课纪律差,不按时交作业等。其中最为严重的是有些同学课堂上搞一些恶作剧,这些同学平时就很难管,其他同学也怕这些同学。如果什么事都交给班主任吧,班主任工作也比较忙。对于这种情况,班主任要善于洞察,除了定期向任课教师询问之外,还要利用班干部了解班级的一些情况,主动协调任课教师管理这些问题学生。比如,告诉任课教师课堂中没有太多时间教育学生,课下可以把学生带到办公室管理,可以行使班主任的权力;并主动提供学生的情况与学生家庭情况等;如果还是不服从管教,可以交给班主任处理。这样任课教师就有定海神器,不仅能够针对性教育,还能够熟悉班级的情况,促进班级和教学工作的开展。

班级管理工作面大,内容复杂,需要大量的时间和精力。而班主任身兼多职,如果仅凭自己的能力去管理班级,往往力不从心。为此只能借助班干部和任课教师的力量协调班级管理。对于任课教师,我们通过了解课堂中表现,对学生进行诊断和教育,并与任课教师搞好关系,邀请他们进行班级管理,从而构建优秀班集体,促进孩子的健康成长。

90　积极推进研学旅行

　　中小学研学旅行实践,能够把课堂知识与现实生活进行深层次的融合,能够有效提高中小学生的综合素养,从而促进学生的全面发展。但是在推进过程中,有政策、经济、师资和安全方面的困境,为此就需要研究和分析,并提出有效对策,才能更好地促进中小学研学旅行的全面推进。

　　支持地方发展经济,为研学旅行的推进提供可能。国家政策大力支持,促进地方经济快速发展,才能从根本上促使教育更加公平。政府充分发挥其协调教育的能力,积极促进教育供给平衡,从而使得义务教育在短期内能够达到均衡发展。偏远地区经济发展相对滞后,政府可以通过财税改革缩小公民之间巨大的收入差距,从而让资源分配向科学化与合理化发展。例如,近年来高涨不下的房产热,要使我国房地产市场能够持续健康地发展,必须依赖国家出台给力的政策,才能使得"炒房"热度骤降。同时,再通过税收进行科学合理的有效调节,从而达到控制高收入群体收入水平的目的。此外,发展地方经济,有效提高当地农村家庭的收入水平,十九大报告中,明确提出有关乡村振兴的战略计划,旨在有效促进我国当前的脱贫攻坚工作的开展。例如,近年来,被誉为"中华第一县"的信阳息县,历史上不仅有"三年不语"的息夫人,还有"马革裹尸"的伏波将军马援,更在境内发现距今已有3500年历史的商代独木舟。在当地政府的大力支持下,为繁荣县域经济,丰富人民群众的物质文化生活,当地建立了集文化与休闲于一体的"息国风情园",对解决当地居民的就业问题,以及促进地方经济发展都有很大的贡献。

　　建立健全的法规法制,为研学旅行的推进保驾护航。当前中小学研学旅行的群体主要是未成年人,在开展活动时离不开健全的法律机制,从而有效减缓活动各方的顾虑。国家立法部门应结合近些年来,在研学旅行实践活动中所出现的有关问题,并结合具体的调查研究,逐步建立具有针对性的法规制度。此外,当前烦琐、冗长的审批流程,在一定程度上过度耗费学校对研学旅行方案与安全保障方案制定的时间与精力。因而,需要国家出台系统化的法律制度,及时解决有关安全责任的权责划分,为学生家长和教师解除后顾之忧。对研学旅行进行准确定性,明确其教育活动的导向意识,使其能够成为影响中小学生开展研究性学习,从而有效提升个人综合素养的一项课程。这需要政府严格规范研学旅行市场,以及涉及研学旅行活动有关的资金问题,秉着坚持公益为导向,比如,在景点门票,交通出行等方面,对当地民众,特别是教师和学生群体应有极大的优惠政策。通过法律来有效把控研学旅行各部门的权责与行为,借以有效监督学校与各旅行社之间的合作行为,严格监察其出行方案及路线,确保与研学旅行活动的有效开展。

加强教师队伍建设,使研学旅行的实施更高效。立德树人,培养优秀人才,其关键还在于师资力量。为深化中小学教师对立德树人视角下研学旅行的认识,从而更好地把握"研学"和"旅游"之间的尺度,必须重视教师队伍建设。教育部和财政部于 2010 年开始全面实施的中小学教师"国培计划",对提高教师队伍建设起到不可替代的作用。因此,可以专设有关中小学教师在研学旅行方面的课程设置,在各区域选派中小学教师进行集中学习与培训,进而提高其理论认知,使其能够成为本校研学旅行工作的先行人。带动本校教师对研学旅行中所蕴藏的育人理论的学习,进而更深层次地理解其背后的教学思想,提高教师队伍对研学旅行理论的高度认识。此外,还可以通过网络培养学习,使得所有教师都能享有均等的学习机会。完善中小学教师评价体系,进行良好的师德师风建设。本着以减轻教师工作负担与生活压力的目的,实施阶段性和综合性的绩效考核评价标准,从而使得教师的教育教学与科研水平都能从中得以体现,充分调动教师参与研究性学习的积极性,为研学旅行的高效开展奠定坚实的基础。切实落实立德树人教育任务,必须立足于师德师风评价,抓好源头,以先进之师德师风促进学生良好的品德与道德素养的提高。

加强品牌文化建设,促进研学旅行的全面开展。基于立德树人这一教育视角,中小学研学旅行活动开展之前,教师必须明确本次活动的主题定位,想要培养什么品质的人,又是为了谁而培养的。比如,我国的红色旅游文化基地,具有极强的思政教育功效,因此,可以结合地方红色文化开展红色研学旅行活动,从而使得以爱国主义为核心的民族精神更加深入人心。例如,教师可以带领学生参观息县刘邓大军纪念馆、商城的"红军洞",以及革命历史遗迹和纪念地等就多达200多处,"全国爱国主义教育示范基地""将军县"新县,"鄂豫皖苏区首府革命博物馆""鄂豫皖苏区首府烈士陵园""许世友将军故里"等,都是极为宝贵的红色旅游资源,将其列为中小学研学旅行实践教学目的地,能够让学生深入感受革命战士的英勇壮举,加深其对革命先烈的缅怀,进而更加珍惜眼前的学习机会,激发其积极进取的豪情壮志。

91　上等马对中等马

　　一年一度的总结和表彰开始了,在教师节来临之际要评选出优秀教师。我校的评选标准就是以学生期末考试全县的排名顺序为基准。对于所带班级比较多的教师按着平均分最高班级在全县的排名。我所带的班级是多班,最高一个班平均分的成绩在全县排第10名。回想日常在教学中所下的功夫,觉得这次成绩不理想。于是我查一下具体的原因,在我前面的班级中,我发现有8个班级是私立学校的。可能是由于他们的成绩非常好了,打听之后,才知道他们是义务教育阶段的重点班,就是把全校成绩最好的学生放在这几个班,学生基础好,成绩也好。这对于我带的班级来讲,显然他们是上等马。另外也有一个班级是公办学校的班级,是全县的第一名。这个学校生源不好,基本上是属于边缘化的学校。但是成绩能够考这么好,我也觉得好奇。于是就找到了有关教师了解一下情况,最后发现是把全校最好的学生考试成绩编在一个班,平时不在一个班上课,这样也等于是上等马。而我校是按着平均分进行分班,每个班按着学生成绩的好、中、差分班和考试,充其量就是中等马,但是不可否认我校生源好,最多也只是中等马中的上等马,这与上等马还是有一定距离的,为此,对于按着主要以学生考试成绩评价教师,再加上以上破坏教育公平的做法,显然优秀教师的评价不合理,也不公平。

　　对学生成绩评价的目的是考核学生对知识的掌握情况,同时也是了解教师的教学水平。但是个别学校和班级破坏教育规律和规则的做法显然不能服众。对于义务教育,学生有享受公平教育的权利。在学校搞重点,或者为了考评做了考试的手脚,这都是不规范办学,危害了更多的学生。私立学校办重点班,完全是资本化操作,通常给民众带来经济上的负担。而考试时把最好学生的考试成绩编在一个班,这是破坏考试的公平,这样就不能了解一所学校、一个班级和一位教师教学效率,这是一种欺上瞒下的舞弊行为。对于扎扎实实进行教育的学校和教师是一种伤害。本身评选优秀教师是对教师队伍的一种引领,而现状却成了虚假的评价,伤害了很多人的心。同时田忌赛马的故事也告诉我们,取胜需要一定的规则,但是还要利用智慧。拥有上等马的破坏规则,在他们面前想取胜那是天方夜谭。义务教育需要在一个公平的环境中去竞争,这样才能调动广大教育工作者的教育信心和创造力。

虽然人人都想成为上等马或者想用上等马,但是教育是公益事业,学生有享受公平教育的权利,为此我们就要给学生创设良好的环境,促进学生成长、成才。随着义务教育的不断规范,对取缔义务教育阶段的民办教育呼声也越来越高。部分义务教育阶段民办教育违规招生,不惜一切代价挖学生、挖教师,希望利用资本控制教育,达到赢利的目的。我国的教育是党和国家的教育,以服务民众为目的,而不是为个别人的利益服务。教育部已经要求减少考试,不完全以学生的成绩去考核教师。但是教师评价还需要细化,也要从不同方面进行评价,并给学校留有相应的操作空间。

教育改革的推进,其根本在于评价的方式和标准,如何评价才是合理的、科学的,以评价作为引导,让教育方向更加明确。要杜绝这种上等马对中等马的局面,要形成公正、公平的教育和考试方式,义务教育要面向全体学生,不搞特殊,稳步推进,提升教育质量。每年评优秀教师,就需要对教师进行综合评价,从师德、教学能力、科研能力、学生成绩等多个方面进行评价,而学生成绩占一半以内的分值是比较合适的。不能说不看学生的成绩,但是也不能全部依靠成绩。教学成绩关系教育质量,我们要拿捏好,并采取多种方法让学生的成绩和能力培养都能达到相应的高度,要高分也要高能,这样才能培养出高质量的人才。百年大计,教育为本。而教师在其中就起到了穿针引线的作用,始终贯彻在学生的成长和成才的过程中。建立合理评价教师的方式,积极调动教师教育积极性和创造力,这样才能打造优质的教育,为社会培养合格的建设者和接班人。

第五章　自育无止境

　　新理念、新知识、新成果给教育教学和教师的课堂教学实践带来新思考、新启示。为此，不同地域文化、不同校园文化，新理念的碰撞，知识视野的拓展，都深刻影响着教师的教育情怀、教育认知、教育责任、教育行为。为此，教师只有不断学习、不断实践和研究，才能提升教育理念和教学能力，促进专业成长。"四有教师"中指出："有理想信念、有道德情操、有扎实知识、有仁爱之心。"而扎实的知识，就是来自教师的实践与学习，只有坚持下去，才能促进教师的成长，完成新时代的历史使命。同时还要提升道德修养和人文修养，促进个人综合素养的发展，从而更好地为教育教学服务，并适应社会生活。

92 读书生活

学生时代的我,没有读过什么书,我说的书是课本以外的书。记得那时上初三的时候,为了备考上高中,就买了几本复习资料,现在还记得叫"三点一测"。不知道这种复习资料的使用叫不叫读书,另外在上师范那会儿还看过几本小说,其余再没有读过除了课本以外的书籍。但是现在想想真是读书太少,以至于用的时候感觉到其重要性。

后来成为老师,在进行教育教学实践时,除了教材,我接触了专业杂志《科学课》,该杂志对所教学科有很多帮助,这本杂志包含了很多科学理论和实践方面的经验,对一线教师的教学实践有着很大的指导作用。比如科学探究式教学法,有的是从理论上解读,其中包含发现问题、猜想、设计方案、交流讨论、实验操作、得出结论、应用拓展等过程,让老师对这种教学方法有了进一步的认识,还有一些是教师的科学探究式教学法具体实践等,让我们对这种方法应用有了依据。杂志中的特色还有同堂异构,通过教学设计的方法对教学理念进行渗透,这从不同角度、不同层次对课堂进行设计,教师有了这些设计,就知道了课该如何上;最后还有一个提升栏目就是实验制作,包含了对科学实验的设计和教学具设计等,是一种创新的栏目,也与科学课联系很大。科学是以实验为主的学科,杂志开设以实验为突破口的研究,提升了杂志的水平。这些都为一线老师阅读和学习提供了条件。在教学中,我以此杂志进行学习和研究,把其中教育理念与自己的教学实际结合起来,并认真设计和实践,从而提升自己的理论水平,也增强了教学实践的有效性。这本杂志每期都看,我还在上面发表了几篇文章,从此以后阅读和写作的信心就更强了。

但是阅读专业期刊有一定的局限性,我们还要对教育理论进行研究,再过渡到学科教学,这样才能让我们的知识结构合理化和理论水平提升。对这方面的杂志,我看了《教学月刊》小学综合版,这里面不仅有科学学科方面的知识,还有其他学科,还包含了一些教研、管理方面的文章。另外还阅读了《河南教育》基教版,这里面包含了我省一些教育教学的最新动态,这也是一本综合教育期刊,有教育管理、学科教学、教育科研和教育随感等。我最关注的有两个征文栏目:教师专业成长和班主任论丛,每期征文必看,并进行撰写和积极投稿,虽然没有刊用,但是一直在引领我写作,是我进行写作的动机。我喜欢思考,喜欢写作,同时也慢慢对阅读产生了兴趣。除了工作之外,我时间主要放在了读书、写作、投稿上。

到后来还是发现自己的视野不足,教育需要灵动的思想,我们要与生活实践结合起来,对于阅读和写作,我们可以延伸到生活当中,不能不问世事,不能不读生活。每到征订杂志的时候,我们除了订阅教育专业期刊,还订阅了一些生活类期刊,比如最近几年阅读的有家庭百事通、青年文摘、读者、意林等,这里面有优美的文学作品,还有情感故事,天下事,家庭生活等。我们不能脱离生活,不能脱离社会,那么读这方面的书也能让我们与这个时代同步发展。老师每天就是校园、家里,很少与社会接触,我们通过阅读与生活相关的书籍,也能弥补这方面的不足。教育即生活,读书是教育的一部分,我们也可以推理得出读书即生活。我想很多人都赞同我的观点,把阅读当成生活中的一部分。

另外,再谈一谈读书的感悟。读书可以让自己的思想与文章的作者进行思维的碰撞,这样就可以促进成长。如果我们不能从书中汲取有用的东西,那么我们的阅读就是没有意义的。特别是专业阅读中,我们可以学习到他人教学方法和技巧,还可以从中料及别人对新课标的解读,这样我们就能更好地把握教学内容,提升课堂教学实效。生活中的阅读也让我们知识和视野得到拓展,我们有了这些知识作为基础,就可以更好地认识和理解这个世界。在阅读中思考,再把思考变成文字,这也是我们要达到的阅读效果。

我把这些文章整理后,再投到杂志发表,或者形成专著。这可以认为是阅读之大成,但是需要我们有阅读兴趣和撰写的毅力。这些我们可遇不可求,但是只要向这个方面努力,最后就有可能实现。就算不能实现,把阅读当成生活中乐事,也能陶冶情操,这也是一种收获吧!

我读三种书

说起读书,我觉得与一个人的性格有关。如果一个人喜欢安静,那么对读书来说最合适不过了,也就是说读书本来就需要一个安静的环境,能够沉下心来读。现在社会风气比较浮躁,很多人都急功近利,在没有足够的储备力量的情况下进行冒险行动。我觉得读书的最大目的就是沉淀一下自己,更冷静地去思考问题。另外对我来讲还有一个原因就是自己是老师,书本身就不可能离开自己,多读书也能提升自己的专业素养和个人修养。

读书需要引导的动力,还需要有一定的时间。我读书最大的动力就是写作,由于写作的爱好就需要多读书,特别是写作需要我们先阅读一些材料,还有一些是我们写作中欠缺的东西,也要从书中寻找答案。另外由于自己教的是非考试科目,相对来说教学工作压力不大,因而有一部分闲的时间来阅读和写作,长期下去也变成了习惯。学校也对老师的阅读进行了大力支持,每年会为老师订一套专业期刊,当然我每次必订,一订就是两套,多的自己付款,我把这些书籍已经看作生活中的必需品。我看的书大致分为三种,一种是专业理论专著,二是专业期刊,三是生活类的书籍。前两类是为了工作和写作,后一类是为了生活,陶冶情操,而且人需要丰富的阅历,看的书广,才能积累经验。专业理论专著有教育理论和教学模式的深入探析,为教育教学提供了指导;专业期刊也最接近我们的教学实际,有教育理论和模式解读、教学设计、教育经验论文和创新实验等,这些都与学科教学相联系,有的自己可以运用到教学当中,这方面的书确实对课堂教学有作用;生化类的书籍,其实也很广泛,比如文学、情感、历史、家庭等,这些都是关系生活百态的,无论什么情况,最后我们都要落脚到生活中,不能与生活脱节。

　　随着教师要从教书匠向研究型教师的转变,朱永新教授提出了专业阅读、专业写作、专业共同体的观点。这里面就强调了教师的专业发展要进行大量阅读,学习教育理论知识,把理论与自己的教学实际结合起来。一线教师最缺乏的就是专业理论,而专业阅读就能突破这一难关。对于我教的学科,我主要阅读《科学探究式教学法》《先学后教当堂训练》等,这些都是教学模式的理论知识,阅读专著之后,我们就能更深入地理解,提升自己的感悟。专业期刊,我阅读了《科学课》《实验教学与仪器》等,这两本杂志与我所教的科学紧密联系,特别是一些老师的困惑,甚至一些难点的处理,我们在杂志中都能找到相关的解决办法,我们不能解决,有别的老师再研究,我们从中吸取有用的经验和方法,再结合自己的实际就能形成自己的教学理念和方法。小学科学课中,主要以实验教学为主,《科学课》中有的栏目是实验制作与改进,而《实验教学与仪器》中实验技术与设计等,都与教学紧密联系,多看看别人是如何上实验课的,如何设计和指导实验的,进而丰富我们的技能。最后,就是生活类的书籍,这类书籍很广泛,也是生活的点缀,是读者最多的人群,很多人不读学术方面的书籍,但是生活类的书籍是少不了的。对这方面的书籍我也会读一些,比如,读者、意林、青年文摘、家庭医生、家庭百事通、百科知识等。这些书籍的内容非常丰富,其中包含了文学、人生哲理、饮食健康、历史知识等,这些都是我们需要的。这些书的阅读,能够让我们的知识得到丰富,视野得到拓展。

　　三种不同的书籍,其作用也是不同的。对于一个人来讲,工作和生活都很重要,这些方面的能力都需要提升,为此我们需要学习的东西也很多。当然阅读也成为我们实现目标的一条途径。我们知识和阅历的丰富,也是积累而来的。阅读也是一样,我们要给自己定一个目标,坚持每天利用一定的时间读一些,这样才能实现目标。比如,每天阅读一个小时的专业书籍,阅读半个小时的生活书籍。这都是可行的,只要我们能够充分分配好时间,就可以实现。另外,我们还可以进行一个小时的撰写,等等。当我们的阅读、生活和工作有一定的感悟时,如果喜欢做记录,就可以写一写,其实这也是一笔宝贵的财富。因为读与写是分不开的,在读中写,读后写,同时写也促进了读。

94 阅读三则

日常工作比较忙,除了教学之外,还写一些学科方面的论文、教育以及生活随感等。只有到了寒暑假才闲一些。但是这个时候的阅读一直进行,由于阅读是写作的基础,再加上阅读能够丰富知识,拓展视野,陶冶情操,因此,阅读就成了生活中必做的一件事。

阅读自己的文章。由于平时一有空就会撰写一些文章,有些文章还没有来得及输入电脑,因此到了放假的时候,正好可以完成这一任务。在对自己文章阅读的同时,进行修改。特别是其中语病以及构思不足等处进行斟酌和改正。这样边阅读,边输入,边修改,最后就能定稿了。另外文章中如果缺哪些方面的东西,也可以查阅一下资料,这也是一种阅读,然后补充到自己的文章中。为此,在阅读中可以进一步审视自己的文章,进而提升自己对教育和生活的感悟。有时候文章就是写写、放放、读读、改改等,这其中阅读与思考是非常重要的,为此文章的质量与反复阅读、推敲是分不开的,只有这样文章才更加完善。

阅读文友的文章。文友我分为两种,一种是相互交流的那种,一种是交流的不多。但是这些文友都喜欢阅读和撰写文章。无论是教学文章,还是随感等,都有相互学习和交流的需求。平时经常看到一些文章的作者,他们的名字是非常熟悉的,有的是订的一些报刊上,还有和自己同时发表在一期的作者。由于比较熟悉,就自然当成了文友,虽然没有交流过,但大家都能感受的彼此的存在,这些文友的文章,我是一定看的。这里面的文友包含了一些学校的校长、优秀教师甚至教育专家等。无论是管理方面的文章,还是教学方面的,甚至教育和生活感悟方面的,都有阅读和借鉴的价值。拿来读读也能提升自己的能力。另外一种就是经常交流的文友,有些文友是在杂志读者群或者是从其他渠道进行联系的网上朋友,不过这些文友多数是以阅读和写作为爱好。就文章来讲我擅长写教育管理和学科教学方面,网上的一位老师文友,则喜欢写生活感悟和文学方面的文章,我们的文体是完全不同的。通过交流就可以切磋经验,促进我们共同提升写作能力。通过阅读他人的文章和交流,既能提升自己对教育、对生活的感悟,又对自身写作技巧方面的提升有很多的帮助。这就是阅读文友的文章带来的帮助,这也可以算是阅读中的一种吧。

陪伴孩子阅读。大人的阅读自然会影响到孩子,平时我们鼓励孩子阅读,特别是放假更是支持孩子阅读,首先帮孩子选择一些他们喜欢,适合他们年龄段的阅读书刊。但是对于低年级的孩子,我们让学生读一些绘本,结合图去理解文字的内容,也可以在家长的指导下进行阅读。我们把这种阅读称之为亲子阅读,也就是说陪伴孩子阅读。女儿上二年级,每期会给其买一部分书刊,到了寒暑假就会再买一些,每天读几个故事已经是常态。对于刚开始的阅读,我们通过引导让她建立阅读兴趣。比如,给孩子读,让她结合图进行听和理解。再让孩子用自己的语言描述一下内容,让孩子发挥一下想象,这样孩子的思维能力和语言能力就能得到发展。孩子有了阅读兴趣和基础,可以放松让他们自己阅读,但是大人也要在身边陪伴,可以和孩子一起,孩子读,我们听;还可以在孩子读的时候,我们也看一本书,给孩子一种共同阅读的感觉,也就是说让孩子体会到家长的陪伴。

阅读的作用是无限的。无论是儿童还是成年人都需要阅读,阅读让人聪明,让人进步。但是每个人的阅读方式和方法是不同的。我平时阅读和假期阅读就有很多不同,在进行这种阅读之后,剩下的时间就是晚上睡觉前看几页小说或者一些生活百态的杂志等,这样阅读才能广泛,知识面才能拓宽。人是社会中的人,我们要汲取各个方面的知识。阅读还有一个重要的作用就是促进写作,读和写不能分开,读是写的基础。对于需要经常写作的人,也能体会到读的作用,不读就不能站在专业前沿更好地思考事情。

95 专业阅读与应用

朱永新教授提出："专业阅读，专业写作，专业共同体。"我们从中不难发展专业阅读是进行教育研究的基础，而进行教育研究的目的是什么呢？当然是转化成教育实践。专业阅读主要是老师针对学科专业论著和专业期刊的阅读。其实专业阅读能为教师的教学实践支招，提升教学实践的有效性。专业书籍中有教育理论、教学经验、教学设计、教学发现等，这些都能为一线教师的教学实践提供指导，并能够直接进行运用或改进后运用。

教学理论的运用。对教学理论的获取主要是从专业著作中获取的，还有就是一些期刊对这些理论的解读等。教师阅读之后，可以结合自己的教学实际，把这些理论融入教学设计和课堂实际中去，从而提升教学的实效。比如，科学学科，我曾经读过两本专业论著，一本是美国教育家兰本达的《小学科学教育的'探究—研讨'教学法》，我们从书中知道了探究式教学理论，明白了开展探究式教学中的六步：质疑提问、设计实验、实验验证、展示交流、得出结论、拓展应用。另一本是蔡林森校长的《先学后教 当堂训练》，我们从中学习到了学生多学老师少教、学生自学与合作学习相结合，再通过课堂练习，当堂消化知识，没有掌握的老师再精讲，体现了以学生学习为中心的教学理念。从这些教育理论专著中，我们可以把教育理论运用到教学实践中，结合自己的教学实际去开展教学。

教学设计的运用。专业教育期刊中，有很多一线优秀教师撰写的教学设计和教学案例，还有的是同堂异构设计。这些教学设计和实录，不仅是教学过程的呈现，还有教学思想的展示。一般情况是教学过程加教学意图，教师阅读之后，就能够知道这样做和为什么这样做，这样理解就比较透彻。很多教学设计可以直接在我们的课堂中使用,或者改进后使用。也可以说教学设计及其理念最贴近我们课堂,也是一些教师教学实践的好材料。比如,我在一次科学课中讲解《马铃薯在液体中沉浮》,有这样一个实验:"100毫升的水,需要多少克的食盐能够使马铃薯浮起来?"这次实验学生用了很长时间才完成,后面的讨论、交流、展示、总结等环节就没有时间进行。后来在《科学课》中看了一位老师设计的课堂,他是在就食盐之前如何放,先让学生进行讨论,有的同学认为是一勺一勺的方法,搅拌溶解后再放另外一勺,直到马铃薯浮上来;还有的同学认为先估计一下能放多少,刚开始多放几勺溶解后,再一勺一勺地放,结果他们都完成了任务,而先多放盐的这一组提前完成了,后面的活动就有了充足的时间。这就为再进行这节课的讲解提供了宝贵经验,这种教学设计和方法就可以直接用于教学,看来专业期刊中教学设计对我们教学实践的作用是很大的。

　教学发现的运用。教育期刊中,有很多值得我们借鉴和使用的东西。教学发现的种类也是很多的,可以是教学方法、教具的发明、创造和改进等,这些都可以应用到我们的教学实践中。作为老师要时刻准备着利用新的思想和新的方法去服务教学,而不是只读这方面的书,关键还是用,灵活地使用。对科学学科来讲,动手实践的内容很多,比如,我们在课堂中经常要使用教学具去解决问题、做实验等。有很多科学专业的杂志中有这样一个栏目,就是《教学具的发明与改进》,这个栏目其实是一个教学发现的成果。有很多一线的老师把这方面的成果撰写成文投到期刊上,其他老师阅读后,可以按照其中的方法进行制作,然后服务于课堂。例如,在做摆的过程中,书中是利用了金属和木板结合做到的,而期刊中就有很多设计的方法,一种是利用吸铁石、金属和木板,还有是利用两块吸铁石和木板做成的,后面两种材料做出的教学具更加方便,有利于学生制作、使用并解决课堂中的问题。教学中的创造和发明,对于一线老师来讲可能很难,但是我们可以把这些实实在在的东西用在课堂上,用在学生的操作中,同样也可以解决教学中的问题,让学生获取知识,提升技能。

96 写信那些年

书信是传递信息，寄托情感的载体。特别是在过去信息技术不发达的年代，我们经常利用写信的方式诉说各自的生活、工作和情感。上小学那会儿，老师已经教会了我们写信封，如何写信，也在考试中以信作为题目。到后来信的作用也越来越重要，写家书，交友，投稿等，随着信息技术的不断发展，这种写信的方式逐步退出历史舞台。但是书信的作用是很大的，也给我们留下深刻的记忆。

家书。第一次写家书还是上师范的第一个月末。由于当时是在市里面上学，离家较远，而且已经一个月没有回家。平时上初中那会儿都是一个星期回一次家，这次时间很长，离家又远，也没有电话。于是就想到了写信向父母诉说一下思念之情，并汇报在学校的学习和生活的情况。当时主要写了自己远离父母这么久，对他们的想念；记录了当时军训的情况，白天进行军事化训练，晚上唱军歌，生活很丰富；学习方面主要讲现在开的课程专业性比较强，各科都能扎实开展，每天还有练字、说普通话的时间。这和上初中完全不同，自由性很大，校园生活很丰富。最后，以《咱当兵的人》中的一句话"自从离开了家乡 就难见到爹娘"结束。为什么这么写呢，因为学校的纪律很严，周末回家还要向班主任请假（除了市内的同学），到了晚上寝室还要查人，一个月回去一次还要有正当理由。

交友。说起交友，写信确实发挥着重要的作用。师范那会儿学生都处于青春期，青春是什么时间，是恋爱和交友的时间。后来当老师后，通过专家的培训我们才认识到学生这一时期的特点。再加上我们当时是读师范，没有就业压力，课程考试合格就能毕业分配。当然上学时，没有什么压力，自由度大一些。交友也是很正常的一件事,当时我先交了一位笔友,是通过写信的方式。这位笔友是我们班同学的一位朋友,同学是从外省的一个学校转过来的,笔友是她好朋友,然后就介绍给我,她说这位朋友性格开朗,热心,也很漂亮。我当时就答应了,反正那时候对笔友非常好奇,就这样给笔友经常写信,诉说学习和生活的事情。再后来也给心爱的女生写过信,但是信写得很简单,就是对对方的几句爱慕的话,然后想和其交个朋友,并约定时间和地点见个面,不过第一次就失败了,对方不了解自己,没有去。

投稿。工作后,写信的机会逐渐变少。随着通信工具的普及,像手机、QQ、微信等,写信的实效性显得微不足道。由于喜爱写作,因此我经常会写一些教育方面的稿子,大部分是用电子邮箱投稿,但是有的杂志社还是要求先寄纸质稿件。于是我先把电子版的打印出来,然后进行投递。比如,《教育实践与研究》《教育理论与实践》这两种杂志都要先寄送纸质稿件,也许是作为作者投稿的凭据吧。现在很少人再去写信了,但是我们不应该否认写的作用。写能够对我们生活实践进行提炼,能够构建思想,让我们思维空间更丰满。而我写时而用电脑时而用纸张,对于一些征文比较急,也只能用电脑来写,对生活中的一些随感,就用纸张来些。虽然现在我们很少写信,但是写写文章,还是有必要的,于是我把读与写的作用进行总结,那就是:"阅读、写作能够丰富知识、拓展视野、陶冶情操、活跃思想、促进创新"。

我们不能忽视写信的作用,写信让人表达思想和感情,它能够描述日常、畅想未来、表达思念,同时给人留下无数隐秘的空间。因此,我们说它是文化的传承,也是时代的标准。新事物要代替旧事物,这是事物发展的规律。那些年书信给我们带来的益处,我们要学会感恩,因为它至少也是回忆吧!

97 也谈写字

最近收到编辑寄来的样刊,信封上写有我的名字和地址。看到编辑写的字,真让自己自愧不如,字写得非常漂亮。在欣赏的同时,拍了一张照片放到微信上。作为老师,我也时常写字,但是字写得不算太好,现在觉得别人写自己的名字,比自己写得还要靓,这叫人情何以堪。自己经常写字,反而不得法,看来还是得认真学才行。

说起刚开始上学那会儿写字,是跟着老师学习,对着书本练,写字的速度也很慢,但是写起字来是非常认真的。认真到一种程度就是写错字急得想哭,那个刚写字时的认真劲至今记忆犹新。再向后发展,到了五年级的时候,我获得一本字帖,很喜欢,然后就按照字帖上的字进行临摹,当时自己练,也没有受到其他人的指导。但是相对于刚上学那会儿的字要写得好多了。再后来就是到读师范的时候,进行了专业的写字练习,每周都有一节书法课,有专业的书法老师进行讲解和辅导。这三年书法课是这样规定的,一年级毛笔字,二年级钢笔字,三年级粉笔字。因为我们以后要当老师,所以这些字都要练好。上学的第一年,每天下午上课之前认真练字20分钟,同学们也都是这样做的。对于写字,我也发现了自己的问题所在,写毛笔字的时候,我发现自己的笔锋使用不当,导致有的笔法写得不到位;第二就是字的结构把握得不牢,主要体现在结构搭配不均衡。这是自己的问题,另外我认为,一星期一节书法课是没办法把书法练好的,特别是每天的练习缺乏指导。所以渐渐对书法也不是那么感兴趣了,这里面成就感不是太强。到了师范二三年级的时候,我的兴趣投入到篮球运动当中,书法练习时间基本不多,到了上课才去,把省下的时间放在了打球上,篮球技术上去了,但是书法技巧再也没有进步。我们都知道练字需要工夫,也需要老师指导。现在来看,我的钢笔字倒是好一些,这得益于以前练的字帖基础,而毛笔字不得要领。

现在当老师已经十几年,再也没有认真临摹字帖去练字了。现在几乎都是平时写教案、写记录、写论文,而并非真正去练字。这也是我们前面说的一直写字的问题。也就是说天天写也不能出成果。其关键还是要看方法,就像我们学生一样,学习没方法见效就慢,我的写字就是属于这种吧。我觉得写字有爱好,要坚持,有方法,这样才能有艺术的突破。现在比较忙,除了需要用笔的任务外,基本上没有去研究如何写才能写得更好。但是写字这件事一直伴随身边,一手好字确实能够代表一个人的气质和涵养。为此,字对每一个人都是有一定作用的,特别是从职业还有我的写作爱好来看,字写好也是必需的。

我的字写得不成功,一位同学却有书法家的美誉。读师范的时候,这位同学,写字非常勤奋,每次下午课前练字时,都会发现他拿着一支毛笔和一个小水桶。我们只需要一支毛笔就行。而他却有很多,大致知道他喜欢书法而已。多年后又分到一个学校教书,同学的书法已练到了一定境界,而且经常参与有关书法各方面的活动。同学闲的时候,我也邀请他给写几幅字,挂在书房,以示勉励。并有下定决心向其学习的想法。朋友的思想很灵活,自己也开办了一个书法班,很多同事都把孩子送到他那里学习。看着孩子们那种认真劲,觉得孩子们今后会把书法练好,这也是一种能力和修养。

从写字再到书法这是一种质的飞跃,也是一种艺术教育。书法是我们的国学精华,千百年来,我们都一直在对其进行研究,这种艺术才得以传承到现在。这不能不说其具有的魅力是无穷的。对于老师这个职业来讲,字是很重要的,传承书法艺术也很重要。我们要把这种思想贯彻到下一代,让其受到良好的书法教育,促进其全面发展。同时这也就是现在提倡的现代教育与传统文化相结合,其实就要把传统文化中的精髓进行继承,让孩子受到各种优质教育,这样我们的教育才能体现出其价值。

98 阅读、写作、收获

作为一名教师，在搞好课堂教学之余，我对自己的教育思想和教学行为进行了全面的反思，通过阅读大量的专业期刊和教育理论专著提升自己的理论水平，通过分析和研究教学中问题，并以论文的形式投到全国各大教育类期刊上。我始终坚信"阅读与撰写能够反思教学，提升教学实践的有效性，丰富知识，拓展视野，陶冶情操，活跃思想，促进创新"。若最后真能实现，这也充分体现了阅读与写作对教学改革和教师成长的作用。

2001 年师范毕业以后，分到农村小学工作，看看身边的老教师，自己就有点儿认命了。但是我没有满足现状，就算自己的工作条件不好，也可以再进步，多学些知识，毕竟自己还年轻。两年后，考上了华中师大成人脱产本科，上了大学。2007 年大学毕业以后，第二年调入信阳市息县第一小学任教，本来自己的专业是计算机科学与技术，由于学校信息技术教师充足，而科学教师奇缺，于是就当了科学教师。虽然与自己的专业不相符，但是年轻人有不服输的精神，这一干就是六年。由于不是大学时学的专业，也没有教学经验，因此在课余时，我进行了自学，阅读了一些与科学课相关教育教学理论和专业期刊充电、解惑。其中教育理论，我阅读了《小学科学教育的"探究—探讨"教学法》《教作为探究的科学》等科学教育与实践研究专著，从中学习科学探究教学的理论与方法，在今后教学过程中要做好让学生亲身参与质疑提问、设计实验、实验验证、展示交流、得出结论、拓展应用等过程，教学既要关注学生的已有经验，又要注重学生的参与过程。另外还有大量的专业期刊，《科学课》《中国现代教育装备》《实验教学与仪器》《教学实验与仪器》等。如"教学理论"栏目，能学习前沿的教学理念，特别是以探究式学习为主的教学过程和方法;"教师专业发展"能让教师找到自我发展的方法和途径;"实验教学研究"栏目能够让科学教师学习到大师们的实验方法和技巧;"实验方法和设计"栏目有利于科学教师探讨实验设计与实验教改;"仪器改进和自制教具"栏目能让科学教师鉴赏其他教师的教学实践创新作品和获取教学仪器和教具使用和管理的丰富经验;"教育技术"栏目能够让科学教师学习到教育技术在科学学科应用技巧和方法,提升现代教育教学水平。

每次课,我都认真备课,其中包括下水实验,准备演示仪器,自制教具等,我担任两个年级的科学课,每个年级6个班,这就相当于一年把教材教了6遍。经过一段时间后,对科学这门课,有了一些心得,把课堂中的精彩生成和出现的问题,在课后逐一梳理,认真反思。精彩的生成作为写作的典型案例,按着系统的撰写思路进行教学经验总结,这就形成了理论、策略、例证、效果为一体的论文。如,在"光是怎样传播"中的实验,这个实验有一个问题就是如何在同样的三张卡纸,在同一个位置打同样大小的孔,当时学生想出了很多方法,借助硬币、利用圆规等,方法多种多样。由此,我认识到了学生的智慧是无穷的,最后撰写了《如何在科学教学中发展学生思维》,最后总结出:提出的问题必须与学生的兴趣相符;提出的问题必须与学生生活经验相符;提出的问题与操作有关;提出的问题有一定的趣味性等。对于教学中不能解决的问题,去和其他学科教师探讨,或上网查询解决方法,或查找专业期刊,直到找出问题的最佳解决方案,然后下一次课再进行实践。

科学课中,有很多时候需要进行实验操作,而学校没有标准的科学实验室,实验器材不全。在这种情况下,为了更好地完成实验,提升实验教学的实效,我进行了科学教学具的研究制作,在制作学具时,我先从资料中查找他人的设计方法,再根据自己的教学实际和想法进行设计、制作、改进等。制作好的教具,我也会认真做好总结,以撰写论文的形式,写好制作的背景、制作的材料、制作方法、使用的方法、效果等,再投到专业期刊。先后制作了《光的传播路线验证器》《时区测量仪》《磁铁摆》等,解决了科学教学中的问题。

但在教学实践的过程中,总感觉自己的理论水平不够,教学再有新的突破很难。教学处于摸索阶段,缺乏同伴互助和大师引领。就在困惑之际,一个机会来了,县里有一个培训的指标,是参加2013年国培计划——置换研修小学科学学科(三个月)的培训,学校派我参加了这个时间最长,最高规格的科学学科的培训,与全省40位科学骨干教师一起学习和生活,并聆听了全国70多位科学教育专家和名师的报告、课例。通过这次学习,感觉到自己需要学习的很多,认识到科学教育是那么宽广和深奥;通过这次学习,拓展了视野,提升了理论水平;通过这次学习,学会了做科研、提升了教科研能力。学习培训的最后一项是做课题研究,当时我们老师当中,很多没有接触课题,培训教师教我们如何选题,做调查、进行课题论证、写开题报告、中期报告、结题等,我把老师教的这些都完整地记好笔记,并结合别人做过的课题进行分析和理解,最后完成了"校本课程'七巧板创意设计'开发的研究",并已结题。本次课题研究共计发表6篇论文,其中"让校本教研和科研有机结合"发表在北大核心期刊《教学管理》2014年小教版第6期,另外还编写了《七巧板创新拼图300例》,作为我校开展七巧板课程的参考读本。

无论是上课还是做课题,我都会积极反思和研究。教学中的得失,我会更深一步地挖掘,找出根源,从理论中分析,再进行教学实践,把这些经验进行总结和梳理,然后写出论文。课题研究中,对自己负责的内容,认真调查、查阅资料、分析,再结合日常积累的经验,把课堂研究的成果以论文的形式进行总结和梳理,再投到教育期刊上。在工作之余,我对教育教学进行了全面、深入的反思,撰写了大量论文,并发表在教育期刊上。国家级期刊《中国现代教育装备》先后刊登了我的10篇文章。

教育家叶澜说过:"一个教师写一辈子教案不一定成为名师,一个教师写三年反思可能成为名师。"其实,反思是需要阅读大量的书籍作为基础的。最后,我想说成为名师与否并不重要,重要的是阅读与反思对教学改革的推进作用,对教师成长的促进作用。

99 每天四个"一"

教师每天除了教学工作之外,还应该有自己的活动安排,从而丰富生活,调整自己的工作状态。人都有自己的兴趣、爱好,每人的家庭情况也不一样。因此应该结合自己的各种情况分配自己事情,做自己能做的事。我也是一样,除了教学工作,我一般情况会做四件事,阅读、写作、锻炼、陪伴。阅读、写作和锻炼是自己的爱好,陪伴主要是辅导孩子学习。做这些事情都是有标准的,每天评价阅读一万字,撰写一千字,锻炼一小时,陪伴一小时。这四个一的作用也是很多的。阅读能够拓展视野、丰富知识,提升素养。写作能够反思教学、提升教学实践的有效性;锻炼能够提升身体素质,是工作和生活的基础。陪伴能够帮助孩子解决一些难点问题,有利于与孩子的交流,促进孩子快乐成长。

每天阅读一万字,大概需要时间一个小时以内。阅读内容主要是教育和生活方面的书籍。这里面包含了教育专著、教育期刊,生活、文学方面的杂志等,这些书籍的内容丰富,通过长时间的阅读积累一定的知识和经验,从而提升个人的人文素养和专业素养。教育方面的书籍,我主要阅读了《教学月刊》《河南教育》《科学课》等,这里面有教学方面的文章,也有管理方面的文章,对提升自己的业务水平和管理能力都有帮助;另外还阅读《读者》《青年文摘》《意林》《家庭百事通》,这里面主要是生活和文学方面的文章,让我的视野更加开拓,同时也提升自己对生活的认知。阅读能够缓解教学中的疲劳,还能在文章中找到解决问题的方法,从而促进教学的有效开展。

每天撰写一千字,就是日均写一千字,有时候会多写,有时候也会不写,根据情况而定。作为一名教师,我撰写的文章主要包含了班级管理、学科教学、教师教育和教育随感等。由于平时喜欢写作,也坚持了这么多年,因此逐渐养成了撰写的习惯。其实写作并不难,关键是有好的立意,去捕捉问题、视角和素材,并把自己的教育教学理论融入进去。教师要做到这些就要日常多观察、多思考、多发现,才有写的东西。比如,最近读了一位科学教师写的文章《三个红番茄》,讲述了老师用三个红番茄去鼓励孩子,关注学生家庭的故事,体现了对留守儿童一种特殊关爱。这与教育家陶行知的《三颗糖果》有相似之处,但是我发现又有不同的地方,对于误食青番茄的孩子,给予红番茄进行鼓励,同时还给了孩子的爷爷奶奶两个番茄让孩子带回去。这里面除了鼓励孩子认识事物,改掉不好习惯,还关注了孩子生活和家庭。我就以此为突破口,撰写了从《三颗糖果到三个红番茄》,不同教育环境,教育方面的利用可以变通,效果确实很好。

每天锻炼一小时,作为教育工作者,我们在工作的时候,也要注重身体锻炼。身体是生活和工作的本钱,因此,我们要每天积极锻炼。但是很多人都不能坚持锻炼,不是忙,就是觉得太枯燥。对于忙,还是能挤出时间的,对兴趣的问题,我认为可以结合自己的实际来做,很多老师在上学那会能有一些体育爱好,女老师可能爱跳绳、踢毽子、打乒乓球等。男老师可能喜欢篮球、足球、跑步等,无论是哪种方式都能锻炼身体,主要是坚持和锻炼的力度问题。大家在一个单位,学校组织一下,每期搞一次教师运动会,激发老师的锻炼兴趣。我主要锻炼的两个项目是篮球和乒乓球,篮球每周两次,其余每天都是乒乓球。篮球是团队项目,需要场地和人员的限制,人员齐了才能开展,另外运动量大。而乒乓球倒是随意一些。有时候是和本校老师打,还有一些外单位的人,大家是同事、同学也是球友,不仅锻炼了身体,还加强了友谊。

每天陪伴一小时,主要陪孩子学习,孩子有安全感,而且还能够解决一些孩子解决不了的难点,在与孩子的交流中,增加了和孩子的感情。我们作为老师也经常告知家长每天再忙也要抽空陪伴孩子,那么对待自己的孩子也是一样。另外,还有老师布置的活动,是让家长和孩子一起完成的,这更需要家长的参与,因此每天陪伴孩子一会儿,是十分必要的。另外陪伴还可以是看电视、做游戏等,这都是和孩子亲近的机会,和孩子们在一起,自己也会感觉心情愉快。自己有这样的机会和条件,就要给孩子一个完整的童年。我的每天四个一,不一定是最好的选择,但这是我生活中要做到的。我们除了工作,其他时间要有效利用起来,让生活更加丰富,让人生更有价值。总之,生活、工作和学习只有有机地融为一体,才构成了人生,这也是我的人生。

100 学生的人生导师

生活中有很多人都曾经帮助过我们,可以说,没有他们的帮助,没法完成一项任务或者成就一个人的未来。对于学生来讲除了自己的父母,若能遇到一位好老师,也堪称人生的一大幸事。好老师能成就学生,这并不言过其实,学生也期待这样的老师,也喜欢这样的老师。老师在学生的学习和成长生涯中起到重要的作用,无论是做人,还是做事,都离不开老师的教育。

学校有位小张老师,小伙子长得高大、帅气、胆大、心细并富有爱心;除了能和孩子们打成一片,和老师同事也能搞好关系。由于他是全校最年轻的老师,所以我们都亲切地称他为小张老师。小张老师也很时尚,品尝美食、看电影、网游等,这些都是现代年轻人的标志。他教五年级的语文并兼任班主任,不仅成绩教得好,而且班级管理也有一套。特别是班级文化布置有书香气,让人感觉很温馨。

为了打造书香班级,响应学生美丽校园文化建设,他投入了大量的精力和财力,真为这位小伙的干劲所感动。他对整个班级文化布置从设想到实施用了很长时间,他从网上找样板,再根据班级的实际情况进行改进,最终打造了属于自己的班级文化。他本着让孩子有书读,读好书,自费购置了书柜和图书。书柜是从网上精心挑选的,书柜发回来之后,小张老师用手机拍照发到微信上,受到了很多朋友和同事的赞誉。书柜既漂亮又实用,真的看不出一个男子汉还能这般心细,让很多女老师都自愧不如。其实小张老师也是网络高手,对手机、电脑、微信、网游都很有研究,学校老师有这方面不懂的,都愿意找他帮忙,他都会热心对待。他的班级文化布置,我们也是从他发的微信中知道的,他有什么收获都会在微信中晒出。我们从小张微信中得知,他每期都为学生购买了上百本图书,上次说花近两个月的工资。

我们得知后,都劝他发动学生捐赠一些旧的图书充实到班级图书角。他却说"我也要为学生尽自己的一份力,阅读是学习语文的关键,但愿孩子们能喜欢阅读,我也就知足了"。本学期开学的第一天,小张老师又晒出了他为班级第二次购买的上百本图书,他还开玩笑说过年的压岁钱都用光了。他看起来像个孩子,但是想一想,当老师不就应该这样吗,我们要有一颗童心,这样才能无限接近孩子,让孩子敞开心扉;我们才能了解孩子,对孩子进行针对性教育,教育才能取得成功。

小张老师在教学中积极探索以生为本的教学方法,在具体的教学实践中他多采取鼓励和引导的方式,挖掘学生的潜能,注重学生综合能力的发展。学生有了进步,他会奖励一些学习用品或零食给学生,学生们在他的课堂很快乐,学习的兴趣也很浓。另外,小张老师还经常开展一些班级读书会、艺术比赛、作文比赛等,让学生的各方面都得到发展。

从小张老师的各种做法中,我们可以发现他对学生是如此的热爱,也可以说有一颗爱心、并用实际行动巧妙地传递给学生。当然学生也是很认可他的,也很喜欢他,这样就喜欢他的课堂。一位老师具有爱心,并真心地为孩子无私付出,这是难能可贵的,是我们学习的榜样。一位老师有思想、有成绩、有境界,堪称完美,那么他的学生也是收获很多的,正是老师的爱心和付出才能够成就学生,像这样的老师就是学生的人生导师。

101 忆国培

转眼间,那次国培已经过去几年了。回想起那次学习,至今记忆犹新。2013 年 9 月,我有幸参加了河南省农村小学科学教师置换研修三个月的学习,与当时全省 40 余位科学骨干教师在美丽的信阳师范学院一起学习和生活,并聆听了 70 多位专家和教师的报告和课例。大家一起学习、一起生活,仿佛又一次回到了学生时代。大家的学习生活很丰富,并建立了深厚的友谊。

在我们这个班中,大家年龄相差很大,有五十多岁的老教师,也有二十多岁的年轻教师,总之老中青都有。但是,大家相处起来没有什么障碍,也没有因为年龄的差距而不和谐。特别是我们的老班长,给大家很多的照顾和帮助。班主任老师是一位六十来岁的老先生,别看他比我们年龄都大,但是性格很开朗,整天面带微笑给我们安排班级工作,在服务方面也很周到。上课前,先把我们喝的茶水准备好,课堂中还帮我们录制实况,经常和我们打成一片,我们也很开心。我们班还有一个开心宝,就是我们的班长老师,他五十多岁,但是说话幽默,经常给我们讲一些笑话,逗得大家哈哈大笑,和他在一起我们真的很开心;同时他还时常谋划我们的课余生活,为班级活动的开展出了不少力。还有我们的郝哥,我们也叫他猴哥,他比较机灵,善于变通,生活中遇到的一些问题,他都能想办法解决,我们都愿意和他玩。另外还有一人那就是俊男,他是我们这个班年纪最小的一位教师,小伙子活泼开朗,很乐于为班级做好服务,喜欢运动,无论是足球还是篮球都能露两手。除了学习外,我们一行人经常去聚餐、打球、唱歌、爬山等。就这样,我们在大学里的学习和生活都很充实,也很开心。

在学习方面,我们系统地学习了师德和专业方面的知识,这里包含了师德与教师成长、科学学科知识、信息技术与科学等,通过课堂研修、跟踪学习、课题研究、拓展训练、成果汇报等形式进行培训和学习。有幸聆听了70多位专家和教师的报告和课例,让我们这些一线的科学教师耳目一新,充实了理论基础。其中,让我们大开眼界是科学界的一些新知识、新名片,如传感器、超导、物联网、人工智能等,另外也学会了如何设计教学、开展课题研究,还有如何培养学生的创新能力等。大师治学严谨的态度以及丰富的知识,让我们佩服至极,大家学习起来也是如痴如醉,最终让我们的师德修养和专业素养都有不同程度的提升。这是一次难得的学习机会,全省也就四十余人,对于我们这门薄弱学科来讲,机会是很少的,大家都很珍惜这次学习机会,在学习中做到了认真聆听、坚持记笔记、积极讨论与交流,当然成果也是丰富的,我们共研究了20多个课题,全员参与了课题研究。我主持的"校本研究课程七巧板绘图的创意设计"完满结题,并有一篇论文《让校本教研与科研有机结合》发表在北大核心期刊《教学与管理》上。通过这次国培学习,我们每个人在专业上都得到成长,拓展了视野,并意识到了科学教育任务的重要性和艰巨性。

在学习之余,我们进行一些拓展活动,让大家的学习生活更丰富,促进了大家的交流,提升了素养,并建立了深厚的友谊。首先是走遍信阳附近的名山大川,我们先去了学校的科学实践基地——湖北应山,认识了山中的许多生物,这是我们平时的课本和教参中所见不到的内容,从而丰富了知识;其次我们参观了豫陕鄂博物馆和新县革命教育基地,受到了红色革命的熏陶,让我们的爱国主义情感得到培养;最后,也到了美丽的鸡公山和南湾湖风景区,感受了信阳的美好风景,特别是我们一行人骑行参观了信阳八景,快乐并享受着国培的学习生活。其他时间,我们进行了篮球运动,男教师正好可以组成一个篮球队,包含替补球员,我们进行了寝室对抗和自由组合,还与师院物电学院的教师进行了友谊赛,不仅领略了他们课堂上的风度,也目睹了他们球场上的洒脱,通过篮球活动促进我们和教师们的交流;另外我们还到了校外的 k8 练歌,这样大家心灵的距离更近,关心更亲密。老班长的一曲《小白杨》唱得让人陶醉,我和郝哥合作的《一起走过的日子》,让大家更加珍惜现在的学习生活,苗老师的伴舞,让我们的活动充满情趣。

天下没有不散的宴席。三个月的国培生活虽然很长,但是我们依然觉得太短。就这样三个月很快就过去了,我们回到工作各自的岗位上。国培给我们留下了美好的回忆,信阳师院留下了我们成长的足迹。我们在这里专心进行专业知识的学习。在各位专家和教师的指导下,我们的专业素养得到发展,并活跃了思想。国培是一种幸福的学习生活,在这里我们能够安心学习,与科学界专家、教授和教师交流,这是多么难能可贵的机会。

最后,愿我们能够把学习到的知识和技能运用到教育实践中,提升学生的科学素养。也同时祝愿我有幸认识的老师们工作顺利、身体健康!

〈102〉　网络时代

　　网络已经融入了生活中的各个角落,与我们的生活紧密联系在一起。作为老师同样需要利用网络做一些事情,这样不仅方便工作和生活,同时也提升了做事的效率。我们利用网络评价学生,阅读,甚至购物等。这样网络就与我们的工作和生活融合在一起。我们在利用网络做事情的时候,只要办公室、家里有无线网络,就能用智能手机实现这些,并且不受时间和地点的限制。

　　网络评价。以往我们对学生的评价方式,都是利用口头评价或记录下来,但是这样做的缺点就是不利于保存、查阅和互动,特别是每天学生在校的情况无法与家长时刻保持沟通。现在利用学生成长评价软件,可以解决这样的问题。把学生的生活、学习等情况通过网络,利用智能手机输入学生评价软件。无论老师、家长还是学生等都可以知道班级中每位同学的日常表现情况,老师、同学和家长都能对学生的成长情况进行评价。学生的表现情况可以用文字、图片和视屏格式输入到软件中,这样就方便保存、查看、交流和评价。另外在其他软件的板块中也可以知道别的班级和学生的情况,包含开展的活动,布置的作业以及学生的作品展等,学生通过展示、交流和评价,认识到自己的不足,并不断提升自己。利用网络评价学生是教师日常工作的一部分,我们通过评价,促进学生成长。网络为我们解决很多问题,提升了我们工作和生活的质量。

　　网络阅读。教师在闲暇的时候,可以在网上进行阅读,阅读的内容和方式也是多种多样的,利用智能手机上网就能实现。对于网络阅读大致分为这样几类:微信阅读,很多教师都有自己的微信号,还有微信群,微信公众号等,通过微信可以发布各自的信息,包含励志文章,生活纪实等,其他人都可以了解,也可以进行评价,这也是我们阅读和交流的一个平台。网络中的信息,每天各个网站都会推送头条信息,信息的种类也是多样的,包含了政治、军事、历史、娱乐、教育、体育方面的新闻和信息,正是有了这些信息,我们才能不出门就知天下事。

了解信息。通过对信息的识别和加工,才能让知识丰富,事业拓展、个人素养也得到提升。

文学作品的阅读。我们可以在一些网站注册,然后阅读相关小说或书籍,也可以把这些文字下载到手机中,可以随时读上几页,生活不能没有文学,这是我们的精神支柱。其中还有一些是我们教师撰写的教育感悟,也可以在网络进行阅读。

最后,就是专业文章的阅读,我们可以到知网注册,并下载相关的文章阅读,从而促进我们专业的发展。网站上各种文章和材料,我们都可以找得到,只要我们留心,认真阅读,就能促进自己的人文素养和专业素养的提升。

网络购物。教师的工作是十分繁忙的,就是在周末也很难抽出太多时间。不仅要备课、上课、批改作业、辅导学生、开会、管理学生、联系家长等,也要进行培训、教研、科研、学习、出差等。另外老师还有家务,还要照顾自己的孩子等。这样老师就没有太多时间去逛街,去游玩。但是网络的出现,使我们可以利用网络做一些事情。例如,进行购物,这样就可以节约很多时间,一些生活用品可以在网上购买。买衣服、办公用品,还可以买菜、买饭等,真是方便极了。网络购物可以解决不必要的时间付出,只要我们利用智能手机就可以搞定很多东西,买东西不合适可以退换、可以评价等。利用网络节省了大量时间,我们可以将节余的时间投入到其他方面,达到合理利用时间。因此,我们说网络真正让我们购物更加方便、精致、高效,也为其他方面争取了时间。

网络改变了我们的工作和生活的方式,我们作为教师应适应这种方式,充分利用网络,促进自己生活和工作的实效。网络不受时空的限制,让有限的时间更高效。特别是网络与教育教学工作的整合,体现在评价学生成长,备课、上课、通过网络联系学生和家长等方面。

103 让爱弥漫校园

"天有不测风云,人有旦夕祸福。"我校李老师患有肺癌的消息在校园内传开。李老师在得病后,经过治疗,病情没有得到控制,癌细胞已经转移。但是后期治理还有一段时间。在这期间,据了解共计花费 30 多万元,报销 10 多万元,现在依然需要进行放疗、观察。每次治疗都需要 2 万~3 万元,现在治疗费用非常紧张。李老师工作期间任劳任怨、开朗活泼,在工作上取得了一定的成绩,同时和同事关系处理得也融洽。这种情况下,学校通过研究,号召广大师生对李老师进行扶危济贫献爱心。学校通过例会和集会对这项活动进行宣传和布置,在全体师生和家长的支持下,收到了良好的效果。

首先,各位班主任通过班会的形式对李老师的情况进行通报,并发至班级微信群中。学生和家长得知情况后,都纷纷慷慨解囊,通过现金捐赠和电子支付的形式由班主任代收,然后转到学校财务处。有的家长通过微信红包的形式给李老师捐赠,并附上了祝福语。比如,祝李老师早日康复;祝李老师好人一生平安等。我们学校的老师还有一部分在外校支教的,他们也发动师生和家长给李老师捐赠。

其次,老师们自己也纷纷慷慨解囊,你一百、他两百,就这样,全校教师捐赠了一万多元。很多老师也把李老师的情况发到朋友圈,老师的亲戚和朋友们也给李老师捐赠费用,并委托老师把这些费用转给李老师和家属;另外还有以前的同事知道这件事情后,也纷纷请领导和老师代捐,并为李老师早日康复祈福。其中,还有一位以前的同事,得知看病的地方和其住的地方在一个城市,当即表示去医院探望。

　　最后,还有同学们,都把自己的零花钱捐给了李老师,并希望李老师早日回到学校。其中还有一些是李老师以前的学生,现在在上大学,也给老师捐赠,并送了祝福。李老师可谓桃李满天下。学生能够想到自己的老师,为老师治病添一份力,那么我们教育的目的也就达到了。我们爱学生,是把知识和方法毫无保留地传授给学生,现在学生能够反哺,我想李老师是荣幸的,我们作为同行也感到自豪。

　　李老师的情况在全校和社会传开后,得到很多人的支持。我们在进行捐赠的同时,也祝福李老师早日康复。常言说:"一方有难,八方支援。"对于学校来说这是团队力量,对于社会来讲这是奉献精神。无论是哪种精神,我们都是需要的。我们不想让自己的队员或同伴掉队,就应该支持和帮助她。大家团结起来就能办一件大事,在大家共同的努力下,共计给李老师捐赠现金10余万元。这是一个不小的数目,这是在一个小学中完成的。这聚集了我们这个团队的力量,是学校的领导有方,是全校师生齐心协力的结果,这体现了我们师生高尚的品质,一种无私奉献的精神。

　　学校进行的扶危济贫活动,让校园弥漫爱,并向社会延伸。我们在帮助李老师的同时,其实也讲求奉献精神。人的生命只有一次,主要还是看有没有意义,也就是你做了哪些。如果是帮助别人了,那就更有意义。讲奉献,不是讲谁的能力大小,关键是在别人最需要的时候,你出现了,这才是关键的。一次捐赠活动,让我们再一次认识了爱的力量。我们用力所能及的力量去帮助需要帮助的人,那么我们的德行就提高了,同时也产生了自我教育的效果。

104 成行艰难

由于经常在各大期刊投稿,因而在云南教育作者群中认识了一位教师朋友。这位女教师非常热爱教育,热爱文学,热爱写作。在她的作品中,充满浓厚的情感,一种对教育的执着,对孩子和家庭的眷恋。每次在群中的发言,她都是非常积极的,进行热情,善意的表达,让人感觉她很亲切。通过几次在 QQ 群中交流,便成了朋友。平时无论是工作中,还是生活中或者写作等,都会在网上聊聊。特别是写作方面,我非常敬佩她的文学素养,文章情感丰富,而不局限于教育方面;而她却说我的文章专业性很强,一般人很难写出来。由此我们成了无话不谈的网上朋友。

这位教师每年都要参与"书香38"征文活动,而且每次都能得奖。除了获得荣誉证书之外,还要参与举办方的现场活动,比如交流、学习或宣传等。每次不是自己忙就是请不到假,从而错过了很多机会。我的这位教师朋友,家境也不是太好。她和爱人都是教师,爱人在中学,教学比较忙,而自己教小学,还要带两个孩子、做家务,每天在学校和家里忙得不亦乐乎。每年参与这个书香38 的活动后,就会感觉遗憾。她羡慕去现场交流的人,而自己不能去又感到失落。每遇到这样的事都会感到不开心,最近又和我说起了这个事。

这位朋友参加了全国"书香38"活动又获论文一等奖,并获得全国"读书天使"称号,需要参加全国读书天使会议,朋友的心情很激动。通过了解她的家庭情况后,这次组委会还对她进行了特殊关注。如果来参加这个会议,可以考虑来回车费和住宿费报销。她在微信中第一时间分享了这个信息,我们都为她点赞,劝她一定要参加。这是多好的机会啊,也不用顾及开销方面的问题。过了几天后,他又说自己去不去做不了主,还得学校批假才行,可是校长现在还没有回复。我们都不明白，请几天假去学习，又不用学校出费用，这个假还不好请吗。可是朋友说，学校教师人员紧张，自己的课没人代，校长还没有批假；另外还有一个原因是这个活动是总工会开展的，不是教育部门组织的，校长那没有这样的文件，不好批假。如果真想去，还得让朋友去教办请假。看来要泡汤了，教办也可以用这个理由不批。看来基层教育的管理，只顾眼前，没有从长远去思考教育。难道老师不需要交流和学习，再说了也不需要学校出经费，多好的事儿啊！但是现在就是行不通。

朋友询问本市的其他获奖人员，这事怎么办的。另一位获奖同志说，等到文件下来后，拿着文件去请假。如果不行，工会再想办法解决，这样朋友才松了口气儿。这次朋友真的想去，我得知这个消息后，也鼓励她说："一定要去，交流和学习是提升自己的途径，祝你成功。"朋友说批假后一定去，你等我好消息。另外还告诉我，组委会还寄来很多书籍，希望号召更多的人去阅读，让阅读提升妇女的素质，改变妇女的生活。虽然她现在还不能确定一定能去，但是现在就准备写一写发言稿，为会议做好准备。

其实，朋友获得全国天使称号和去开会的机会是十分难得的，天使一个省里才几个，有的省还没有。但是成行对于朋友来讲也艰难，要经历获奖（文章获奖并获得天使称号），要请假，还要把家庭安排好，不然真去不了。朋友参与这个活动，主要还是自己的情怀所在。朋友撰写的文章都与妇女、儿童有关。无论是在学校还是在家庭中，对孩子的关怀都是无微不至的，对老人的健康生活也在出谋划策。比如，她撰写的《我的三天》发表在《云南教育》上，她写到要让孩子读上书，读到好书，她对孩子的读书很关心，为孩子创造了良好的读书环境；另外其撰写的《给老人一个健康的生活方式》发表在《妇女儿童之家》，文章呼吁关爱老人，善待老人，给他们创造好的条件，这是何等的情怀。另外，这位朋友还写了大量教育和教学方面的文章，都具有很强的教育思想。对于这位教师朋友，我称她为进步青年，因为她心中装了很多人和事。特别是为妇幼工作积极写作，号召大家对妇女、儿童多关注、多帮助，这是极其难能可贵的。

105 感恩父母

前几天下了一场大雪,温度很低,地面上很快上了冻,走起路来很滑,路上不时还有人和电瓶车摔倒的情况。但是无论怎么样,学生还是要正常上课的。但是对于小学生来讲就会有一些困难,小学生年龄小,很多都是父母护送他们上学,有一部分家长开车送孩子上学还好一些,但是路上还有很多是步行送孩子上学。上学、放学的路上情景是非常感人的,父母一边牵着孩子的小手,一边嘱咐要小心。学校附近的街上都是家长护送孩子的情景,真是令人感动,也许孩子们感受不到,但是对于身为父母的人感触会更深。这也应了那句"可怜天下父母心",父母对孩子的关爱是无微不至的,也是最伟大的。

不由得想起了自己的童年,想起了父母对自己的悉心关爱,一直到现在也是这样。他们用一生的精力为自己的儿女操劳着,为我们创设了生活和学习的环境,甚至工作的环境。想到这里,我觉得每个人都应该感恩父母,与他们多聚聚、多联系。我们要时刻铭记他们生育和养育之恩,父母对孩子的关爱与儿女对父母的孝敬是无法相比的。我们现在已经成为父母,依然要感恩我们的父母,这也是我们应尽的义务。

现在工作了,也有了孩子,每天按时上下班,父母退休在家帮忙看孩子、做家务。每天我们回到家基本不用做什么,生活很安逸。现在的生活这么幸福,这确实是和父母的付出分不开的。他们到了晚年还在操劳我们和孙辈的生活,父母为了我们真是操碎了心,这也是中国广大父母的一个缩影。作为父母,我们能体会到父母的艰辛,同时认为应该感恩父母,我们要把父母留下的传统美德继承和传递下去。中国父母勤劳、善良的形象,每个人心里都很清楚,他们的这种表现让子孙后代受到了实实在在的恩惠。

我们很多人都想到了要感恩父母,但是付之行动还有一段距离。看到父母大冷天,护送孩子上学的那一刻,我想看到的人都有一种感想,那就是我们要感谢父母的呵护和关爱,恨不得马上去报答父母或者检讨在父母面前所犯的错误。心存感激,这也是人之常情,关键是要付出行动,并坚持下去。首先要有一颗感恩的心,时常想着感恩。我们要时刻铭记父母的教导,想着他们对我们真心的爱护。甚至我们在关爱自己孩子的时候也会想起他们是如何对待自己的,这样就能心存感恩。其次就是要付出感恩的行动。我们忙的时候,没时间回家就要打个电话,报声平安,向父母问声好;自己闲的时候要回家看看,陪父母聊聊天,吃吃饭等,这样就会让自己与父母的关系拉近,让父母觉得自己就在身边,这种陪伴的形式也是很好的感恩方式。再次就是反思自己的行为,如何把父母的这种关爱传递给下一代。现在年轻的父母大部分都出去打工,把孩子交给了自己的父母,日常也没有时间去关心和爱护。说白了就是如何才能给父母减负,他们本来就已经很操劳了,结果晚年还要关心和教育自己的孩子,这让很多年轻父母感到羞愧,那么自己应该如何做才能让父母歇息下来呢。那就是好好工作,干出成绩,让他们不再为了我们的工作操心,及时向他们汇报自己的生活和工作情况,免得他们担心,有空多回来与父母、孩子团聚。在外工作的年轻父母,如果有条件就把自己的孩子和父母留在身边,或者把孩子带在身边。毕竟孩子的教育是父母的责任,我们要对孩子负责。最后,就是要关爱他人的父母,我们也称之为大爱。我们身边也有长辈、同学的父母、朋友的父母等,我们也应关照一下他们,甚至包括我们不熟悉的。经常学习传统文化,我们要把这种大爱精神落实到实际行动中,感恩父母,感恩他人,让这个世界充满爱,让世界变得更美好。

总之,感恩父母是一个永久的话题,我们用再多的爱也弥补不了父母给我们的爱,但是我们还是要坚持下去。父母的爱是世界上最伟大的,我们从中受到恩惠,受到启示,我们把父母身上表现出来的勤劳、善良的品质要继承和传播下去。感恩父母是我们应该做的,我们应该把力所能及的关爱放在父母身上,让他们过上安逸、幸福的晚年生活。感恩父母的同时,还要把父母的爱传递给下一代,让他们也从中受到教育和熏陶。

106　换一个角度

　　工作之余,时常会写一些东西。但是我写文章的习惯就是在纸上撰写,这样就需要用到钢笔。开学初,学校会给每位教师发一支钢笔、一瓶墨水。多年来一直都是这样的。但是每次用这种钢笔,都会觉得不合适,写起来字太粗,就觉得是钢笔的问题。等到后来,我买了一本笔记本用时,觉得用这种钢笔就非常流畅。看来不是笔的问题,是纸张的问题,这就解决了日常写作的烦恼。这让我想到了换角度思考问题或者解决问题的思维方式。

　　这种换一个角度的思考,我们也可以延伸到教育当中。这就好比一个学生的学习成绩不好,那么到底是学生的问题,家长的问题还是老师的问题? 我们要弄清楚,而不能一味地责怪孩子。对孩子的教育是多方面的,如果针对一个方面行不通,我们可以换一个角度去思考和解决问题。因此,我想不同的方法和方式,教育的效果应该也不同。因材施教是我们开展教学的依据,而不能一刀切,对于后进生,我们要采取不同的方法进行个别辅导。有的老师说,我都是这样教,而某某同学就不会,这不是学生的问题。学生接受的能力不一样,学生有问题,但是老师也有问题,老师应该改变教学方法,针对性教育。其实这也需要换一个角度去思考问题,也就是换一种教学方法去做,比如降低难度,激发兴趣甚至交流谈心等,都可以对这些孩子实施针对性的教育。作为老师,我们要从孩子能力、特点出发,再结合教学实际,采取合适的教学方法,甚至分层教学等,力争让每位孩子都有进步,都能掌握所学的知识和技能。

　　很多老师有一些感受,有些学生毕业很多年了,在上学那会儿被老师教育得多,也许是调皮的缘故,但是现在见到老师还是有礼貌地打声招呼。另外一些学生却没有这样做。其实后进生和调皮的学生也有自己的优点,他们可能善于交际,也可能有担当,还有可能心地善良等,这也是他们的特点。其实这些孩子,老师要下的功夫大一些,可见一声问候也是很好的回报,起码是对老师尊重,是在感谢老师当年的教诲。这让我想到了一次教师培训,一位教授说过:"学习好的当专家,学习一般的当老师,学习差的当老板,调皮捣蛋的当议员。"虽然这样说不是绝对的,但是我们要明白每个人都有他的作用。为此,老师要平等看待每位学生,换一个角度去思考问题,要采取不同教育方法,这样才能适应其发展。

日常,我们经常听到家长们议论自己孩子的学习情况,有的感觉不满意。大部分还是批评的多一些。这样的结果就是和孩子的关系相处不好。现在小孩子的学习压力本来就大,家庭环境再不好,就容易让孩子生活学习的不开心。孩子自己也想学好,也想好好学习,将来有出息。但是这需要一个过程,需要一个环境。对于人才的培养,也不一定非要都培养成研究型,关键还是看其爱好、特长和能力等。例如江苏的高中教育改革,今后几年要达到高中教育和职高教育学生的比例1:1。其实实用技术很重要,上大学不是唯一出路。今后发展已经决定了教育改革的方向,无论是老师或者家长都要换一个角度思考问题,看看哪条路适合孩子,辅助他们进行选择,并努力完成目标。

我们遇到问题不能解决时,可以换一个角度思考,才能有效分析和解决问题。无论是学生的学习,还是生活中的问题都是一样,要考虑周全,找一条合适的路径。出现问题是多方面的,这样就需要我们静下心来琢磨、尝试,最终就能够获取突破。

107 被孩子的友谊感染

孩子向来是老师和父母教育的对象,但是孩子也有值得我们成人学习的地方。特别是孩子们的友谊不会因为一些小事而中断,就算因为某些原因暂时分开,如果能够在一些玩,他们的友谊仍然会继续。因为孩子们如一张白纸。他们纯真,天真无邪,而这些都是成人不具备的,我们总会被一些事左右心情,从而影响了我们理智地处理问题。

一天中午放学后,我骑着电动车带着孩子往家里走。快到家时,忽然想起中午要到父母家吃饭,现在路走错了,也不知道当时在想什么。然后,我准备刹车,再掉头。但是还没来得及,就被后面的车子碰到,这时电瓶车的车壳被撞破了。下车后,我对后面骑车的人进行了训斥,我说:"你是怎么骑车的,怎么不刹车,也不注意跟车距离;如果是机动车,这样是非常危险的。"当时,我生气的原因是这样的,我的车子速度很慢,感觉后面的车子根本不去刹车,我觉得这是一个危险动作。这位年轻的妈妈低声说:"我刹车了,但是没刹住,你看怎么办吧,哪坏了,我们去维修部修理一下。"这时我的气也消了一些。坐在电动车后的女儿轻声告诉我:"爸爸,这是我班同学的家长。"这时才意识到,这位女士也是放学后接孩子回家,应该比较着急吧。就这样我们一起来到了维修点,然后花了 150 元,预定了损坏的零配件。修理店让我把电话留下,货到了直接联系我。我们大人们在商议修理电动车的事,而两个孩子却在维修店里玩了起来。

对于今天车被撞的事,我觉得很不好意思。想一下都是为了接送孩子,路上跑得快也是为了赶时间,满大街都是电动车,女性驾驶技术是差了点。作为老师无论对待孩子,还是对待他人都要有包容的心态。虽然车子修了,但是总感觉因为这件事而不自在。我想女儿同学的妈妈也没有因为赔偿的事而生气吧。现在值得庆幸的是,孩子还能在一起玩,孩子没有因为大人们的争吵而影响了他们的真挚友谊。

无论是对学生的教育还是对自己孩子的教育,我们都强调对待别人要宽容,要善待他人等。如今孩子之间的友谊也成为我们大人学习的榜样,这也是值得我们反思的地方。也许撞车的事还有更好的处理办法。当时正是中午放学的时候,大家都是接孩子回家吃中午饭;中午的时间比较短,再加上到午休部修车,这样就耽误了很多时间,不仅影响了中午吃饭,还影响了孩子中午做作业。再说女儿已经告诉我是同学的妈妈,就不应该担心撞车后跑人。再加上当时车子还能骑,可以抽一个不太忙的时段去修理车子,这样处理就会好一些。而当时我真是失去了理智,只想到车子损害要立即修,而没有考虑到对方的感受。对方已经承认过失,答应维修,事情就可以解决了,而自己却没有想到采取更好的方法。

为此,在对学生的教育中,我们要注重培养学生的交际能力和处理问题的能力。作为师者应首先具备这种能力,不能因为一时生气而乱了阵脚。现在想想我们大人处理问题应该像孩子们那种天真无邪的心态,这样问题就很容易解决。

现在提倡建立和谐社会,人与人要和谐相处。孩子的纯真,他们之间的友谊也是值得我们大人学习和借鉴的。我们成人之间不能因为一些小事或者是吃了小亏就伤了和气。对于修车的事,我一直在思考,成人在处理问题时,如何才能不被糟糕的情绪所左右呢,那只有向孩子学习,把不愉快很快忘掉,然后采取理智的思维方式去处理,多包容他人,善待他人,这样自己快乐,他人也快乐,最终我们的社会也就和谐了。

温暖无处不在

最近孩子要参加全校的卡拉 OK 比赛活动，其中一个节目是需要伴舞的。这段时间孩子一直在排练舞蹈。由于马上就要比赛了，因此需要保持一个良好的状态。另外在比赛前班主任老师还安排，要把衣服和道具准备好。为了确认清楚，我在比赛前一天，又给老师打了个电话，问问具体需要的东西，老师告诉我："白色毛衣，校服短裙，打底黑色裤，一双黑色皮鞋。"由于我和老师都是同事，我直接告诉孩子的老师，其他的都有，这个黑色的皮鞋没有。女孩日常很少穿黑色的皮鞋，他们穿的都是红色、粉色等，不然又要买，买后又不喜欢穿，岂不是浪费？老师也没有说什么，只是强调服装统一就行了。然后到晚上的时候，我带着孩子一起来了西亚广场，给孩子买了跳舞需要的东西。明天就要演出了，可是到了半夜发现女儿发烧，然后就给她喝了点退烧药。第二天勉强就去跳舞了。

第二天一大早，我们吃过饭，就来到化妆的地方。可是去了之后，发现人有点儿多，一看都是这次要参加比赛的小朋友。我们需要等一会儿，这时碰到了学校的一位同事，她也是带着女儿化妆的。然后，她告诉我孩子的化妆费用她出，我一再推托，她还是给付了，她说自己办的有会员卡。我对同事连忙说声谢谢！女儿化妆之后，发现门口有一个圣诞老人，孩子很好奇，就合了影。然后我女儿说，今天要好好表现。班主任和另外一位老师都要给我付化妆费用，女儿这时精神也很好。看来生病也没有影响今天的表演。反而感觉今天的寒冬也很温暖。

比赛的同学比赛，没有比赛的同学还要上课。比赛是从第二节课开始的。女儿和班里参加比赛的同学一起来到了多功能厅。比赛现场，是女儿的美术老师布置的，大气而又美丽，有点迎新春的气息。比赛前，对各位评委进行了简单的介绍之后,正式的比赛活动就开始了。女儿班有两个节目,一个是歌伴舞"大王叫我来巡山";另外一个节目是"我爱我家"。女儿是第一个节目,但是这个节目比较靠后,天气比较冷,我还是让她把棉袄穿上,告诉她节目快到的时候再脱掉,我也叮嘱其他孩子这样做,毕竟都是小孩,天气这么冷,容易着凉的。在这期间,我们还遇到了孩子的数学老师,这位老师这学期支教去了,班里的孩子表演,她的儿子也在其中,特意来看看班里的孩子,我们也是由衷的感动,既是老师又是家长的角色。可怜天下父母心,家长对孩子的关心是无微不至的,老师对待班级的孩子也是一样。我们要把这种爱传递给下一代,这样就会到处充满温暖。

我们作为家长,等孩子把节目表演完之后才离去。有的家长是请假来观看孩子的节目。在这期间不仅给孩子加油,又给孩子录视频,对孩子呵护有加。家长和老师一起观看孩子的演唱,给孩子加油,这也有助于家长了解学校,了解自己的孩子,促进家校合作教育。台上发现了很多孩子确实有特长,特别是个人表演,有说唱的、有跳舞的,让我们从中发现,有的孩子不仅仅是天赋,确实在日常下了功夫。孩子发展特长不容易,是需要下功夫,还要进行物质的投入,很多学生学习一项技能,都到各种社会特长班去练习和培训。辛勤的付出,才有了今天的成就。这也说明了家长和老师对孩子培养的重视,促进了孩子个性的发展。

表演结束以后,比赛的结果也很快出来。由于是现场显示分数,因此下午就可以进行颁奖的议程。下午在班级中,老师宣布了比赛成绩。女儿班的两个节目都是一等奖,孩子们每人一个奖状和一些讲评。孩子们都很高兴,女儿告诉我,她喜欢这个点兔子的铅笔。我也连忙鼓励孩子,说你真棒。其实,活动的结果并不重要,主要是孩子积极参与活动过程中,比如活动日常的练习,每天都投入一些时间,这样孩子的意志和才艺才能得到磨炼。孩子在活动中与老师、同学充分交流,这也是一种成长。特别是受到了老师和同学的帮助,让孩子能够受到更多的启发。这次活动中,孩子得到了很多人的帮助,促进了孩子的健康成长。

109　严厉的态度

一天晚上,正准备上网查资料。突然,初中的班主任老师打来电话,问我是哪一初中毕业的,想为我们那届学生建一个班级微信群,方便以后交流。我没有多问,立即把相关信息给了他,并把我熟悉的同学名字和信息也一并告诉他。我如今也是老师了,由于工作比较忙的缘故,平时和我的这位班主任老师联系得比较少,只知道他从原来的初中调到了城关的一所高中。当时,这位班主任老师给我的印象是教学扎实,比较严厉,我们上课时都怕他,他声音一大,我们就要发抖。虽然当时老师很严厉,也打骂过我们,那是因为我们调皮,但是我们现在没有责怪他的意思。正是当时他对我们的严格要求,我们班的成绩才这么优秀。自己的几门学科中,他教的数学,我每次考试成绩都是最好的。这也得感激老师的教导,老师课堂上严厉,日常管理也是这样。如果我们没有完成其他老师布置的学习任务,他就要帮着管理,可见当年我的班主任老师多么的认真,多么有干劲。老师这种严厉的教育方式也是一种负责的态度吧,我们很多同学现在都很感激他。

现在老师想起给我们那届的学生建一个微信群,再次为大家服务,也是一种责任意识。毕竟现在大家都在各自的岗位辛勤工作,平时见面的机会不多,有空在网上交流一下,也能再续当年的师生感情,也是不错的选择。现在我们也当老师很多年了,想象一下现在的学生,打不得,说不得,家长的心肝宝贝。有的学生没有家长的配合,还真的没法管教。想起我们当年,老师对学生是绝对的领导,我们也愿意跟老师学习,也只知道学习,听老师和家长的话没有错。而现在的孩子由于社会的发展,他们对外面世界的好奇度增加,思想也更复杂,管教起来也更麻烦。但是作为老师也有自己的职业道德,那就是严格要求学生,无论是思想方面还是学习方面都要向正面方向引导。如果遇到不好管理的学生就放手也太不负责了,我们要采取严厉的态度进行,哪怕是严厉的训斥,有时候还是要用的,毕竟家长把孩子交到了学校,老师就应承担责任,让学生走上正轨。

现在的学生难以管教,归根到底还是惩罚教育的缺失,对一些学生老师也无奈,这让教育很被动。究竟什么样的惩罚教育才能不违规违纪,很难考量。因此,对于那些调皮的学生,屡教不改的学生,老师必须用一种严厉的方式进行管教,应该负起这个责任,不能放任自流或者把责任推给家长,让家长去管。虽然家校合作成为教育孩子的一种有效方式,但是在课堂中出现的问题,还是以老师的管教为主,联系家长为辅。作为老师要根据实际情况,对待特殊的学生应该具有一种严厉的态度,从而扭转学生的不良行为,促进学生的健康发展。

作为教师要有责任感,对待学生严厉也好,引导也好,其实都是在关爱学生,是对学生负责的态度。为了搞好班级管理,搞好课堂管理,就必须制定一定的规则制度,让学生懂规矩,对于违纪的同学,老师要进行严厉的批评。这样学生才能懂规矩,守纪律,并能安心投入学习之中,提升学习成绩,同时也会养成良好的行为习惯,班级的风气也更正。严厉不仅表现在老师的态度,语言,同样也表现在班级管理制度的建设上。

我们常常说:"严师出高徒。"这是有一定道理的,多年前我们受到过老师的责备,也起到了一定的效果,那就是认真学,听老师的话。而现在这种教育和管理的方法显然不能全部使用,现在的教育主要体现在师生的平等交流,激发学生的潜能,只能进行引导和指导。但是调皮、不服从管教的学生也是常有的,那么我们就要适当采取严厉的方式,比如从表情、语言和制度上体现出来,甚至也需要惩罚教育。

110　教育初心

中考那年的暑假,突然有一天收到了一所师范学校的录取通知书,在父母的决定下,进入豫南的一所名校——信阳师范学校。到了开学的时候,在父母的陪同下来到了学校,进入学校大门后进入眼帘的是雕塑的几个大字"教书育人,为人师表",周围被很多花草拥簇。后来,才知道这就是学校的校训,但是还不太理解其中的含义。在校园生活中,逐渐感悟到其中的含义,那就是我们将来做老师要做到的,教书不仅是要教会学生知识,还要教会学生做人;教师从心灵到外表,从思想到作风,从言谈到举止,都是学生的榜样和表率。当时,我们读师范只要各科成绩合格,没有违纪现象,三年后就可以顺利毕业,并分配工作。在毕业的前夕,我依然在思考,我为什么要当老师,如何当好老师。马上就要毕业了,感觉自己知识学得不多,朋友却不少。但对未来情况也不敢多想,这时我又想起了学校的校训。最后终于悟出了老师应该做什么,一是教书,二是学习。教书好理解,那就是教书育人;而教书中的学习,应该是对生活知识的学习和对专业知识的学习,今后还要继续学习,把最新的思想、知识和能力传授给学生,这样才能成为学生的表率。到后来,这些想法也成了我的教育初心。

师范毕业后,分到农村的一所小学,带了一个班的语文课。每天要骑行很远的路程到学校工作,那时候刚毕业的年轻教师都要到偏远的农村学校去锻炼,本身这些学校教师队伍不充足,我也是欣然接受这样的安排。既然选择了教书这个职业,就要安下心来,认真工作。记得当时的课程很多,学校只有语文和数学老师,全体科目由一个班的语数老师再分一分,但是很多班级的老师分班,都是一个年长的老师和一个年轻的老师,这样可以教学相长。年轻的老师带专业课，体美音，年长的老师带思品、自然和劳技；也可以互相调整，但是学校的总体思想是这样的。再加上我们的主科就成了四门课，其他学科只要有教案就行，怎么上学校不管。当时的工作很忙了，但是我都是按照要求进行，学生学完语文课后，我就教他们唱唱歌，或者到操场跑跑步，再有时间就到林场踏青。当时就是觉得和孩子们在一起很开心，刚进入职业前几年工作热情很高。但是我在闲暇时候也在想自己今后的发展问题，我不能仅局限于现在的生活，现在的生活虽然充实，也很快乐，但是自己就想一辈子这样吗，这只是开始，今后怎么办。

另一点就是学习。自己是中等师范的水平，应该边教书边学习，然后进修个大学文凭。每到课余时间，我们开始把高中书本重新捡起、刻苦研究，后来通过成人高考脱产上了大学。又重新回到了学生时代，上了师范大学，大学的校园更大了，交流的空间更广。给自己最深的印象就是专业知识提升了，自己的视野也更开阔。四年的大学生活过得很快，毕业后又调到城关的一所学校教书。由于计算机老师已经够了，于是就转教了科学。科学课不是太好教，涉及的知识面较广，包含了物理、化学、生物、地理等方面的知识。为了教好这门课，我边教边学习，没有人指导。后来我阅读了大量的专业书籍，包含了兰本达的《小学科学教育的'探究—研讨'教学法》，还有《科学课》这本专业期刊，从科学教育理论学习入手，再根据书刊中的教学思路和经验指导，结合自己的教学进行实践。后来逐步掌握了一些教学的方法和技巧。通过几年的教学实践，教学的感悟开始增加，就想把这些记录下来。最后，边教学、边学习，现在又开始写作，通过写作把自己的思考变成一种实现自我成长的动力。叶澜教授说过，"老师是通过思考才会进步，要做反思型的教师"。最终我在教育期刊上发表了200余篇论文，主持了省级课题3项。但是我把这些都归功于教书和学习的结果，没有教学实践和学习作为基础也就没有后来的反思和写作。因此，这些依然是我的教育初心，是一种延伸和升华，但是教育初心始终未变。

作为一个老师应该初心不变，把教育真正当成自己的事业，对教育改革和教科研要不断思考和创新。在教育的征途上,我也想到过放弃。因为教师是清贫的,教育是烦琐的,但是又是有价值的、幸福的。关键是看你的初心是什么,你喜欢什么而已。我国正处在改革的深水区,对教育的投入逐年增加,今后老师待遇会越来越好。搞教育就应该静下心来思考,而不能被浮躁的社会所影响。